Wittenberg
Torgau
Leipzig
Halle
Dessau
Meissen
Dresden
Freiberg
Chemnitz
Bautzen
Görlitz
Zittau
Altenburg
Zeitz
Naumburg
Weimar
Erfurt
Gotha
Jena
Hof
Eger
Bamberg
Baireuth
Nürnbg
Erlangen
Amberg
Ansbach
Regensburg
Straubing
Ingolstadt
Landshut
Augsburg
München
Freising
Dachau
Wasserburg
Passau
Linz
Salzburg
Innsbruck
Kufstein
Tölz
Prag
Pilsen
Saaz
Rakonitz
Budweis
Tabor
Klattau
Jung Bunzlau
Leitmeritz
Melnik
Kuttenberg
Iglau
Neuhaus
Krems
Enns
Steyr
Wels
Gmunden
Bruck
Leoben
Gratz
Judenburg
K. G. R. BÖHMEN
SACHSEN
KURF.
OBERLAUSITZ
PFALZ
BAIERN
ERZH. ÖSTERREICH
STEYR
SALZBURG

Für meine Münchener und Mannheimer Freunde

Umschlagabbildung vorne: Residenz München, bronzener Löwe von Hubert Gerhard und Carlo Palago von 1593/96 an der Residenzstraße

Umschlagabbildung hinten: Blick auf die weltberühmte Ruine des Heidelberger Schlosses und Teile der Altstadt

Michael Imhof Verlag GmbH & Co. KG
Stettiner Straße 25, 36100 Petersberg
Tel. 0661/2919166-0; Fax 0661/2919166-9
www.imhof-verlag.com; info@imhof-verlag.de

Gestaltung und Reproduktion: Michael Imhof Verlag
Druck: Gorenjski tisk storitve d.o.o, Kranj, Slowenien

Printed in EU

ISBN 978-3-86568-937-5

Hartmut Ellrich

DIE WITTELSBACHER

IN BAYERN UND AM RHEIN

MICHAEL IMHOF VERLAG

INHALT

VORWORT

Jahrestage liefern Gründe, innezuhalten, nachzudenken und Bilanz zu ziehen. In der Metropolregion Rhein-Neckar stehen 2013/14 „Die Wittelsbacher am Rhein" im Blickpunkt, da Kaiser Friedrich II. von Hohenstaufen 1214 die Pfalzgrafschaft an die Familie der Wittelsbacher übertragen hat. Einhundert Jahre länger liegt indes die Gründung der Stammburg des Hauses zurück, die 1113 ihren Anfang zu Wittelsbach nahm, auch wenn die Familie der Grafen von Scheyern ungleich älter ist. 1180 wurde Otto I. im thüringischen Altenburg durch Kaiser Friedrich I. Barbarossa mit dem Herzogtum Bayern belehnt. Die Familiengeschichte des regierendes Hauses erstreckt sich über 738 Jahre, brachte zwei römische Kaiser, drei deutsche, drei schwedische und sechs bayerische Könige hervor, dazu gekrönte Häupter in Europa, Kurfürsten von Bayern und der Pfalz, in geistlichen wie weltlichen Positionen. Das nördlichste Stück Bayern findet man ausgerechnet im emsländischen Sögel, wo mit Schloss Clemenswerth ein Stück schönstes bayerisches Rokoko interpretiert im Stil des westfälischen Baumeisters Schlaun zu finden ist. Clemens August, Erzbischof und Kurfürst von Köln, ein Sohn des ‚blauen' Kurfürsten Max II. Emanuel hat es hinterlassen. Die Grablegen verteilen sich auf halb Europa, reichen Hans Ralls ‚Wittelsbacher Lebensbildern' zufolge vom rheinischen Altenbergen bis zum pfälzischen Zweibrücken, finden sich aber ebenso im heute polnischen Breslau/Wrocław wie im schwedischen Stockholm. Die Herrscher bewiesen Machtbewusstsein und Weitblick wie Kaiser Ludwig der Bayer oder Kurfürst Maximilian I., förderten Kunst, Kultur und Wissenschaften wie der in Bayern ungeliebte Kurfürst Carl Theodor, der erste Bayernkönig Max I. Joseph oder König Ludwig I., dessen Straßen und Museumsbauten bis heute Anziehungspunkte und kulturelle Leuchttürme geblieben sind. Nicht vergessen darf man Ludwig II., der wohl populärste Vertreter seines Hauses ist. In der Förderung Richard Wagners bewies er Weitblick, denn die Bayreuther Festspiele sind mehr denn je fester Bestandteil der Musikkultur auch des 21. Jahrhunderts weit über Deutschlands Grenzen hinaus. Die Wittelsbacher sind eine vielschichtige Familie mit zahlreichen Facetten, von denen hier nur ein Bruchteil gezeigt werden kann. „Die Wittelsbacher in Bayern und am Rhein" möchten neugierig machen auf die Herrscher Bayerns und der Pfalz, ihre einstigen Residenzstädte, Schlösser und Gärten und nicht zuletzt auch Schloss- und Residenzkirchen sowie Grablegen. Dazu muss man heute weit über Bayerns alte Landesgrenzen hinaus reisen. Doch Reisen bildet. Das vorliegende Buch möchte seinen Teil im Wittelsbacherjahr 2013/14 und darüber hinaus dazu beitragen. Möge es geneigte Leserinnen und Leser finden.

Hartmut Ellrich M.A.
Ohrdruf, im November 2013

links: Barockschloss Mannheim, Haupttreppenhaus mit Vestibül und Antisala

Reiterdenkmal Ottos I. von Ferdinand von Miller vor dem ehem. Bayerischen Armeemuseum (Bayerische Staatskanzlei) in München, Aufnahme 2012 (Foto: Diego Delso)

WITTELSBACHER HERZÖGE

HERZOG OTTO I. DER ROTKOPF

(1180–1183)
* um 1117 in Kelheim
† 11.07.1183 in Pfullendorf (Baden)
Grabstätte: Benediktinerkloster Scheyern

Der erste bayerische Herzog aus dem Haus Wittelsbach war Otto I., genannt ‚der Rotkopf'. Am 16. September 1180 wurde er durch Kaiser Friedrich I. Barbarossa in Altenburg für seine Tapferkeit und unbedingte Treue mit dem Herzogtum Bayern belehnt, das zuvor Heinrich der Löwe eingebüßt hatte. Der Belehnung vorausgegangen war 1155 Ottos Erstürmung der Veroneser Klause zwischen Verona und Trient als einer beherrschenden Stellung, die Kaiser Friedrich Barbarossa den Rückzug von seiner Kaiserkrönung in Rom nach Deutschland sicherte. Dort sollte das kaiserliche Heer überfallen werden, was Otto verhinderte. Dem Chronisten Otto von Blasien zufolge drängte der bayerische Pfalzgraf die Räuber in den Abgrund. Zwölf Aufrührer ließ Otto gefangen nehmen, von denen nur einer von Friedrich I. begnadigt wurde. Die übrigen ließ der Kaiser aufhängen.

Trotz der neuen Herzogswürde leisteten auf Ottos erstem Landtag am 23. November 1180 in Regensburg nur zwei Grafen, Burggraf Friedrich von Regensburg und Graf Heinrich von Frontenhausen, ihre Huldigung, was einem eindeutigen Zeichen des höheren Adels gleichkam, Otto I. abzulehnen. Hinzu kam, dass im gleichen Jahr 1180 auch Graf Berthold IV. von Andechs zum Herzog erhoben wurde, was einer empfindlichen Beschneidung von Ottos Hoheitsrechten im Westen gleichkam. Doch Otto etablierte die Wittelsbacher als vorherrschende Macht in Bayern, auch wenn das Herzogtum in den ersten drei Jahren seiner Herrschaft noch nicht gesichert werden konnte. Von Beginn seiner Herrschaft an verhielt sich hingegen der bayerische Episkopat unter Führung von Ottos Bruder Konrad von Salzburg (um 1120/25–1200) loyal. Konrad wirkte seit 1161 als Erzbischof von Mainz und Erzkanzler des Reiches, ernannt von Kaiser Friedrich I. Barbarossa. 1177 erhielt er das Erzbistum Salzburg. Mit Hilfe des Kaisers, der Kirche und seiner Brüder, vor allem des neuen Pfalzgrafen Otto VII. († 1189), konnte Otto I. die herzogliche Autorität in Bayern aber durchsetzen.

Geboren wurde der erste Bayernherzog um 1117 in Kelheim als Sohn des Pfalzgrafen Otto V. von Scheyern (1083/84–1156) und dessen Frau Heilika von Lengenfeld (um 1103–1170). 1116 hatten beide die Ehe geschlossen, aus der acht Kinder hervorgingen, fünf Brüder und drei Schwestern. Ottos gleichnamiger Vater verlegte 1124 die pfalzgräfliche Residenz von Scheyern auf die namensgebende Burg Wittelsbach bei Aichach. 1156 folgte Otto seinem Vater zunächst als Graf Otto VIII. von Scheyern, als Graf Otto V. von Wittelsbach und als

Belehnung Ottos von Wittelsbach mit dem Herzogtum Bayern 1180, Wandmalerei von Clemens Zimmermann (1788–1869) in den Arkaden des Münchner Hofgartens, 1828/29

Kelheim, Stadttor

Pfalzgraf Otto VI. von Bayern nach. Offenbar machte er auf seine Zeitgenossen sowohl durch seine Tatkraft als auch durch sein Äußeres – schwarzes Haar, große Augen und rötliche Haut – von sich reden. 1169, im Alter von 52 Jahren, heiratete er Agnes von Loon (Looz), Tochter des Grafen Ludwig II. von Loon. Dieser war zugleich Burggraf von Nürnberg. Von den neun Kindern folgte ihm 1183 sein Sohn Ludwig I., genannt ‚der Kelheimer', nachdem dessen älterer, 1169 geborener Bruder Otto bereits 1181 verstorben war. Otto I. regierte als Herzog von Bayern ganze drei Jahre. Am 11. Juli 1183 starb er im badischen Pfullendorf, wurde jedoch wie seine Vorfahren im Benediktinerkloster Scheyern bestattet. Dort rühmt eine Grabinschrift seinen Großmut und sein Geschick.

HERZOG LUDWIG I. DER KELHEIMER

(1183–1231)
* 23.12.1173 in Kelheim
† 15.09.1231 in Kelheim (ermordet)
Grabstätte: Benediktinerkloster Scheyern

Anders als sein Vater konnte Ludwig I. 40 Jahre lang sein Herzogtum regieren. Am 23. Dezember 1173 wurde er als sechstes Kind Ottos I. in Kelheim geboren und folgte seinem Vater bereits als Zehnjähriger nach. Die Vormundschaft führten seine Mutter Agnes (um 1150–1191) und seine Onkel Erzbischof Konrad bzw. Pfalzgraf Otto bis zu Ludwigs Volljährigkeit. Dies zeigt, dass Friedrich I. Barbarossa die Erblichkeit des Herzogtums garantierte. So lässt sich schwerlich von einer staatlichen Krise Bayerns sprechen, denn Ludwig konnte nach zehn Jahren die Herrschaft als Herzog antreten. Im Sommer 1192 erhielt er in Anwesenheit von Kaiser Heinrich VI. die Schwertleite. Damit war Ludwig volljährig und in den Kreis der Wehrfähigen aufgenommen. Bis zum Tod Heinrichs VI. 1197 blieb Ludwig ein loyaler Anhänger des Kaisers. Noch 1194 begleitete er Heinrich auf dessen zweitem Kriegszug zur Eroberung des Königreichs Sizilien. Im Thronstreit nach Heinrichs Tod gehörte er zu den Anhängern Philipps von Schwaben bis zu dessen Ermordung in Bamberg 1208. Der Tod Philipps geriet für Ludwig I. zum ‚Glücksfall'. Ludwig war der eigentliche Gewinner, während der Königsmörder Pfalzgraf Otto XII. (VIII.) von Wittelsbach sowie die der Mitwisserschaft verdächtigten Andechser Bischof Ekbert von Bamberg und Markgraf Heinrich von Istrien sogleich mit der Reichsacht belegt wurden. Lud-

Die Ermordung Ludwigs des Kelheimers, Gemälde des kurfürstlichen Hofmalers Peter Candid von 1623, Kloster Scheyern, Johanneskirche

Ottokapelle Kelheim, Tympanon (Bogenfeld). Die Ottokapelle wurde von Herzog Otto dem Erlauchten zum Andenken an seinen Vater Herzog Ludwig den Kelheimer errichtet.

wig erkannte den Welfen Otto IV. als legitimen König an. Damit war er der erste unter den deutschen Fürsten. Dafür bestätigte ihm Otto IV. auf dem Frankfurter Reichstag am 15. November 1208 die Erblichkeit des bayerischen Herzogtums. Auch übertrug dieser Ludwig die Reichslehen des Königsmörders und der beiden Andechser.

Von 1211 an unterstützte Ludwig den Stauferkönig Friedrich II. Im Jahre 1214 wurde Ludwig mit seinem achtjährigen Sohn Otto II. (1206–1253) mit der Pfalzgrafschaft bei Rhein belehnt. Von nun an durfte er den Löwen im Wappen führen. Ende Oktober 1204 hatte Ludwig I. in Kelheim seine Frau Ludmilla (um 1170–1240) geheiratet, die Witwe des Grafen Albert III. von Bogen. Aus seinem Wappen übernahmen Ludwig und seine Nachfolger die weiß-blauen bayerischen Rauten, die in Bayern eigentlich ‚Wecken' heißen. 1226 trat Ludwig auf Wunsch Friedrichs II. die Vormundschaft für König Heinrich (VII.) an. Doch das Verhältnis zu den Staufern begann sich zu verschlechtern. Sowohl mit Friedrich II. als auch mit Heinrich (VII.) geriet Ludwig in Auseinandersetzungen. 1229 klirrten an der Donau sogar die Waffen zwischen beiden Lagern, wobei Ludwig unterlag. 1230 zog er sich auf seine Kelheimer Burg zurück und wurde Mitte September 1231 in Kelheim ermordet. Die Hintergründe blieben im Dunkeln, doch muss man die Mörder wohl im Umkreis der Staufer vermuten. Ludwigs Witwe gründete nach dem gewaltsamen Tod ihres Mannes Kloster Seligenthal bei Landshut. Dort sollten die Nonnen Tag und Nacht für ihre beiden verstorbenen Ehemänner beten. Tatsächlich diente das Kloster auch als Begräbnisstätte von Angehörigen des Hauses Wittelsbach.

HERZOG OTTO II. DER ERLAUCHTE

(1228–1253 Pfalzgrafschaft bei Rhein)
(1231–1253 Herzogtum Bayern)
* 07.04.1206 in Kelheim
† 29.11.1253 in Landshut
Grabstätte: Benediktinerkloster Scheyern

Auf die ‚Erfolgsstory' des Vaters, wie Hans-Michael Körner die Herrschaft Ludwigs I. des Kelheimers modern umreißt, folgte die Regierung seines einzigen Sohnes Otto II., der den Beinamen ‚der Erlauchte' erhielt. Neben der zielstrebigen Städtegründungspolitik mit Cham, Landshut, Straubing und Erding wurden Vater und Sohn mit der Pfalzgrafschaft bei Rhein belehnt und konnten so den Aktionsradius des Herzogtums „in ganz neuartige Dimensionen hinein" (Körner 2009, S. 27) führen. Zur Pfalzgrafschaft bei Rhein gelangten die Wittelsbacher durch das Verlöbnis Ottos II. mit seiner späteren Frau Agnes von der Pfalz. Mit gerade einmal sechs Jahren war die künftige Ehe auf dem Nürnberger Reichstag 1212 ‚eingefädelt' worden. Agnes war die Tochter des Pfalzgrafen Heinrich I. und zugleich Nichte Kaiser Ottos IV. 1228 heiratete Otto II. Agnes in Straubing. Das dortige Schloss wird zur Kulisse eines rauschenden Festes mit Minnesängern, Tänzern und Musikanten, Schauspielern und Gauklern. Neben dem Aufenthalt in Heidelberg lebten beide auf der nachmaligen Landshuter Trausnitz.

1231 übernahm Otto auch das Herzogtum Bayern. 1235 trug der Bayernherzog auf dem Mainzer Hoftag wesentlich zum Ausgleich zwischen Welfen und Staufern bei. Er verzichtete auf den Anteil seiner welfischen Ehefrau Agnes am Braunschweiger Allod und trug die Erhebung des Welfen Otto von Lüneburg in den Reichsfürstenstand mit. Und doch stieg Otto II. von Bayern durch seine Erb- und Eroberungspraxis zu den großen Territorialherren des Reiches auf. So brachte er die Güter des Grafen Valley nach dessen Tod 1238 an sich, übernahm das Gebiet der mächtigen 1248 ausgestorbenen Andechser und der Grafschaft Bogen. Seit 1247 führten die Wittelsbacher die Rauten Alberts IV. von Bogen offiziell in ihrem Wappen. Es tauchte in einem Siegel von Ottos älterem Sohn Ludwig (1229–1294) auf. Aus der Ehe mit Agnes gingen fünf Kinder hervor, drei Mädchen und mit Ludwig und seinem Bruder Heinrich zwei Söhne, die zwei Jahre nach dem Tod des Vaters das Land erstmals teilten. Doch noch lebte Otto II. 1246 verheiratete er seine Tochter Elisabeth (1228–1254) mit dem Stauferkönig Konrad IV. Zwei Jahre später erhielt er die Verweserschaft des Herzogtums Öster-

Straubing, Tor des Herzogsschlosses

reich, doch reagierte die päpstliche Partei „auf Ottos Ernennung so feindselig, dass der Erzbischof von Salzburg sowie die Bischöfe von Regensburg, Freising und Seckau 1249 Otto mit dem Bann bedrohen konnten." (Rall 2000, S. 37) Und das Paktieren Ottos mit dem Kaiser passte der Kirche nicht, so dass sie den Bayernherzog tatsächlich bannte. Noch 1253 versuchte der im Mittelalter berühmte Massenprediger Berthold, Regensburger Minorit, den Herzog von seinem ‚Irrweg' abzubringen. Doch Otto II. starb darüber. Im Kloster Scheyern konnte er daraufhin nicht kirchlich begraben werden. Erst zwölf Jahre später löste der Papst den Bann. Otto II. war der letzte Wittelsbacher, der in Scheyern bestattet wurde.

Lange Zeit erfuhr die Epoche der Landesteilungen im Herzogtum Bayern eine eher negative Darstellung, bis die altbayerischen Landesteilungen einen allmählichen positiven Bedeutungswandel erlebten. Tatsächlich boten die zahlreichen Haupt- und Residenzstädte wie München, Straubing, Landshut, Ingolstadt, Amberg, Neumarkt oder Neuburg auch mehr kulturelle, architektonische, wirtschaftliche und soziale Vielfalt.

Die erste Teilung führte 1255 zu den Teilherzogtümern Ober- und Niederbayern. Ottos älterer Sohn Ludwig II. erhielt die Pfalz und Oberbayern mit Kufstein, Rattenberg, Kitzbühel und dem Zillerthal, der jüngere Heinrich (1235–1290) Niederbayern mit dem Chiemsee, Erding und dem gesamten Bayerischen Wald. Anders als sein Bruder Ludwig kann Heinrich in seiner Residenzstadt Landshut die bereits vorhandene Infrastruktur nutzen, während Ludwigs München als Residenzstadt unter seiner Herrschaft erstmals in Erscheinung trat. Ungeachtet der Einzelherrschaften blieb Bayern als Reichslehen bestehen, weshalb jeder der beiden Brüder den Titel ‚Herzog in Ober- und Niederbayern' führte.

Dieser ersten Teilung folgten sieben weitere über einen Zeitraum von 250 Jahren. Zeitweilig existierten vier Teilherzogtümer gleichzeitig, deren Residenzen und Hofkultur Teil dieses Bandes sind. Während die Linie Niederbayern 1340 in vierter Generation mit Herzog Johann I. ‚dem Kind' (1329–1340) ausstarb, entwickelte sich die Situation in Oberbayern unter Herzog Ludwig II. ‚dem Strengen' (1229–1294) schwieriger.

Dieser hinterließ mit Rudolf ‚dem Stammler' (1274–1319) und Ludwig ‚dem Bayer' (1282–1347) zwei Söhne, von denen der jüngere Politik und Territorien seiner eigenen Führung unterwerfen wollte. Der Kampf mit dem Bruder Rudolf endete erst mit dessen Tod 1319.

Ansicht von Landshut mit der Burg Trausnitz (Foto: Felix Neumaier)

Kloster Scheyern, Begräbnisort Herzog Ottos II.

Abb rechts:
Ludwig IV. der Bayer, Gemälde von Karl Ballenberger, 1840, Kaisersaal des Frankfurter Römer

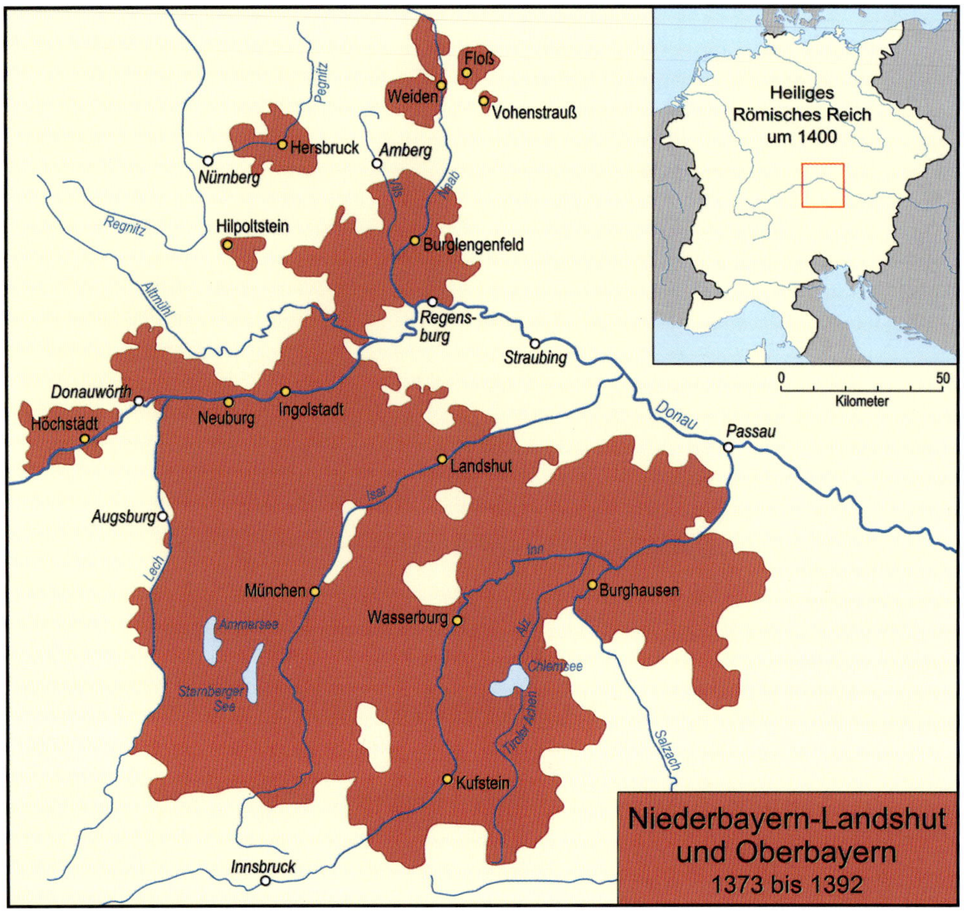

Das Herzogtum Bayern (ohne Bayern-Straubing) vor der Landesteilung von 1392

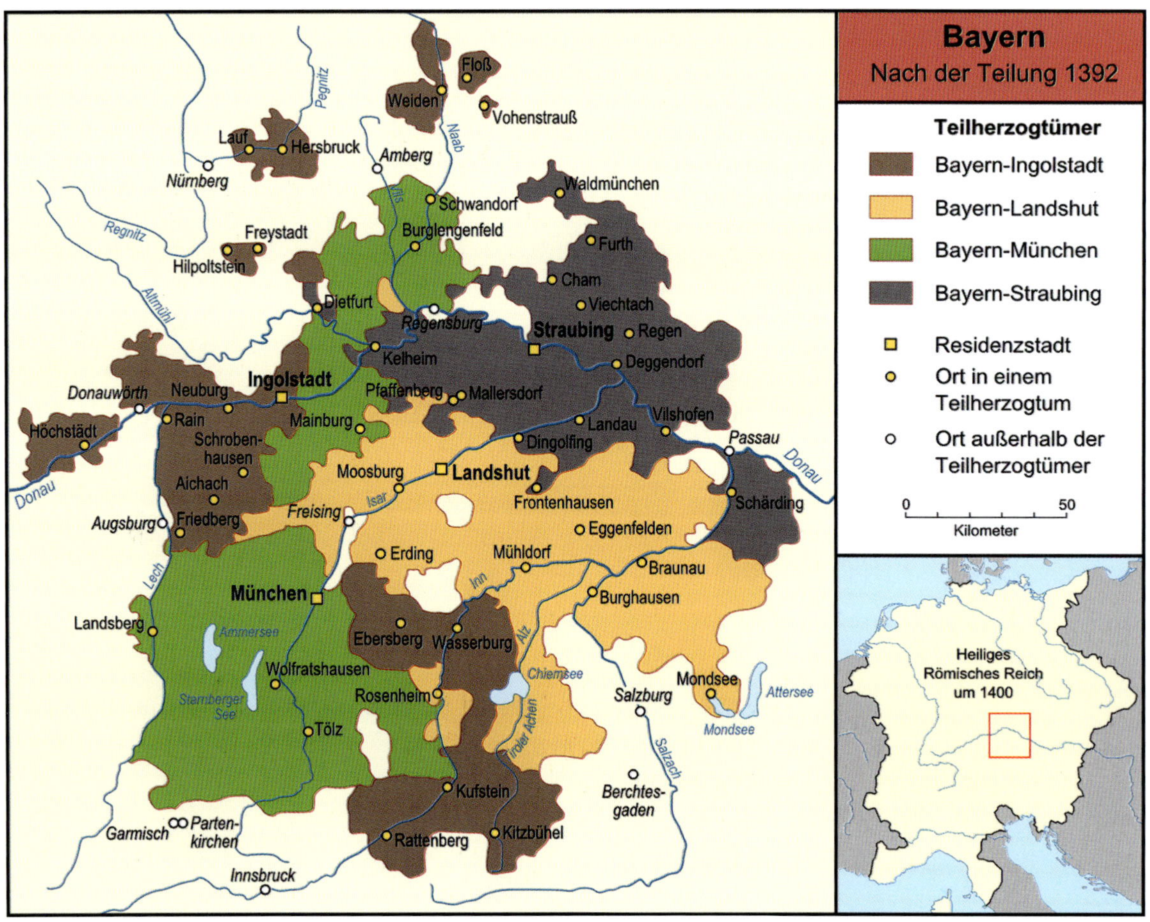

Die Bayerische Landesteilung 1392 mit den vier Teilherzogtümern Bayern-Ingolstadt, Bayern-Landshut, Bayern-München und Bayern-Straubing

DIE LANDESTEILUNGEN

HERZOG LUDWIG IV. DER BAYER

(1294/1302–1347)
1314 Römischer König
1328 Kaiser
* Februar/März 1282 in München
† 11.10.1347 bei Kloster Fürstenfeld
Grabstätte: Liebfrauendom in München

Kaiser Ludwig der Bayer wurde von einem Zeitgenossen als ein „gewaltiger Adler, der töricht und klug zugleich, achtlos und sorgenvoll, träge und ungestüm, niedergeschlagen wie heiter, kleinmütig wie tapfer, bei allem Unglück doch glücklich" beschrieben. Das Bild dieses Herrschers ist tatsächlich vielfach widersprüchlich.

Im Alter von zwölf Jahren hatte Ludwig seinen Vater Ludwig II. ‚den Strengen' verloren und stand daher unter der Vormundschaft seiner Mutter Mechthild/Mathilde geborene Gräfin von Habsburg (1251/53–1304) und seines älteren Bruders Rudolf (1274–1319). Doch Ludwig strebte als Jüngerer zur Macht und setzte sich am Ende gegen Rudolf durch. Dessen Nachkommen, vor allem seine Söhne Rudolf (1306–1353) und Ruprecht (*1309) regierten von 1329 an wieder in der Pfalz, Ruprecht I. bis 1390, sein Neffe Ruprecht II. (*1325) 1390–1398 allein und dessen 1352 geborener Sohn als Kurfürst Ruprecht III. von der Pfalz von 1398 bis 1410 bzw. als Römischer König Ruprecht I. von 1400 bis 1410. Er starb auf Schloss Landskron bei Oppenheim.

Die Erfolge Ludwigs waren erheblich: Mitregierung (1302), Teilung Oberbayerns (1310), Vormundschaft in Niederbayern (1312) sowie die Regierung in Oberbayern und der Pfalz (1317). Dazwischen war er 1314 als Kandidat der Luxemburger Partei zur Wahl des römisch-deutschen Königs angetreten. Da die Wahl nicht eindeutig verlief, bestand bis 1322 ein Doppelkönigtum. Erst mit der Schlacht bei Mühldorf konnte Ludwig IV. seinen alleinigen Anspruch durchsetzen.

Ludwig betrieb als Herrscher eine planvolle Politik, indem er mit dem Rheinischen Landfrieden von 1317 eine Landfriedensorganisation im Reich begann und im Glauben an eine Königsdynastie der Wittelsbacher verschiedene Stützpunkte im Reich schuf. Dazu gehörte, dass er seinen Sohn Ludwig (V.) 1323 als Markgrafen von Brandenburg einsetzte und nach dem Verlust seiner ersten Frau Beatrix von Schlesien-Glogau (um 1290–1322) 1324 Margarete (um 1293–1356), die Tochter des Grafen von Holland, heiratete.

Mit seinem Mitbewerber um das Königsamt versöhnte er sich 1328 vor seiner Kaiserkrönung in Rom; ebenso 1329 durch den Hausvertrag von Pavia mit den Söhnen seines zwischenzeitlich verstorbenen Bruders Rudolf, indem er ihnen die Pfalz samt der späteren Oberpfalz als eigenes Landesfürstentum einräumte. Bei einer Kaiserwahl sollten beide Linien abwechseln. Außerdem sollte beim Aussterben einer Linie die andere ihre Territorien erben. Dies entschied noch die Erbfälle 1777 und 1799. Auf seiner Rückkehr von Rom stiftete er das Kloster Ettal. Ihm ließ

er eine einzigartige Satzung geben, die hochsymbolischen Charakter aufwies. Dazu sollten drei höchst unterschiedliche Konvente in einem Kloster zusammengefasst werden: 14 Priestermönche und 6 Laienbrüder der Benediktiner sowie 12 Ritter unter einem Meister und 12 Frauen sowie 6 Witwen unter einer Meisterin. Der Plan sah also die Vereinigung eines traditionellen Mönchsklosters mit einem Ritterorden vor, doch scheint diese Stiftung nach dem Tod Ludwigs 1347 schnell eingegangen zu sein.

1340/41 gelang es Ludwig IV., Ober- und Niederbayern wieder zu vereinen, außerdem konnte er 1342 Tirol erwerben dank einer Heirat Ludwigs V. mit Margarete Maultasch, der verwitweten Gräfin von Bogen. 1346 schließlich sicherte er sich über seine eigene zweite Frau Margarete

Reiterdenkmal für Kaiser Ludwig den Bayern am Münchner Kaiser-Ludwig-Platz, 1905 (Foto: Rufus46)

von Holland die Erbrechte an Holland, Seeland und Friesland.

Ludwigs Handeln war geradezu revolutionär, ähnlich einer Umbruchphase. Tatsächlich zeigte sich, dass Ludwig der Bayer in der letzten großen Machtprobe zwischen Kaiser- und Papsttum einen entscheidenden Schritt auf dem Weg zu einem Staatswesen hin tat, das sich aus sich selbst heraus bestimmte. Ihm sollte die Zukunft gehören. In seiner Förderung der Franziskaner und der freien Reichsstädte fand Ludwig eine entscheidende Stütze seiner Herrschaft. 1347 starb er und hinterließ aus seinen beiden Ehen 16 Kinder, von denen elf das Erwachsenenalter erreichten.

Eine dauerhafte Vereinigung aller wittelsbachischen Territorien gelang Ludwig dem Bayern nicht. Im Hausvertrag von Pavia vom 4. August 1329 wurde festgeschrieben, dass die Nachfahren Rudolfs die Pfalzgrafschaft bei Rhein sowie die Gebiete der späteren Oberpfalz um Amberg und Sulzbach erhalten sollten. Es waren wirtschaftlich reiche Territorien, vor allem wegen ihres Eisenbergbaues.

Kaiser Ludwig der Bayer hinterließ sechs Söhne, die von 1347 bis 1349 gemeinsam regierten und dann das Erbe aufteilten. Dies waren Ludwig V. ‚der Brandenburger' (1315–1361), Stephan II. ‚mit der Hafte' (= Spange; 1319–1375), Ludwig VI. ‚der Römer' (1328–1365), Albrecht I. (1336–1404), Otto V. ‚der Faule' (1340/42–1379) und Wilhelm I. (1330–1388). Oberbayern, Tirol und Brandenburg erbten Ludwig V., Ludwig VI. und Otto V., während Stephan II. in Niederbayern regierte.

Stephans Bruder Ludwig V. erbte von seinem Vater die Mark Brandenburg, doch fühlte er sich dort überhaupt nicht wohl. Lieber hielt er sich in Tirol auf, das ihm dank seiner zweiten Frau Margarethe gehörte. Er regierte 1323/33–1351 als Markgraf von Brandenburg, 1342–1361 als Graf von Tirol und von 1351 bis 1361 als Herzog von Oberbayern.

Nach dem Tod seines Neffen Meinhard 1363 konnte Herzog Stephan II. Niederbayern-Landshut und Oberbayern wieder vereinigen. Allerdings ver-

Blick auf das 1330 von Kaiser Ludwig dem Bayern gegründete Kloster Ettal (Foto: Werudolf)

lor er das von seinem Bruder Ludwig geliebte Tirol an die Habsburger, behielt aber Kufstein, Rattenberg und Kitzbühel.

Es blieb indes nicht bei der Teilung des Landes nach Ludwigs IV. Tod. 1352 entstand das Herzogtum Bayern-Straubing bzw. Straubing-Holland (bis 1429). Kaiser Karl IV. nutzte diese Zersplitterung aus und nahm Bayern 1356 das Stimmrecht für die Königswahl. Schließlich entstand 1392 noch die Linie Bayern-Ingolstadt, die drei Generationen lang bis 1447 bestand und von Stephan III. ‚dem Knäuffel' (um 1337–1413), Ludwig VII. ‚dem Gebarteten/Bärtigen' (1365–1447) und Ludwig III. ‚dem Höckrigen' (1403–1445) regiert wurde. Herzog Ludwig der Gebartete starb am 01./02. Mai 1447 in Burghausen als Gefangener Herzog Heinrichs des Reichen von Bayern-Landshut. Nach seinem Tod fiel Bayern-Ingolstadt an Bayern-Landshut.

Von 1450 an gab es mit Oberbayern-München und Niederbayern-Landshut nur noch zwei Teilherzogtümer. In Landshut regierten über drei Generationen hinweg die „Reichen Herzöge" Heinrich der Reiche (1386–1450), Ludwig der Reiche (1417–1479) und Georg der Reiche (1455–1503), deren Reichtum auf den großen Erträgen der niederbayerischen Landwirtschaft beruhte.

Am Ende stand der Landshuter Erbfolgekrieg von 1504/05, der mit dem Kölner Schiedsspruch vom 30. Juli 1505 endete. Unter Albrecht IV. von Oberbayern-München konnten Ober- und Niederbayern wieder vereinigt werden. Zuvor hatten mit Herzog Ernst (1373–1438), Herzog Wilhelm III. (1375–1435) und Herzog Albrecht III. (1401–1460) drei Generationen im Herzogtum Oberbayern-München gewirkt.

Die Primogeniturordnung von 1506 schrieb schließlich die Unteilbarkeit des bayerischen Herzogtums und die männliche Erbfolge für die Zukunft fest.

Allerdings gewann das Herzogtum der Wittelsbacher in der ersten Hälfte des 16. Jahrhunderts weniger durch seine territorialen und erbrechtlichen Grundsatzentscheidungen vom Beginn des Jahrhunderts als vielmehr durch seine zentrale Stellung im Zeitalter der konfessionellen Spannung.

Detail der Gedächtnisplatte für Kaiser Ludwig der Bayer aus rotem Marmor in der Münchner Frauenkirche, 1468 vom Münchner Baumeister und Bildhauer Hans Haldner ausgeführt

HERZOG ALBRECHT IV. DER WEISE

(1465–1467 mit seinem Bruder Sigmund in Bayern-München)
(1467–1508 in Bayern-München bzw. Gesamtbayern)
* 15.12.1447 in München
† 08.03.1508 in München
Grabstätte: Liebfrauendom in München

Durch sein 1506 erlassenes Primogeniturgesetz ist Herzog Albrecht IV. bis heute bekannt. Mit großem Geschick war es ihm gelungen, sich an die Spitze des kleinen Herzogtums Oberbayern-München und in der Folge Gesamtbayerns zu setzen. Vorausgegangen war der Landshuter Erbfolgekrieg von 1503, ausgelöst durch den Tod Herzog Georgs des Reichen von Bayern-Landshut (1455–1503) und dessen Plan, sein Erbe an seine Tochter Elisabeth (1478–1504), Ehefrau des Pfalzgrafen Ruprecht (1481–1504) zu übertragen. Während der Pfalzgraf Pfälzer und Böhmen hinter sich vereinte, trat Albrecht ihm mit dem Schwäbischen Bund und seinem Schwager König Maximilian entgegen. Die Hilfe des Habsburgers bezahlte Albrecht jedoch mit Kufstein, Rattenberg und Kitzbühel. Nach dem Tod des Pfalzgrafen Ruprecht und seiner Frau und infolge großer Opfer gelang es, Ober- und Niederbayern nach zweieinhalb Jahrhunderten wieder zu vereinigen, unter Verzicht auf das 1505 gegründete Pfalz-Neuburger Gebiet. Um seiner Sicht auf den Landshuter Erbfolgekrieg Ausdruck zu verleihen, veranlasste Albrecht den Archivar Augustin Köllner zur aktenmäßigen Geschichte dieses Krieges. Der Band er schien unter dem Titel „Der Landshuter Erbfolgekrieg nach dem Tode Georgs des Reichen" zuletzt in Landshut 1847.

Am Ende nimmt es Wunder, das der dritte Sohn Albrechts III. sich als Herrscher durchsetzte, zumal er, der 1447 geborene, für die geistliche Laufbahn vorbestimmt war. Nach dem Tod seines Bruders, Herzog Johanns IV., 1463 kehrte er von seinem Studienort Pavia nach München zurück und nötigte seinen älteren Bruder Sigmund (1439–1501) 1465 die Mitregierung ab. Rund zwei Jahre später zog dieser sich zurück, und Albrecht regierte allein. Dies suchten ihm jedoch die beiden

links: Herzog Wilhelm IV. von Bayern, Gemälde von Hans Wertinger (1465/70–1533), Alte Pinakothek München

unten: Herzog Albrecht IV. und hl. Johannes, Stifterdarstellung auf einem Glasfenster der Kartause Prüll bei Regensburg, heute Bayerisches Nationalmuseum, München

jüngeren Brüder Herzog Christoph ‚der Starke' von Bayern-München (1449–1493) und Wolfgang (1451–1514) streitig zu machen. 1468/69 konnte Albrecht im so genannten Böcklerkrieg die Herzog Christoph unterstützende Ritterschaft niederwerfen, worauf die jüngeren Brüder zunächst zeitweilig, später ganz auf ihre Mitherrschaft verzichteten. Die niederbayerischen Ritter hatten sich mit dem Ziel, ihre Sonderstellung zu erweitern, 1466 in der ‚Gesellschaft zum Eingehürn' (Böcklerbund) und 1489 im ‚Löwlerbund' zusammengeschlossen.

Nach Aussterben der Herren von Abenberg gewann er deren Herrschaft und 1486 das bankrotte Regensburg für das Herzogtum Bayern-München. Nach seiner Hochzeit mit der Kaisertochter Kunigunde von Österreich (1465–1520) 1487 erhielt er von seinem Vetter Herzog Siegmund von Österreich-Tirol, genannt ‚der Münzreiche' (1427–1496) noch ganz Habsburgisch-Schwaben, das so genannte Vorderösterreich, überschrieben, gleichsam eine gewaltige Arrondierung seines Herrschaftsgebietes.

Nachdem Albrecht 1508 gestorben war, unterstützte seine Witwe Kunigunde die Durchführung des Primogeniturgesetzes nicht weiter, sondern trat „für vorteilhafte Verbindungen ihrer Söhne ein." (Rall 2000, S. 112) So erwirkte sie in der Übereinkunft vom 15. Mai 1516 zwischen ihren beiden Söhnen Wilhelm IV. (1493–1550) und Ludwig (1495–1545), dass der Jüngere an der Regierung beteiligt würde, allerdings mit eigener Residenz in Landshut.

Maria Jacobäa von Baden, Ehefrau Herzog Wilhelms IV. von Bayern, Gemälde von Hans Schöpfer d. Ä. (um 1505–1569)

HERZOG WILHELM IV.

(1508–1550, bis 1511 unter Vormundschaft; 1516–1545 mit seinem Bruder Ludwig)
* 13.11.1493 in München
† 07.03.1550 in München
Grabstätte: Liebfrauendom in München

Der 1493 in München als Sohn Herzog Albrechts IV. und dessen Frau Kunigunde von Österreich, der Tochter Kaiser Friedrichs III., geborene Sohn und nachmalige Herzog Wilhelm IV. trägt nicht von ungefähr den Beinamen ‚der Standhafte'. Nach dem Tod seines Vaters 1508 regierte Albrecht IV. zunächst unter der Vormundschaft seines Onkels Wolfgang von Bayern (1451–1514) und von 1511 an allein, jedoch mit Leonhard von Eck (1480–1550) als führendem und engstem Berater. Eck war es, der über 35 Jahre hinweg das politische, geistige, wirtschaftliche und soziale Leben Bayerns entscheidend mitgestaltete und mitprägte. Er legte den Grundstein für die Stellung Bayerns als bedeutende katholische Macht. 1524 wirkte er beim Regensburger Konvent maßgeblich am Zustandekommen eines Bündnisses katholischer Reichsstände mit.

„Die bayerische Landesgeschichte hat sich immer wieder mit der Frage beschäftigt, warum Bayern so früh und so entschieden gegen die Lehre Luthers Stellung bezog [...] warum es sich als Speerspitze von Gegenreformation und Katholischer Reform verstand." (Körner 2009, S. 39). So reichten die Argumente von der besonderen mentalen Beharrungsstruktur der bayerischen Bevölkerung bis hin zu einer staatlichen Hoheit des Landesherrn über das Kirchenwesen. Diese mussten sich andere Landesherren erst durch ihren Anschluss an Luthers Lehren verschaffen. Und doch reichten die strukturellen Überlegungen nicht aus, um das Phänomen der konsequenten Glaubenstreue hinreichend nachvollziehen zu können.

Wilhelm versuchte als Herzog, die Macht der Landstände zu brechen, und erkannte dennoch ihre Mitherrschaft bis zu seinem 24. Geburtstag an. 1518 veröffentlichte er eine Landrechtsreform und 1520 führte er die erste einheitliche Gerichtsordnung in Bayern ein. Unter seinem Berater von Eck entstanden zudem erste Ansätze der Zentralbehörden in Bayern.

Wenn er auch den Kirchenbann gegen Luther zunächst nicht vollstrecken ließ, so wurde er, unterstützt durch seinen Berater von Eck, doch zum eifrigsten Gegner der Reformation. Nach dem Wormser Edikt von 1521 ließ er die Anhänger Luthers verhaften und des Landes verweisen. Die

Kübelstechen anlässlich der Hochzeit des bayerischen Kurfürsten Wilhelm V. mit Renata von Lothringen 1568 auf dem Münchner Marienplatz, Kupferstich von Nikolaus Solis (um 1544–1585)

Chaos seiner Regierungszeit meistern. Der Blick weicht jedoch sehr von dem des finsteren Jesuitenzöglings ab, mit dem die liberale Historiografie des 19. Jahrhunderts den Wittelsbacher Herrscher charakterisiert hat. Geboren wurde Wilhelm (V.) am 29. September 1548 in Landshut als zweiter Sohn des nachmaligen Herzogs Albrecht V. 1568 heiratete er Renata von Lothringen (1544–1602). Die Hochzeit am 22. Februar war das größte Fest, das München bis dahin erlebt hatte.

Beide lebten elf Jahre auf der Landshuter Burg Trausnitz. Bereits hier war Wilhelm ein leidenschaftlicher Sammler von Gemälden und anderen Kunstwerken. Auch erfreute er sich an Hofnarren, Zwergen, den seinerzeit beliebten ‚Hofmohren' und exotischen Tieren. Durch die familiäre Nähe zu den Mitgliedern der Habsburger und der Medici wurden die künstlerischen Zentren wie Florenz, Wien oder Innsbruck für Wilhelm vorbildhaft, während Renata sich an Hofbällen, Maskeraden, Konzerten wie Stehgreifkomödien erfreute und festliche Tafeln liebte. Die Narrentreppe auf der Trausnitz erinnert bis heute an den Aufenthalt des Paares. Der künstlerische Aufwand war enorm, nicht zuletzt auch der der aufwändigen Hofhaltung mit Renaissancegarten in Landshut und exotischen und raren Tieren auf der Trausnitz.

Nach dem Tod des Vaters übernahm Wilhelm V. 1579 die Regierung des Herzogtums Bayern und zog mit seiner Frau Renata in die Münchner Residenz um. Der Herzog wird als treuer Sohn ‚seiner' Kirche beschrieben. Die gegenreformatorische Politik seines Vaters setzte er fort. Steingewordenes Zeugnis der Münchner Jesuiten ist die ab 1583 unter seiner Herrschaft entstandene St.-Michaels-Kirche. 14 Jahre später war der Bau mit Münchens zweiter fürstlicher Grablege vollendet. Sie war seinerzeit der größte Renaissance-Kirchenbau nördlich der Alpen. Durch das von Wilhelm V. 1583 besiegelte Konkordat wurden die erweiterten Kompetenzen des Landesherrn in kirchlichen Fragen geregelt. Infolge seiner Einschaltung in den Kurkölnischen Krieg gelang es Bayern, bis 1761 den Kurfürsten und Erzbischof von Köln zu stellen. Aufgrund einer gewaltigen Schuldenlast dankte Herzog Wilhelm V. 1597 ab. Zu den letzten Sparmaßnahmen seiner Regierungszeit gehörte das 1589 gegründete Hofbräuhaus. Bis dahin hatten die bierseligen Bajuwaren den Gerstensaft aus dem niedersächsischen Einbeck bezogen. Nach seiner Abdankung lebte Wilhelm V. mit seiner Frau Renata in der nach ihm benannten Wilhelmsburg, der späteren Herzog-Max-Burg.

Herzog Wilhelm V. von Bayern. Kupferstich von Dominicus Custos (1560–1612)

ANTVERPIÆ, APVD IACOBVM MEVRSIVM ANNO M. DC. XLIX.

DIE BAYERISCHE KURLINIE (1573–1777)

HERZOG / KURFÜRST MAXIMILIAN I.

(1598–1651)
1598 Herzog
1623 Kurfürst
* 17.04.1573 in München
† 27.09.1651 in München
Grabstätte: Kirche St. Michael in München

Da die Bayern in der Vergabe von Ehrentiteln eher sparsam auftraten, ist dem Herzog und nachmaligen Kurfürsten Maximilian I. von Bayern der Beiname ‚der Große' versagt geblieben. Bis heute gilt er als einer der bedeutendsten Herrscher Bayerns und zudem als einer der Hauptakteure der deutschen und europäischen Politik des frühen 17. Jahrhunderts. Sein besonderes Interesse galt dem Fortbestand der eigenen Dynastie und die Sorge um Bayerns Stellung bzw. den Rang seines Hauses im Kreis der Reichsfürsten und gegenüber dem Kaiser.

Bereits 1597 war er seinem Vater noch zu dessen Lebzeiten in der Regentschaft gefolgt, um sich zunächst der Sanierung der Finanzen zuzuwenden. Seine Herrschaft ist von tief greifenden Reformen geprägt, die 1616 eine geradezu vorbildliche Landrecht-, Polizei-, Gerichts- und Malefizordnung sowie ein stehendes Heer hervorbrachten. Allerdings wuchsen die Lasten für die Untertanen, die die starke Hand des Herzogs fürchteten. Andererseits verwandelte dieser die Neuveste mehr und mehr zur Residenz, die er in den Jahrzehnten seiner Herrschaft zur prunkvollsten im Reich ausbauen ließ. Im Alter von 22 Jahren heiratete er Elisabeth Renata (1574–1635), die Tochter Herzog Karls II. von Lothringen. Da aus der Ehe keine Kinder hervorgingen, glaubte der eifrige Katholik, dass seine Frau verhext sei, und schickte sie – natürlich ohne befriedigendes Ergebnis – zu einem Hexenmeister. Die Ehefrau war unfruchtbar, doch kam für Maximilian eine Scheidung aus religiösen Gründen nicht in Frage. Nach Renatas Tod 1635 heiratete der Herrscher die Tochter Kaiser Ferdinands II., Maria Anna (1610–1655). Der Ehe entspross ein Jahr später mit Ferdinand Maria der ersehnte Thronfolger und 1638 noch dessen Bruder Maximilian Philipp.

In dieser Zeit während des 30-jährigen Krieges engagierte sich der Landesherr wie kein zweiter Fürst des Reiches. Den Ausgang bot 1606 die evangelische Reichsstadt Donauwörth, die sich weigerte, einer katholischen Prozession aus den Nachbarorten den Durchzug zu gestatten. Maximilian besetzte in der Folge im Namen des Kaisers die Stadt. Die Gegensätze zwischen Protestanten und Katholiken verschärften sich, so sehr, dass sich Maximilian 1609 an die Spitze der Katholischen Liga stellte. Die Wahl des evangelischen Kurfürsten Friedrich V. von der Pfalz zum böhmischen König war für den Kaiser dann zu viel, und dieser bezwang Friedrich mit bayerischer Hilfe 1620 in der Schlacht am Weißen Berg. Zum Dank erhielt Maximilian die Pfälzer Kurwürde für Bayern. Der Griff nach der Oberpfalz

Kurfürst Maximilian I., Gemälde von Joachim von Sandrart (1606–1688), 1643

links: Maximilian I. als Herrscher, Kupferstich von Wenceslaus Hollar (1607–1677), Antwerpen 1649

Maximilian I., Denkmal von Bertel Thorwaldsen und Leo von Klenze, 1839, auf dem Wittelsbacherplatz in München

Marienstatue von Hubert Gerhard (um 1540/50– um 1620) auf der Mariensäule am gleichnamigen Platz in München (Foto: Nino Barbieri)

und der Kurwürde aber trug entschieden zur Ausweitung des bis dahin vorrangig regional beschränkten Konflikts auf das Reich bei. Die Verheerungen wurden auch für Bayern größer, denn Wallenstein als Feldherr des Kaisers verfuhr nach der Devise, dass der Krieg den Krieg ernähren müsse. Er verlangte von Freund und Feind gleichermaßen Quartier und Sold sowie Verpflegung. Nachdem Johann 't Serclaes Graf von Tilly (1559–1632) als Führer der Katholischen Liga 1632 besiegt und tödlich verletzt wurde, fiel 1634 auch sein Nachfolger Wallenstein (1583–1634), der wegen eigensüchtiger Pläne angesetzt wurde. Ihn hatte Maximilian bis 1630 gestützt. Gustav Adolf drang jedoch unterstützt von Franzosen und Holländern tief ins Reich ein und ungehindert nach Süddeutschland vor. Für Bayern bedeutete das unvorstellbares Leid! So stimmte Maximilian 1635 dem Prager Frieden mit den Schweden und den deutschen Protestanten zu. Infolge eines Gelübdes, in dem er bat, dass München und Landshut durch den Krieg nicht zerstört werden mögen, stiftete er die Mariensäule auf dem Münchner Marienplatz, geschaffen von Hubert Gerhard (um 1540/50 – um 1620). Sie ist zugleich Ausdruck der tiefen Marienverehrung Maximilians, unter dem Bayern auch zu einem marianischen Land wurde. „Das Marienmotiv als Staatssymbol ist Programm" (vgl. Körner 2009, S. 50). Maximilian hinterließ auch die Patrona Boiariae an der Residenz und die Diana bzw. Bavaria auf dem Pavillon des Hofgartens – beide von Hans Krump[p]er (um 1570–1634). Sie gehören zu den berühmtesten Plastiken, die innerhalb der Herrschaft Maximilians I. geschaffen wurden. Und gleich zu Beginn des Krieges ließ er 1622 die Grabplatte seines Ahnen Kaiser Ludwigs des Bayern mit einem kostbaren Schwarzmarmorgehäuse überdecken, womit er den Testamenten seiner beiden Vorgänger Rechnung trug. Aber anders als bei seinem Vater lag Maximilians Schwerpunkt nicht auf dem Bau eines Gotteshauses wie St. Michael, sondern eindeutig auf der Residenz. Im Konfessionellen Zeitalter befand sich das Haus Wittelsbach mit Maximilian I. auf dem Höhepunkt seiner Macht.

KURFÜRST FERDINAND MARIA

(1651/54–1679)
* 31.10.1636 in München
† 26.05.1679 in Schleißheim
Grabstätte: Theatinerkirche in München

Mit der Herrschaft des Kurfürsten Ferdinand Maria hielt nicht zuletzt dank dessen Ehefrau Henriette Adelaide von Savoyen (1636–1676) die Barockzeit in München Einzug. Mit erst 14 Jahren war der am 31. Oktober 1636 geborene Kurprinz am 11. Dezember 1650 in Turin *per procurationem* mit der Tochter Herzog Amadeus' I. von Savoyen vermählt worden. 1651 starb der Vater, und so stand Ferdinand Maria zunächst unter der Vormundschaft seiner Mutter Maria Anna, der Tochter Kaiser Ferdinands II., die als Regentin wirkte. Als sich die Brautleute Ferdinand Maria und Henriette Adelaide achtzehn Monate nach der Hochzeit erstmals in Kufstein sahen, war es, den Chronisten zufolge, Liebe auf den ersten Blick – in Herrscherhäusern bis weit ins 19. Jahrhundert eher eine Sel-

Antonio Zanchi (1631–1722): Darstellung der Heiligen Dreifaltigkeit, der Heiligen Adelheid und Cajetan sowie Kurfürst Ferdinand Marias samt Familie und Gefolge, Vorstudie von 1675 für das im Zweiten Weltkrieg (1944) zerstörte Hochaltargemälde der Münchner Theatinerkirche

Kurfürstin Henriette Adelaide von Savoyen, Ehefrau Kurfürst Ferdinand Marias von Bayern

Kurfürst Ferdinand Maria, Darstellung aus einem Krönungsdiarium, Kupferstich von 1658

tenheit! Der junge Kurfürst stand mit seiner habsburgischen Mutter und der bourbonischen Gattin zwischen zwei starken Frauen und musste nach der Herrschaft seines brillanten Vaters erst noch seinen Platz finden. Die ihm angetragene Kaiserkrone schlug er 1657 aus und votierte 1658 stattdessen für seinen Vetter Leopold von Österreich (1640–1705). Am 17. Februar 1670 schloss Ferdinand Maria mit Frankreich einen auf zehn Jahre angelegten Bündnisvertrag. Er verpflichtete sich darin zur Unterstützung des französischen Königshauses bei dessen Ansprüchen auf das spanische Erbe und erhielt dafür von Frankreich 180 000 Taler. Weit mehr sollte er bei aktiven kriegerischen Auseinandersetzungen erhalten. Dennoch blieb der Kurfürst im Holländischen Krieg (1672–1678/79) neutral und nutzte die finanziellen Mittel, um ein Heer nach französischem Vorbild aufzubauen. Er handelte damit nach der Devise seines Vaters, dass kein Krieg der beste sei. Der Vertrag mit Frankreich war durch Kanzler Caspar von Schmid (1622–1693) zustande gekommen. Mit ihm arbeitete auch Henriette Adelaide eng zusammen. Von Kurfürst Ferdinand Maria gingen beim wirtschaftlichen Aufbau des durch den Dreißigjährigen Krieg verwüsteten Landes die stärksten wirtschaftlichen Impulse aus. Dabei galt dem Bauernstand seine besondere Fürsorge, etwa durch die Errichtung der ersten bayerischen Landwirtschaftsschule in Schleißheim. In kultureller Hinsicht hat Ferdinand Maria in München das erste freistehende Opernhaus etabliert. Es befand sich in der Nähe der Salvatorkirche. Mit seinem Prunkschiff ‚Buccentaur' durchkreuzte er den Starnberger See. In der Residenz ließ er von Agostino Barelli (1627 – um 1687) und Antonio Francesco Pistorini die Päpstlichen Zimmer ausgestalten und verpflichtete sich anlässlich einer Wallfahrt nach Altötting in einem Gelübde zum Bau der Hofkirche St. Kajetan (Theatinerkirche) im Falle der glücklichen Geburt eines Thronfolgers. Die trat am 11. Juli 1662 ein. Aus diesem Anlass schenkte der Kurfürst seiner Frau auch das nachmalige Schloss Nymphenburg. Doch das Glück fand ein schreckliches Ende, denn 1674 brannte die Residenz, bei deren Lösch- und Rettungsarbeiten sich die Kurfürstin eine schwere Krankheit zuzog, an deren Folgen sie am 18. März 1676 starb. Ferdinand Maria folgte ihr drei Jahre später am 26. Mai 1679.

Sarg des Kurfürsten Ferdinand Maria in der Theatinerkirche in München (Foto: krischnig)

KURFÜRST MAXIMILIAN II. EMANUEL

(1679–1726)
* 11.07.1662 in München
† 26.02.1726 in München
Grabstätte: Theatinerkirche in München

„Schon als Kind hatte Max Emanuel die größten Erwartungen erregt. Er genoss die vortrefflichste Konstitution, zeigte frühzeitig bewunderungswürdiges Geschick für ritterliche Übungen und saß schon als zehn jähriger Knabe wie der beste Stallmeister fest im Sattel", bemerkte Carl Eduard Vehse (1802–1870) in seiner zwischen 1851 und 1858 erschienenen 48-bändigen „Geschichte der Deutschen Höfe" über den bayerischen Kurfürsten Max Emanuel (Vehse 1994, S. 119). Dieser wurde am 11. Juli 1662 in München als ältester Sohn des bayerischen Kurfürsten Ferdinand Maria und dessen Ehefrau Henriette Adelaide geboren. Die Kurfürstin erhielt als Dankesbeweis für die lang ersehnte Geburt des Thronfolgers die finanziellen Mittel für das ab 1664 durch Agostino Barelli errichtete Schloss Nymphenburg, das Max Emanuel später als Sommerresidenz nutzte. Bereits früh lernte er von der Mutter Italienisch, später noch Latein und Französisch. Bereits mit fünf Jahren hatten die Eltern für den Kurprinzen eine Erziehungsinstruktion bestimmt, die auf Religiosität und Freundlichkeit gegen jedermann zielte und nicht zuletzt auf die Erlernung der skizzierten Sprachen. Persönlichkeiten aus der Geschichte machten auf Max Emanuel einen nachhaltigen Eindruck. Viele spornten ihn an, es ihnen gleichzutun. Dazu gehörte der französische Sonnenkönig Ludwig XIV. im Besonderen, den Mutter und Sohn gleichermaßen verehrten, wobei Henriette Adelaide gern auf ihren französischen Großvater und ersten Bourbonenkönig Heinrich IV. hinwies.

Nach dem Tod Kurfürst Ferdinand Marias am 26. Mai 1679 übernahm dessen Bruder Maximilian Philipp Herzog von Leuchtenberg die Regierung und Vormundschaft über den noch minderjährigen Thronfolger. Der Herzog führte Max Emanuel auch an die Regierungsgeschäfte heran, die dieser im Folgejahr am 11. Juli übernahm. Max Emanuel führte zunächst die von seinem Onkel eingeleitete Neutralitätspolitik gegenüber den beiden europäischen Großmächten Frankreich und Österreich fort. Doch der von Ferdinand Maria angehäufte Staatsschatz ließ den jungen Kurfürsten für Kaiser Leopold I. interessant werden. In Bayern reorganisierte Max Emanuel das Heer. Eine persönliche Verbindung bot die Eheschließung Max Emanuels mit Leopolds Tochter Maria Antonia am 15. Juli 1685. Bereits 1683 war der Kurfürst dem Kaiser zu Hilfe geeilt, um Wien von den Türken zu befreien. Am 12. September 1683 griff er mit dem gut gerüsteten, rund 11 300 Mann starken bayerischen Heer in den entscheidenden Kampf am Kahlenberg ein. Auf Wunsch des Kaiserhofes kämpfte Max Emanuel auch in den folgenden Türkenkriegen bei der Eroberung der Festung Gran 1683, der – 1684 gescheiterten – Erstürmung Ofens, dem Sieg am Berg Harsan und der Eroberung Belgrads 1688. Nach dessen Erstürmung wurde Max Emanuel wegen seiner blauen Uniform als Türkenbezwinger in ganz Europa mit seinem Beinamen „der blaue König" bekannt. Der Kurfürst wurde daraufhin vom Kaiser zum Generalissimus und Ordensritter vom Goldenen Vlies ernannt.

Die Eheschließung mit Erzherzogin Maria Antonia brachte erbrechtliche Verwicklungen mit sich, da Max Emanuel durch seine Ehefrau trotz Erbverzichtserklärung zu den möglichen Anwärtern auf die spanische Krone gehörte. Er trat dadurch in Konkurrenz zu den Interessen Kaiser Leopolds I. von Österreich und König Ludwigs XIV. von Frankreich.

1692 wurde Max Emanuel durch die Vermittlung Kaiser Leopolds I. und des englischen Königs Wilhelm III. von Oranien die Generalstatthalterschaft der Niederlande übertragen. Als Karl II. von Spanien am 14.11.1698 den bayerischen Kurprinzen Joseph Ferdinand zum Universalerben des gesamten spanischen Weltreiches erklärte, schien sich auch Max Emanuels Zukunft als Vater zu ändern. Doch der Prinz starb 1699 in Brüssel.

rechts: Kurfürst Max II. Emanuel, Gemälde auf Kupfer von Joseph Vivien (1657–1734), um 1710

Durch das letzte Testament Karls II. sollte nunmehr ein Enkel Ludwigs XIV. die spanische Krone erben. Das führte 1701 zum Spanischen Erbfolgekrieg, bei dem Max Emanuel auf französischer Seite kämpfte. In der Entscheidungsschlacht von Höchstädt standen sich am 13. August 1704 mehr als 100 000 Soldaten gegenüber, von denen rund ein Viertel verwundet wurde oder starb. Bayern erlebte seine Niederlage, und Max Emanuel musste ins Exil. Er blieb zunächst in Brüssel, residierte dann in Mons und zog sich 1709 nach Frankreich zurück.

Am Weihnachtstag 1705 wurde das letzte Aufgebot der ‚kurbayerischen Landesdefension' von kaiserlichen Truppen zwischen München und Sendling erbarmungslos niedergeschlagen. Das, was als „Sendlinger Mordweihnacht" in die Geschichtsbücher einging, war eine barbarische Metzelei, von der der Kurfürst im fernen Exil nichts mitbekam. Die habsburgische Besatzung hatten die Bayern als dermaßen drückend empfunden, dass die Losung ‚Lieber bayrisch sterben, als kaiserlich verderben' die Runde machte. Doch was vermochten Hämmer und Sensen gegen eine militärisch gut ausgerüstete Armee schon auszurichten? Die Besetzung des Roten Turmes in München währte nur ganze sechs Stunden, danach wurden die Aufständischen bei Sendling eingeschlossen und von den kaiserlichen Truppen niedergemacht.

Westfassade der Münchner Residenz mit dem nicht ausgeführten Reiterstandbild des Kurfürsten Maximilian II., Kupferstich von Johann August Corvinus nach Cosmas Damian Asam, München 1715

1706 verhängte der Kaiser über Max Emanuel die Reichsacht. Seine Truppen besetzten Bayern. Der Kurfürst hielt sich derweil am Versailler Hof auf, ehe er nach dem Frieden von Rastatt 1714 im Folgejahr nach Bayern zurückkehren konnte. Hier widmete er sich verstärkt seinen zahlreichen Schlossprojekten. Er berief den erst 28-jährigen Joseph Effner zum neuen Hofbaumeister und ließ die Hofhaltungen in München, Nymphenburg und Dachau neu organisieren. Für seine Kinder entwickelte er eine erfolgreiche Heirats- und Reichskirchenpolitik. Die Stadt München verdankt ihm nicht zuletzt wegen seiner reichen Gemäldesammlungen den Aufstieg zur europäischen Kunstmetropole. Der damit verbundene Traum der eigenen Königserhebung blieb unerfüllt. Als Zeichen der Versöhnung mit den Habsburgern verheiratete er seinen Sohn Carl Albrecht 1722 mit der Kaisertochter Erzherzogin Maria Amalie. Durch die Wittelsbachische Hausunion vom 15. April 1724 wurde der jahrzehntelang währende Streit zwischen Bayern und der Pfalz um das Reichsvikariat beigelegt. Am 26. Februar 1726 starb Max Emanuel an den Folgen eines Schlaganfalls.

KURFÜRST CARL ALBRECHT / KAISER KARL VII.

(1726–1745)
1741 König von Böhmen
1742 Kaiser
* 06.08.1697 in Brüssel
† 20.01.1745 in München
Grabstätte: Theatinerkirche in München

„Max Emanuel und Therese Kunigunde sind die Eltern unseres Kaisers Karl VII., der am 16. August 1697 in Brüssel geboren wird, in München aufwächst und nach der Niederlage von Höchstädt als Gefangener mit seinen nachgeborenen Brüdern Prinz Moritz (*1698), Ferdinand Maria (*1699) und Clemens August (*1700) nach Klagenfurt geführt wird. Also muste [sic!] unser Printz die meiste Zeit seiner Jugend in einer verdrüßlichen Gefangenschaft zubringen" (zit.

Carl Albrecht von Bayern als bayerischer Kurfürst, Gemälde von Franz Joseph Winter (1690–1756), nach 1726

Kaiser Karl VII., Ölbild von Max Hailer (1818–1854), 1841, im Kaisersaal des Frankfurter Römer

nach Reiser 2002, S. 9f.), vermerkte Carl Albrechts erster Biograf Johann Jacob Moser 1745. Carl Albrecht entstammte der zweiten Ehe seines Vaters mit Therese Kunigunde (1676–1730), der Tochter des polnischen Königs Johann III. Sobieski. Tatsächlich kehrte der Kurprinz erst im April 1715 nach Bayern zurück, denn nach der Niederlage des Vaters bei Höchstädt war er mit seinen Geschwistern zunächst in München verblieben, wurde 1706 jedoch auf Weisung Kaiser Josephs I. nach Klagenfurt und 1711 nach Graz gebracht, wo er standesgemäß unterrichtet und erzogen wurde, natürlich im Sinne des Habsburgers! Erst 1715 konnte der aus dem Exil nach Bayern zurückgekehrte Max II. Emanuel seinen Sohn weiter ausbilden und selbst in die Kunst der Politik einweisen. Zu Beginn seiner Herrschaft verfolgte Carl Albrecht eine erfolgreiche Sparpolitik, begann jedoch ab 1730, große Summen ins Militär zu investieren. Dennoch konnte er zwischen 1728 und 1741 rund 7,5 Millionen Gulden Schulden tilgen. Dennoch ließ er die Residenz weiter ausbauen und orientierte sich dabei an Paris. Die glanzvolle Hofhaltung sollte Wien in den Schatten stellen. Die unter François de Cuvilliés d. Ä. (1695–1768), entstandenen und Ende 1737 eingeweihten ‚Reichen Zimmer' bestaunte die Hofgesellschaft im Glanz von rund 2000 Kerzen wie ein Wunder. Die damals ‚Schöne Zimmer' genannten Paraderäume erhielten ein kaiserliches Bildprogramm. Auch die Anzahl der Räume deutete darauf hin, dass dort kein Territorialfürst, sondern ein Kaiser residieren sollte. Im Gegensatz dazu blieb das Projekt der ‚Carlstadt' um Schloss Nymphenburg Projekt. Einzig die Rondellbauten erinnern in Ansätzen daran. Die Namenswahl Carl hatte sein Vater Max Emanuel bei der Geburt des Kurprinzen bewusst getroffen, er spielte damit absichtlich auf Karl den Großen an, den die Wittelsbacher zu ihren Ahnen rechneten. Eine zweite Anspielung zielte auf Karl V., da in dessen Reich die Sonne nie unterging, und eine weitere auf den habsburgischen Kaiser Karl VI. Um dessen Erbe sollte der Wittelsbacher Carl Albrecht streiten. Von der Pragmatischen Sanktion von 1713, die den weiblichen Mitgliedern des Hauses Habsburg die Erbfolge sichern sollte, rückte er ab und meldete nach dem Tod Kaiser Karls VI. 1740 Erbansprüche an. Durch ein Bündnis aus Frankreich, Spanien, Brandenburg-Preußen und Sachsen gelang ihm zunächst die Durchsetzung seiner Ansprüche, doch hielten ihn die Franzosen von einer Eroberung Wiens ab. Stattdessen marschierte Carl Albrecht nach Prag, wo er am 19. Dezember 1741 zum böhmischen König gekrönt wurde. Am 24. Januar folgte in Frankfurt am Main die Kaiserwahl. Nach seiner Wahl als Karl VII. zum Kaiser des Heiligen Römischen Reiches gab seine Tochter den Befehl an ihre Truppen, Bayern zu verwüsten. Statt nach München zurückzureisen, musste der Kaiser schwer krank in Frankfurt verharren. Erst im Oktober 1744 konnte Karl VII. in München einziehen, worüber er in seinem Tagebuch vermerkte, dass der Einzug in seine Hauptstadt ebenso ergreifend für ihn wie für sein Volk

Frankfurt, Römerfassade im Krönungsdiarum von Kaiser Karl VII., 1742

gewesen sei, das scharenweise herbeigeströmt war. Die Österreicher waren nach Schlesien weitergezogen, das derweil König Friedrich II. von Preußen den Österreichern abzuringen versuchte. Am Ende hatte der Preußenkönig darin mehr Erfolg, und man nannte ihn nicht zu Unrecht „den Großen". Kaiser Karl VII. konnte seine (machtlose) Herrschaft nicht mehr genießen und starb bereits am 20. Januar 1745.

KURFÜRST MAXIMILIAN III. JOSEPH

(1745–1777)
* 28.03.1727 in München
† 30.12.1777 in München
Grabstätte: Theatinerkirche in München

„,Wenn niemand den Frieden will, so will ich ihn haben!' sprach der achtzehnjährige Kurfürst Max III. Joseph" (Langer; Hojer 2011, S. 36). Beim Tod seines Vaters Karls VII. im Januar 1745 war er sofort bereit, auf die Kaiserwürde zu verzichten. Am 22. April 1745 beendete er mit dem Frieden von Füssen den Österreichischen Erbfolgekrieg. Er wurde Reichsvikar und entließ den in Richtung einer bayerischen Kaiserpolitik tätigen Graf Toerring als Minister. Stattdessen söhnte er sich mit Maria Theresia aus und versprach Franz Stephan, dem Ehemann Maria Theresias, seine Stimme bei der Kaiserwahl. Sein Beiname ‚der Vielgeliebte' verrät, dass der Kurfürst ganz andere Schwerpunkte setzte wie sein Vater. Angesichts von rund vierzig Millionen ererbter Schulden wäre Kriegführen auch unrealistisch gewesen, so dass Max III. Joseph sein Hauptaugenmerk auf die Konsolidierung und Stabilisierung der Finanzen legte. Die Subsidien, die er von anderen Staaten erhielt, verwandte er zum Wiederaufbau seines Landes. Gleichwohl gönnte er sich in Gestalt eines neuen Hoftheaters von François de Cuvilliés d. Ä. den einzigen Luxus in der Zeit des überquellenden Rokoko. 1759 gründete er die Bayerische Akademie der Wissenschaften, zwei Jahre später die Porzellanmanufaktur Nymphenburg. Im Hungerjahr 1770 packte er überall selbst mit an, indem er seine eigenen Wertgegenstände verpfändete, Getreide in Holland einkaufen und alles Wild in seinen Tiergärten schießen ließ. Kornwucherer wurden in ungeahnter Strenge des Landesherrn zum Tode verurteilt, mit beabsichtigter, abschreckender Wirkung. Das Vermögen des 1773 aufgehobenen Jesuitenordens verwendete der Kurfürst für das Schulwesen. Bereits 1746 hatte er Bayerns Zukunft durch Hausverträge mit den Pfälzer Wittelsbachern gestärkt. Darin sollte München auch nach seinem Tod – er hatte keine Kinder – Haupt- und Residenzstadt bleiben. 1771 legte er dies in München bei einer Zusammenkunft mit Kurfürst Carl Theodor von der Pfalz, gemeinsam mit Herzog Christian IV. von Pfalz-Zweibrücken und dessen Nachfolger Carl August fest. Am 30. Dezember 1777 starb der Kurfürst an den schwarzen Blattern. Mit ihm starb die altbayerische Linie der Wittelsbacher aus.

Staatsporträt des Kurfürsten Maximilian III. Joseph von Bayern im Kürass mit der Ordenskette vom Goldenen Vlies und dem Band des bayerischen Hausritterordens von St. Georg – im Hintergrund der Kurhut, Gemälde von Georg Desmarées (1697–1776), 1776

DIE WIEDERVEREINIGUNG DER KURFÜRSTENTÜMER PFALZ & BAYERN (1778)

KURFÜRST CARL IV. THEODOR (LINIE PFALZ-NEUBURG-SULZBACH)

(1743–1799)
* 11.12.1724 in Schloss Drogenbusch bei Brüssel
† 16.02.1799 in München
Grabstätte: Theatinerkirche in München

Der wie seine Ehefrau Elisabeth Augusta früh verwaiste Carl Theodor erhielt am Hof seines Onkels Carl Philipp in Mannheim eine für seine Zeit ungewöhnlich sorgfältige Erziehung. Nach dem Tod seiner Mutter, Maria Anna Henriette (1708–1728), einer Tochter des Franz Egon de la Tour, Markgraf zu Bergen op Zoom und Herzog von Auvergne, kam der am 11. Dezember 1724 in Drogenbusch bei Brüssel geborene Pfalzgraf Carl Theodor zur Urgroßmutter, der Herzogin von Arenberg. Nach dem Tode des Vaters, Pfalzgraf Johann Christian von Pfalz Sulzbach (1700–1733), holte ihn sein Onkel Carl Philipp nach Mannheim, wo dieser ihn durch den Jesuitenpater Seedorf sorgfältig erziehen ließ. Er lernte fünf Sprachen, betrieb Naturwissenschaften, Literatur, Kunst, Geschichte und Theologie. Außerdem spielte er mehrere Musikinstrumente und lernte Reiten, Fechten und Tanzen. Seine Studien der Rechtswissenschaften (weltliches und kirchliches Recht), Staatsökonomie und Geschichte absolvierte er in Leyden und Löwen. Schon früh zeigten sich seine Abneigung gegen das Soldatentum und dafür ein ausgeprägtes künstlerisches Interesse. Nach dem Tod seines kinderlosen Onkels 1742 folgte er diesem 18-jährig als kurpfälzischer Landesherr und Kurfürst nach. Carl Theodor regierte 56 Jahre, in denen sich in ganz Europa der Wechsel vom absolutistischen „ancien régime" zum bürgerlich-aufgeklärten Revolutionszeitalter vollzog. Von seiner Regierungsübernahme 1743 wurde die „Haupt- und Residenzstadt Mannheim" zu den großen höfischen Kulturzentren im Alten Reich gezählt, deren Besuch auf keiner *Grand Tour* durch Europa fehlen durfte, und auch für kulturell Interessierte jeglichen Standes und jeder Nationalität zur Pflicht wurde.

Zu seinen Verdiensten gehören die Reformen in der Exekutive und die kontinuierliche Kontrolle der eingeleiteten Veränderungen. 1766 erließ er ein Toleranzedikt, verpflichtete sich jedoch im Hausvertrag von 1771/72 als künftiger pfalz-bayerischer Gesamterbe, nur mit katholischen Ministern zu regieren. 1776 schaffte er in der Kurpfalz die Folter ab. Er versuchte die Stärkung der Landwirtschaft, die mit 75 Prozent die Basis der Wirtschaft bildete. Durch Fruchtwechsel und Stallfütterung sowie eine gezielte Gründüngung wurden Verbesserungen erzielt. Carl Theodors Hauptaugenmerk galt dem Merkantilismus und seiner deutschen Form –, dem Kameralismus. Mit Blick auf die Infrastrukturverbesserung führte er den von Carl Philipp begonnenen Chausseebau systematisch weiter, wobei das Straßennetz radial auf Mannheim konzentriert war, und er ließ den Unterlauf des Neckars begradigen. Mit dem speziell als „Fabriquenstadt" ausgewiesenen Frankenthal versuchte er, eine Konzentration der Gewerbe zu erreichen. Die dort zunächst privat betriebene Porzellanmanufaktur wurde als Staatsbetrieb von ihm übernommen. Im Bereich der Luxusgüterherstellung förderte er die Seiden- und Tuchproduktion, die Fayenceherstellung (Bsp. Mosbach) und die Papiermühlen.

links: Staatsporträt des Kurfürsten Carl Theodor mit Hermelin und Kurhut, Gemälde Johann Georg Ziesenis d. J. (1716–1776) zugeschrieben, um 1760

Im Bereich der Bildung und Wissenschaften gründete er 1763 die Kurpfälzische Akademie der Wissenschaften („Academia Electorales Theodoro Palatina de rerum gestarum atque Naturalium"), die vor allem im Zusammenhang mit der europäischen Akademiebewegung des 17. und 18. Jahrhunderts verstanden werden muss und als Reaktion auf die Münchner Akademiegründung seines Vetters Kurfürst Max III. Joseph (1727–1777) von 1759. Ehrenpräsident wurde der Straßburger Historiker Johann Daniel Schöpflin (1694–1771), Sekretär wurde Andreas Lamey (1726–1802). Eng mit der Akademie verbunden waren die Sammlungen, darunter das Naturalienkabinett sowie das mit der Akademiegründung entstandene Antiquarium.

Ferner erweiterte er den Bestand der Mannheimer Hofbibliothek als einer universalen wissenschaftlichen Gebrauchsbibliothek von 30 000 auf 100 000 Bände, die, wie das Naturalienkabinett, an bestimmten Tagen der Öffentlichkeit zugänglich waren. Außerdem durften die Mitglieder der Akademie der Wissenschaften und Gäste Bücher sogar nach Hause entleihen. Damit unterschied sich das Mannheimer Schloss unter Kurfürst Carl Theodor einmal mehr von anderen Residenzen der Zeit.

Die Stadt zählte 1771 21 340 Einwohner, darunter 6 733 Militärangehörige sowie 4 470 Mitglieder des kurfürstlichen Hofs und der Verwaltung, und gehörte damit zu den größten Städten Süddeutschlands. Die Mitglieder des Hofstaats und die Beschäftigten der Staatsbehörden machten 1771 etwa 20 Prozent der Gesamtbevölkerung und mehr als ein Drittel der nicht-militärischen Einwohnerschaft Mannheims aus. Der „Haupt- und Residenzstadt" entsprach auch die Beschäftigungsstruktur. 17,5 Prozent der Einwohnerschaft waren Handwerker oder Dienstboten. Auch das Gewerbe mit überdurchschnittlich vielen Gold- und Silberarbeitern, Händlern von Galanterie- und Luxuswaren, Handlungen für Seide, Wolle, Baumwolle, Leinen, Seifen und Unschlittmachereien, Puder-, Hut- und Kamm-Machern war vornehmlich auf die Bedürfnisse der kaufkräftigen höfisch-adelig-‚staatsbeamteten' Schichten ausgerichtet. Die Schattenseite dieser höfischen Ausrichtung bestand darin, dass kaum andere Erwerbszweige vorhanden waren.

Mannheim, Zeughaus C 5 (heute Reiss-Engelhorn-Museen), Wappen des Bauherrn Kurfürst Carl Theodor am 1777–1779 von Peter Anton von Verschaffelt errichteten Gebäude

Während der Silvesterandacht in der Schlosskirche am 31. Dezember 1777 erhielt Kurfürst Carl Theodor die Nachricht vom Tode seines Vetters Max III. Joseph, der am Vortag in München kinderlos an den Folgen der schwarzen Blattern verstorben war. ‚Nun sind die guten Tage vorüber' soll Carl Theodors erster Gedanke gewesen sein. Am 3. Oktober 1778 verließ er Mannheim, zwei Tage später folgte ihm seine Frau, Kurfürstin Elisabeth Augusta. Mit Carl Theodor verließen der adelige Hofstaat und die Mitglieder der Hofstäbe das Schloss, das fortan für die Stadt nurmehr den baulichen Rahmen bot. Nach nur zwei Jahren am Münchner Hof kehrte Kurfürstin Elisabeth Augusta 1781 nach Mannheim zurück und sollte die Kurpfalz bis zu ihrem Tode 1794 nicht mehr verlassen. Ihr kleiner Hofstaat mit zwölf Adeligen und 160 bis 170 Personen bot jedoch nurmehr einen bescheidenen Abglanz des einstigen höfischen Lebens. Nach kürzeren Aufenthalten in den Jahren 1779, 1782 und 1785 kam Kurfürst Carl Theodor im Oktober 1788 noch einmal nach Mannheim, als er sein Leben durch Tumulte und Unruhen in München bedroht sah, kehrte jedoch zur Freude der Münchner im Juni 1789 in die Re-

Carl-Theodor-Denkmal auf der Alten Brücke (Carl-Theodor-Brücke) in Heidelberg von 1788, geschaffen von Franz Conrad Linck (1730–1793). Der Kurfürst als Bauherr der Brücke ist überlebensgroß mit Rüstung und Hermelin dargestellt.

sidenzstadt an der Isar zurück. Zwar hatte vieles auf eine Rückverlegung der Residenz hingedeutet, doch vermied es der Kurfürst, seine Entscheidung in einem formellen Erlass kundzutun. Kurz vor seiner Abreise erfolgte am 1. Juni 1789 von Schwetzingen aus der kurfürstliche Befehl, im Zusammenhang mit dem von Carl Theodor geplanten Militärgarten auch einen Englischen Garten anzulegen.

Kurfürst Carl Theodor starb am 16. Februar 1799 in München. Er hinterließ keinen legitimen Nachfolger. Die bereits am 17. August 1794 verstorbene Kurfürstin ruht heute wie Carl Theodor in München, doch auch im Tode sind beide getrennt: Er ruht in der Theatinerkirche St. Kajetan, sie in der Kirche St. Michael.

DIE BAYERISCHE MONARCHIE (1806–1918)

KÖNIG MAXIMILIAN I. JOSEPH

(1806–1825)
* 27.05.1756 in Mannheim
† 12./13.10.1825 in Schloss Nymphenburg
Grabstätte: Theatinerkirche in München

König Maximilian I. Joseph ist der Stammvater aller heute noch lebenden Wittelsbacher. Er wurde mit großer Begeisterung von den Münchnern empfangen. Die hatten eben noch ihren ungeliebten Kurfürsten Carl Theodor mit Vivatrufen ins Jenseits verabschiedet. Der am 26. Mai 1756 geborene Nachfolger Maximilian Maria Michael Johann Baptist Franz de Paula Joseph Kaspar Ignatius Nepomuk – so sein vollständiger Name – entstammte der Ehe des Pfalzgrafen Friedrich Michael von Pfalz-Zweibrücken-Birkenfeld-Bischweiler (1724–1767) und dessen Ehefrau Maria Franziska Dorothea von Pfalz-Sulzbach (1724–1794). Er wuchs hauptsächlich in Straßburg auf. Als Thronfolger schien er auszuscheiden, denn er war das jüngste von fünf Kindern und der nachgeborene Sohn. Sein Bruder sollte als Carl II. August Christian von Pfalz-Zweibrücken (1746–1795) seinem Vater als Herzog nachfolgen. Dieser war der Bauherr des legendären Schlosses Carlsberg oberhalb von Homburg an der Saar. Der jüngere Bruder Maximilian wählte die Militärkarriere und übernahm mit 20 Jahren als Oberst in Straßburg das Regiment Royal Alsace. Doch nachdem Carl II. August 1775 seinen einzigen Sohn verloren hatte, entschloss sich der junge Militär, zu heiraten. 1785 fand in Darmstadt die Eheschließung mit Auguste Wilhelmine Maria (1765–1796), Tochter des Landgrafen Georg Wilhelm von Hessen-Darmstadt, statt. Der Ehe entstammten fünf Kinder, darunter der 1786 geborene spätere König Ludwig I. und dessen Schwester Charlotte Auguste (Karoline), nachmalige Kronprinzessin von Württemberg bzw. Kaiserin von Österreich (1792–1873).

Nachdem Kurfürst Carl Theodor 1799 verstorben war, hatte zunächst Maximilians Vetter Herzog Wilhelm von Pfalz-Zweibrücken-Gelnhausen (1752–1837), zudem Ehemann von dessen Schwester Maria Anna (1753–1824), gemäß eines mit Maximilian 1796 geschlossenen Hausvertrages die Regierung bis zum Eintreffen des Vetters und Schwagers übernommen. Wilhelm war es auch, der den allein angereisten Kurfürsten begrüßte. Dieser logierte zunächst in der Maxburg. „Als am 12. März die kurfürstliche Kutsche unter dem Jubel der Bevölkerung von Nymphenburg aus in die Stadt einfuhr, soll sich ein Münchner Bräu an den Wagen gedrängt, die Hand des neuen Landesvaters ergriffen und gesagt haben: ‚Weils D'nur grad da bist, Maxl.'" (Adalbert Prinz von Bayern 2005, S. 317). Der neue Kurfürst nannte sich in der Traditionslinie des altbayerischen Hauses, anknüpfend an Kurfürst Maximilian III. Joseph, nunmehr Maximilian IV. Joseph. Die Kurwürde ihres Mannes hatte Maximilians Ehefrau Auguste Wilhelmine Maria nicht mehr erlebt. Sie starb bereits 1797 im Rohrbacher Schlösschen bei Heidelberg. So zog Maximilian mit seiner zweiten Frau Karoline Friederike Wilhelmine (1776–1841), Tochter des Erbprinzen Carl Ludwig von Baden, in München ein. Die Zeitgenossen schwärmten von ihrer Schönheit und Güte.

Zu Maximilians ersten Maßnahmen gehörte die Aufhebung des Bierzwanges, mit dem vordem minderwertiges Bier durch Hofmarksherren verkauft werden durfte, und begann eine konfes-

Max-Joseph Denkmal auf dem Max-Joseph-Platz in München nach einem Entwurf des Berliner Bildhauers Christian Daniel Rauch, gegossen von Johann Baptist Stiglmaier, am 13. Oktober 1835 enthüllt

links: König Max I. Joseph von Bayern im Krönungsornat, Ölbild von Moritz Kellerhoven (1758–1830), 1806. Die Darstellung ist die bekannteste Kellerhovens und entstand für die Universität Landshut.

sionelle Toleranzpolitik. 1800 verlegte er die bayerische Landesuniversität von Ingolstadt nach München. Seine anfängliche Nähe zu Österreich gab er auf. Nicht zuletzt hatten ihn seine französische Erziehung geprägt und die Annexionsbestrebungen der Habsburger irritiert. So begann er, sich an das napoleonische Frankreich anzunähern. Mit der Säkularisation 1802/03 wurde eine große Zahl der Klöster im Land aufgehoben, deren Besitz an den bayerischen Staat fiel. Gleich zu Beginn seiner Herrschaft hatte er Maximilian Graf von Montgelas (1759–1838) zu seinem Außenminister, später auch zu seinem Finanz- und Innenminister berufen. Allerdings reformierte der Monarch nach Einführung der allgemeinen Wehrpflicht 1805 mit einigen Generälen das Militärwesen Bayerns selbstständig. Unter Montgelas wurde Bayern 1806 zum führenden Mitglied im Rheinbund und Bündnispartner Napoleons. Die Bündnistreue sollte sich auszahlen, indem Bayern durch Napoleons Gnaden am 1. Januar 1806 zum Königtum aufgewertet wurde. Aus Max IV. Joseph wurde fortan Max I. Joseph. Der Preis des neuen Königtums jedoch war hoch, denn 30 000 Soldaten bezahlten 1812 den Russlandfeldzug des Franzosen mit ihrem Leben. Durch den Wiener Kongress 1814 erhielt Bayern unter anderem die Rheinpfalz, hatte jedoch Tirol und Salzburg zwischen 1805 und 1810 an Österreich verloren. Rechtzeitig vor der Völkerschlacht bei Leipzig am 8. Oktober 1813 hatte König Max I. Joseph die Fronten gewechselt und mit Österreich paktiert.

1808 gab er Bayern eine Verfassung, die nach ihrer Überarbeitung 1818 über einhundert Jahre hinweg Bestand hatte. Er selbst lebte mit seiner Familie in den so genannten Hofgartenzimmern, da er die alten Räume der Residenz als zu düster empfand. Die Raumfolge in feinstem französischem Empire wurde im Zweiten Weltkrieg bis auf ausgebaute Raumdekors weitgehend zerstört. München selbst ließ Maximilian durch Karl von Fischer (1782–1820) und Emanuel Joseph von Hérigoyen (1746–1817) neu gestalten. Dazu gehörten das 1810 begonnene und 1818 vollendete neue Hof- und Nationaltheater am heutigen Max-Joseph-Platz von Carl von Fischer und Hérigoyens Torbau des (Alten) Botanischen Gartens (1810) bzw. des Palais Montgelas (1811–1813) am Promenadeplatz.

Den Brand seines prachtvollen Theaters erlebte König Max I. 1823 noch, zwei Jahre später starb er. Von seinen insgesamt 13 Kindern heirateten vier in die Häuser Habsburg (Charlotte Auguste und Sophie Friederike Dorothee Wilhelmine), Sachsen (Amalie Auguste) und Preußen (Elisabeth Ludovica), während die fünfte Tochter, Ludovica Wilhelmine, Mutter der später bekannten Kaiserin Elisabeth von Österreich (1837–1898) wurde.

König Max I. Joseph, Kronprinz Ludwig und die höchsten Staatsbeamten schwören 1818 im Ständesaal auf die Verfassung. Lithografie von Friedrich Heinzmann nach einer Zeichnung von Heinrich Maria Dietrich Monte

KÖNIG LUDWIG I.

(1825–1848)
* 25.08.1786 in Straßburg
† 29.02.1868 in Nizza
Grabstätte: Basilika St. Bonifaz in München

Den freien Platz zwischen dem Odeon und dem Leuchtenbergpalais in München beherrscht das Reiterstandbild König Ludwigs I. des Bildhauers Max von Widnmann (1812–1895). Es wurde thematisch von Ludwig von Schwanthaler

König Ludwig I. von Bayern im Krönungsornat mit der Ordenskette (Collane) des Hubertusordens, Gemälde von Joseph Karl Stieler (1781–1858), 1826

Lola Montez, Daguerreotypie von Southworth & Haws, 1851

König Ludwig I., Fotografie von Franz Hanfstaengl (1804–1877), um 1860

(1802–1848) angeregt und erhebt sich seit 1862 auf einem hellen Sockel aus Untersberger Marmor. Das bei Ferdinand von Miller d. Ä. (1813–1887) gegossene Monument zeigt den reitenden König mit zwei Pagen und am Sockel die vier Allegorien der Religion, Musik und Dichtung, von Handel und Industrie sowie der Kunst. Das Denkmal Ludwigs steht an „seiner" Straße. Dort befindet man sich inmitten seiner Kunst- und Kulturpolitik. Mit seinen zahlreichen Bauten der Hof- und Staatsbibliothek sowie der beiden Pinakotheken, des Königsplatzes, der Ruhmes- und der Feldherrnhalle samt Bavaria an der Theresienwiese, der Befreiungshalle Kelheim und nicht zuletzt auch der Walhalla bei Donaustauf beabsichtigte er, die Stellung Bayerns im Kreis der deutschen Staaten herauszuheben, wollte also „absichtsvoll nationalpolitische Wirkungen erzielen" (Körner 2009, S. 95). Anders als sein Vater Maximilian I. Joseph verspürte er von Kindheit an eine Abneigung gegen die Franzosen, nicht zuletzt wegen der traumatischen Erlebnisse der Französischen Revolution.

Ludwig wurde 1786 in Straßburg geboren und befand sich von klein auf mit seinen Eltern und Geschwistern auf der Flucht aus der linksrheinischen Pfalz. Mit neun Jahren verlor er seine Mutter. Die hatte mit dem erfahrenen Priester Josef Anton Sambuga noch den Religionslehrer bestimmt, der ab 1797 „entscheidend auf die Entwicklungsjahre Ludwigs einwirkte. [...] Sambuga richtete in Ludwig das Ideal des christlich-patriarchalischen auf und prägte ihm Begriffe wie Pflicht und Gehorsam tief ein." (Rall 2000, S. 326)

Der Kronprinz studierte in Landshut und Göttingen. „In Landshut trat er 1803 in den Einflußbereich Joh. Michael Sailers, dessen Predigten er hörte und der ihm ein ganzes Semester hindurch ein Privatissimum über ‚Die Moral des Regenten in christlichen Maximen' vortrug. Daneben wirkten auf ihn die bedeutenden Juristen Landshuts – Friedr. Carl v. Savigny, Nik. Th. Gönner, Anselm v. Feuerbach –, für welche der Staat ein rational geordnetes Kunstwerk war. Diese Auffassung wurde entscheidend vertieft während des zweisemestrigen Aufenthaltes 1803/04 an der Univ. Göttingen." (Kraus 1987, S. 367)

Als Kronprinz versuchte Ludwig, dem Vater bei dessen Einbindung Bayerns ins Napoleonische System massiven Widerstand entgegenzusetzen. Montgelas, der diese Ziele umsetzte und dabei das System des alten Bayern beseitigte, musste zum politischen Gegner Ludwigs werden. Durch seinen massiven Druck gelang es ihm 1817, Montgelas aus dem Amt zu vertreiben. Unter dem Einfluss des Kronprinzen entstand 1818 die bayerische Verfassung, mit der endgültig die konstitutionelle Monarchie etabliert wurde. Lange vor dem offiziellen Regierungswechsel 1825 hatte Ludwig die Geschicke Bayerns mitzubestimmen begonnen. So ist sich Hans-Michael Körner sicher, dass kein anderer bayerischer Herrscher sein Amt autonomer verstanden und autokratischer die Herrschaftspraxis ausgeübt habe. „Rigoroser hat keiner das monarchische Prinzip unter den Bedingungen des nachrevolutionären Zeitalters umgesetzt." (Körner 2009, S. 92) Die Neuordnung Europas nach den Befreiungskriegen (1813–1815) brachte dem jungen Königreich Bayern neben den säkularisierten unterfränkischen Gebieten mit Würzburg und Aschaffenburg (1814) im Zweiten Pariser Frieden (1815) den Wiedergewinn der linksrheinischen Pfalz. Die Rheinpfalz war altes wittelsbachisches Stammland, aus dem seit der Trennung der bayerischen und der Pfälzer Linie im Hausvertrag von Pavia 1329 die Pfalzgrafen bei Rhein hervorgingen. Was lag nun näher, als die beiden gewonnenen Gebiete mit Königsbauten auszustatten, um darüber den Herrschaftsanspruch zu dokumentieren und die Präsenz des Landesvaters zu verbürgen? Ludwig I. setzte die Pläne in die Tat um und ließ neben dem Aschaffenburger Pompejanum (1840–1847/48) auch das Schloss Villa Ludwigshöhe bei Edenkoben (1846–1852) errichten.

Bereits nach seiner offiziellen Thronbesteigung hatte Ludwig I. damit begonnen, das höhere Bildungswesen in Bayern umzugestalten. Er bediente sich dabei seines einstigen Lehrers Friedrich von Thiersch (1784–1860), der auch als ‚Vater der humanistischen Bildung in Bayern' bekannt wurde. Ludwig I. war es auch, der den Kontakt zum preußischen König Friedrich Wilhelm III. suchte, nicht zuletzt, um seine politisch-romantisch verklärte Vorstellung eines vereinten ‚Teutschland' umzusetzen und den Norden mit dem Süden enger zu verbinden. Auf Ludwigs Initiative hin kam 1829 nach mehrjährigen Verhandlungen der Süddeutsche Zollverein zustande, wohingegen zahlreiche seiner Gesetzesentwürfe am Widerstand des Landtags scheiterten. 1834 trat Bayern dem Deutschen Zollverein bei. Angesichts seiner jugendlichen religiösen Prägung nimmt es nicht Wunder, dass Ludwig 1830 das Kloster Metten wiederbelebte und bis 1837 weitere 75 Standorte neu gründete. Doch mit Metten nahm er seine kirchliche Restaurationspolitik auf.

In wirtschaftlicher Hinsicht förderte er den Eisenbahnbau. Die erste deutsche Strecke entstand 1835 zwischen Nürnberg und Fürth. 1843 gründete er Ludwigshafen am Rhein und initiierte den Bau des Main-Donau-Kanals. Mit der Ludwig-Süd-Nord-Bahn entstand 1843 die erste staatliche Eisenbahnstrecke Bayerns.

Als 1846 die irische Tänzerin Lola Montez nach München kam, wurde sie des Königs Geliebte mit luxuriöser Villa in der Barer Straße. Als Mitglied einer genehmigten Studentenverbindung sorgte sie an der Münchner Universität für Unruhen – derart heftig, dass Ludwig am 9. Februar 1848 die sofortige Schließung der Universität anordnete. Zwei Tage später verließ die Montez München. Gleichwohl stürmte die Bevölkerung das Zeughaus und anschließend zur Residenz. Doch es blieb 1848 friedlich in München! Allerdings wurde der König von Familie und Ministern isoliert. Die Sympathie der Wittelsbacher galt dem Volk, nicht dem Monarchen. Am 6. März musste der König die so genannte Märzproklamation mit erheblichen Zugeständnissen unterschreiben. Am 16. März 1848 folgten erneute Unruhen, denn die Montez war trotz Verbannung nach München zurückgekommen. Offiziell musste sie der König nun per Fahndungsaufruf polizeilich suchen lassen. Drei Tage später, am 20. März 1848, dankte er zu Gunsten seines Sohnes Max II. ab und wurde Privatmann. Er baute weiter, reiste und versuchte, für Bayerns staatliche Existenz einzutreten.

Reiterdenkmal König Ludwigs I. von Max Widnmann nach einem Entwurf von Ludwig Michael von Schwanthaler, 1862 am (alten) Odeonsplatz in München enthüllt

MAXIMILIAN II
KOENIG
VON
BAYERN

KÖNIG MAXIMILIAN II. JOSEPH

(1848–1864)
* 28.11.1811 in München
† 10.03.1864 in München
Grabstätte: Theatinerkirche in München

Inmitten „seiner" Straße erhebt sich Caspar von Zumbuschs (1830–1915) Maxmonument, das Denkmal für König Maximilian II. von Bayern. Das bei Ferdinand von Miller d. Ä. (1813–1887) gegossene Bronzedenkmal entstand zwischen 1867 und 1875 als Stiftung des Münchner Bürgerkomitees und Bekenntnis des Großbürgertums zur konstitutionellen Monarchie.

Am 28. November 1811 wurde Maximilian Joseph als ältestes von neun Kindern des Kronprinzen Ludwig (I.) in München geboren. Er wird von Kindheit an als außerordentlich gewissenhaft geschildert, und anders als sein Vater habe er bei der Wahl der Erzieher Glück gehabt, so vielseitig sei die Ausbildung gewesen. Wie Ludwig (I.) besuchte auch der Sohn Maximilian die Universität Göttingen, wo er ab 1829 Geschichte und Staatsrecht studierte. 1830 machte er in Berlin seinen Abschluss. Hier hatte er neben Friedrich von Raumer (1781–1873) auch Leopold von Ranke (1795–1886) gehört, während in München vor allem Friedrich Wilhelm Joseph Schelling (1775–1854) auf ihn nachhaltigen Einfluss genommen hatte. An Ranke beeindruckte ihn die Auffassung vom Staat als dem entscheidenden Träger aller menschlichen Kultur. Interesse zeigte Maximilian zudem für Chemie, Astronomie und Geografie. Zahlreiche Reisen führten ihn nach Italien, England, Ungarn, Spanien, in die Türkei und ins Heilige Land. Als Kronprinz lebte er in der Würzburger Residenz und repräsentierte dadurch in Franken die Anwesenheit des bayerischen Staates.

In der Umbruchzeit des Jahres 1848 folgte er dem Vater noch zu dessen Lebzeiten auf den Thron. Anders als Herzog Ernst II. von Sachsen-Coburg und Gotha lehnte Maximilian wie König Friedrich Wilhelm IV. von Preußen die 1849 beschlossene Reichsverfassung vom 28. März ab und löste dadurch den Pfälzischen Aufstand aus. Mit Unterstützung des preußischen Militärs ließ er den Aufstand am 10. Juni 1849 niederschlagen. Stattdessen versuchte er nach dem mit seinem Minister Ludwig von der Pfordten (1811–1880) entwickelten Konzept der Trias-Politik, Bayern zur dritten Kraft neben Preußen und Österreich zu machen.

Innenpolitisch förderte er Künste und Wissenschaften, wobei er Münchens Ruf als Universitätsstadt durch die Berufung neuer Professoren aus dem Norden festigte. Die galten jedoch in Teilen der konservativen Kreise als zu liberal und zu protestantisch. Als König gründete Max II. das nach ihm benannte 1852 gegründete Maximilianeum als Hochbegabtenstiftung. Außerdem konstituierte sich dank seiner Initiative 1858 die Historische Kommission bei der Bayerischen Akademie der Wissenschaften.

Neben der Brienner- und der Ludwigstraße ist die Maximilianstraße heute die dritte von der Residenz ausgehende monumentale Straßenachse, die im 19. Jahrhundert im Zuge der Stadterweiterung entstand, jedoch die erste, die nach Entwürfen Friedrich Bürkleins (1813–1872) zwischen 1853 und 1875 ‚aus einem Guss' angelegt wurde. Grundlage hierfür war die Ausschreibung eines Wettbewerbs 1850 gewesen, der auf die Schaffung eines Athenäums als wissenschaftlicher Bildungsanstalt mit humanistischer Aus-

König Max II., Fotografie von Franz Hanfstaengl (1804–1877), um 1860

links: Das Maxmonument von Caspar Zumbusch in der Maximilianstraße in München. Es wurde vom Münchner Bürgerkomitee als Bekenntnis des Großbürgertums zur konstitutionellen Monarchie in Auftrag gegeben (Foto: Maximilian Dörrbecker).

König Max II. mit Ehefrau Marie Friederike von Preußen und den Söhnen Ludwig (II., links) und Otto (rechts)

Aufbahrung König Max' II. 1864 nach einer Zeichnung von Karl Appold (1840–1884)

Ludwig II. im Arbeitszimmer auf Schloss Berg, Kupferdruck aus dem „König Ludwig-Album" von 1887 nach einem Aquarell von Heinrich Breling

richtung zielte und nach 1857 mit dem Gebäude des Maximilianeums realisiert wurde. Maximilian wünschte sich einen national orientierten Stil, über dessen Entwicklung er anregende Briefwechsel führte, darunter auch mit Karl Friedrich Schinkel. Was am Ende den neuen Maximilianstil ausmachte, war die Synthese von klassisch proportionierten Baukörpern in den als national empfundenen vorwiegend englisch-neogotischen Bauformen mit rationaler Gliederung und zeitgenössischer Bautechnik. Das kennzeichnende Gliederungselement, die so genannte „Strecklisenenordnung", verlieh durch ihre stete Wiederholung den flächigen Fassaden ihr grafisch-dezentes Relief. Die rund eineinhalb Kilometer lange Straße teilt sich in drei Bereiche mit entsprechender städtebaulicher Wirkung: in den dicht bebauten Teil zwischen Max-Joseph-Platz und heutigem Scharnagl-/Wimmer-Ring als straffer Perspektive, den mittleren Bereich mit Forum und bewusst gesetzten Grünanlagen und den Bereich von Praterinsel und Maximilianeum im Osten als fernem Kulissenbau. Mitten in dieser Straße ließ Maximilian zwischen 1856 und 1863 auch das von ihm gegründete Bayerische Nationalmuseum errichten, das das von ihm intendierte bayerische Nationalgefühl auch mit der Geschichte des Landes zu verbinden wusste. Die Tendenzen zeigen jedoch auch deutlich, dass der Monarch den deutschen Einigungsbestrebungen eher ablehnend gegenüberstand.

Großes hat Maximilian innenpolitisch in Sachen Gesetzesreformen geleistet. Mit dem Gesetz über die Aufhebung der patrimonialen Gerichtsbarkeit und die Ablösung der Feudallasten erwirkte er einen säkularen historischen Einschnitt. Er beseitigte die letzten Reste der überkommenen mittelalterlichen Herrschaftsordnung. Die Reform schloss mit Gesetzen über das Versammlungs- und Vereinsrecht, den Wegfall der Zensur und die Öffentlichkeit der Rechtspflege. Die Trennung von Justiz und Verwaltung galt als Ziel, das 1861 umgesetzt wurde. Die Reformen passten zu seinem Wahlspruch: ‚Wahrheit will ich in Allem, Recht und gesetzmäßige Freiheit.'

KÖNIG LUDWIG II.

(1864–1886)
* 25.08.1845 in Schloss Nymphenburg
† 13.06.1886 im Starnberger See nahe Schloss Berg
Grabstätte: Kirche St. Michael in München

„Liebe Fanny, Du kannst Dir die Freude nicht vorstellen (und die Aufregung natürlich). Vor einer Woche war es endlich soweit. [...] Am 25. August haben die Münchner die Köpfe gereckt. 101 Kanonenschüsse haben die Geburt unseres Erbprinzen angekündigt. Und stell Dir vor: Er ist genau am selben Tag, ja sogar zur selben Stunde geboren wie sein Großvater, der König. So hat denn Ludwig I. auch einmal wieder etwas Schönes, wo der doch die letzten Jahre nichts als Verdruß gehabt hat, wegen seiner Lola Montez und all dem revolutionären Wirrwarr" (Albrecht 1995, S. 13). Dieser fiktive Brief könnte so 1845 versandt worden sein, hätte es Verfasserin und Adressatin jemals gegeben. Weit mehr

König Ludwig II. im Alter von 20 Jahren, Gemälde von Ferdinand von Piloty d. J. (1828–1895), 1865

als 2 500 Publikationen beschäftigten sich bis heute mit der Person Ludwigs II., den man volkstümlich gern als ‚Märchenkönig' bezeichnet, ohne dabei seiner Bedeutung in angemessener Form gerecht zu werden. Hans-Michael Körner macht dies deutlich, wenn er die allzu enge Fixierung auf die Person und deren Schicksal in die Ecke der Boulevardpresse packt. Wichtiger

Ludwig II. zu Pferd, Postkarte Ende 19. Jahrhundert

Nächtliche Schlittenfahrt Ludwigs II. Illustration in der Zeitschrift „Die Gartenlaube" von 1874

ist der Versuch, die Gestalt Ludwigs II. im politischen Kontext seiner Zeit zu betrachten und zu bewerten.

Geboren wurde der spätere König am 25. August 1845 in Schloss Nymphenburg als ältester Sohn des damaligen Kronprinzen Maximilian und dessen Frau Marie, geborene Prinzessin von Preußen (1825–1889). 1848 folgte sein Bruder Otto (1848–1916).

Bekannt ist heute, dass Ludwig offenbar schwer unter der strengen Zucht seines an Verstand und Pflicht orientierten Vaters litt. Die Mutter, als Frau ohne geistige Interessen beschrieben, vermochte letzthin die väterliche Abneigung nicht zu kompensieren, und das Verhältnis blieb distanziert. Ludwigs schulische Ausbildung blieb durch unqualifizierte Erzieher mangelhaft, und die Umgebung in Hohenschwangau und Berchtesgaden tat ein Übriges, dass die beiden Prinzen entrückt vom höfischen Münchner Leben aufwuchsen. Allerdings hatte der Kronprinz ein Faible für Französisch, Literatur und Musik. Natürlich gehörten diese Fächer sowie Reiten, Fechten, Tanzen, Turnen und Schwimmen zum Ausbildungsprogramm.

So waren die Erwartungen an Ludwig hoch, als er mit nicht einmal 19 Jahren am 10. März 1864 mit dem Tod des Vaters die Regierung übernahm. Am 11. März 1864 leistete er den Eid auf die bayerische Verfassung, am 14. März 1864 erschien er anlässlich der Trauerfeier für seinen Vater Max II. erstmals in der Öffentlichkeit. Bereits am 4. Mai 1864 traf er auf den Komponisten Richard Wagner, dessen Opern Lohengrin und Tannhäuser er 1861 erstmals gesehen hatte. Von Beginn an förderte Ludwig II. Kunst und Kultur, bei Wagner allerdings in geradezu ungeheurem Maße, da er ihm 1864/65 170000 Gulden als Schuldenerlass und für die neue Oper ‚Ring des Nibelungen' zukommen ließ. Zu viel für die Staatsregierung. Wagner musste München verlassen. Überhaupt scheiterte Ludwig II. an der bayerischen Staatsregierung. Bei zentraler Gewichtung des Verhältnisses des Königs zu Minis-

terium und Landtag findet man den eigentlichen Schlüssel für dessen persönlichen Rückzug und die Entmündigung 1886. Hans Michael Körner zufolge werde in der Literatur viel zu wenig beachtet, „dass Ludwig II. zu Beginn seiner Herrschaft, ganz im Stile seines Großvaters, Ludwigs I., versuchte, seinen eigenen Standpunkt – etwa in Denkmalschutzfragen – durchzusetzen und damit gegenüber seinem Ministerium grandios scheiterte." (Körner 2009, S. 101) Die Situation muss geradezu beklemmend gewesen sein, wie das Ministerium Entscheidungen blockierte, hemmte und sie als lächerliche Versuche eines politisch unerfahrenen Jünglings brandmarkte. Erst recht musste der Verlust der Souveränität Bayerns, der gewaltige Umbruch mit der Reichsgründung 1870/71 für den jungen König zum Trauma werden. „Das Gefühl, in einer Schicksalsfrage der bayerischen Geschichte versagt zu haben, hat viel dazu beigetragen, die Flucht des Königs aus der Realität zu befördern, hat ihm Motiv und subjektiv tragfähige Begründung für die Flucht geliefert." (Körner 2009, S. 101). Klugerweise gab Ludwig seine Verbitterung über den deutschen Nationalismus nach außen hin nicht zu erkennen. Seit 1876 geriet seine Kabinettskasse mehr und mehr in Unordnung und brach zusammen. Zwar befahl er seinen Hofstäben noch im April 1886 größtmögliche Sparsamkeit, er erschien jedoch nicht mehr in München, um das Ministerium Lutz auszuwechseln. Wie schon bei seinem Amtsantritt 1864 versuchte ein Minister, sein Verbleiben durchzusetzen und opferte dafür den König, noch dazu mit einem getürkten Gutachten eines an sich renommierten Psychiaters in Gestalt von Dr. Bernhard von Gudden. Die Annahme des Psychiaters wurde von zwei anderen Ärzten nicht geteilt. Sie kannten Ludwig seit seiner Kindheit. Dr. med. Schleis von Löwenfeld trat damit am 15. Juni 1886 in der ‚Wiener Freien Presse' hervor." (Rall 2000, S. 347) Zweifellos stand die geistige Erkrankung von Ludwigs Bruder Otto im Raum, und auch die Sensibilität des Königs war bekannt – so geriet Ludwig zum Opfer der bayerischen Bürokratie –, mit den bekannten Folgen.

Schloss Berg, Szenerie mit Ludwig II. und Dr. Bernhard von Gudden am Abend des 13. Juni 1886, Postkarte Ende 19. Jahrhundert

KÖNIG OTTO

(1886–1916)
13.06.1886 König – für ihn regieren die Prinzregenten Luitpold (1886–1912) und Ludwig (III.) (1912/16)
* 27.04.1848 in München
† 11.10.1916 in Schloss Fürstenried
Grabstätte: Kirche St. Michael in München

Otto, der am 27. April 1848 in München geborene Bruder Ludwigs II., steht im Schatten der Geschichte und wird vermutlich wegen seiner früh ausgebrochenen Geisteskrankheit in den entsprechenden Nachschlagewerken wie Ralls „Wittelsbachern in Lebensbildern" allenfalls am Rand erwähnt. Formal jedoch trug er von 1886 bis 1916 die Königskrone, da die Regierungsunfähigkeit nach damals herrschender Ansicht nicht von der Thronfolge ausschloss.
Geboren wurde Otto Wilhelm Luitpold Adalbert Waldemar von Wittelsbach am 27. April 1848 in der Münchner Residenz als zweiter Sohn von König Max II. und dessen Ehefrau Marie, geborene Prinzessin von Preußen. Seinen Namen erhielt er von seinem Taufpaten König Otto I. von Griechenland, Bruder Ludwigs I.
Der Prinz entwickelte sich früh zu einem aufrichtigen Menschen, der ein breites Interessensgebiet hatte, das er durch Lektüre und Reisen vertiefte. Ein besonderes Charakteristikum war seine tiefe Religiosität. Kindheit und Jugend verbrachten Ot-

Ludwig II. auf dem Totenbett, Postkarte Ende 19. Jahrhundert

to und sein Bruder Ludwig überwiegend in Schloss Hohenschwangau, während sie die Sommerferien zwischen 1853 und 1863 in Berchtesgaden verlebten. Prinz Otto wurde am 27. April 1863 zum Unterleutnant ernannt und trat am 1. März 1864 seine militärische Laufbahn im Kadettenkorps an. Bereits am 26. Mai 1864 folgte seine Ernennung zum Oberleutnant. Mit Erreichen der Volljährigkeit am 27. April 1866 wurde Otto zum Hauptmann befördert und trat seinen aktiven Militärdienst beim Infanterie-Leib-Regiment an. In dieser Funktion nahm der junge Offizier sowohl am Deutschen Krieg von 1866 als auch an den Kämpfen im Deutsch-Französischen Krieg 1870 aktiv teil, zuletzt als Oberstinhaber des 5. Chevauleger-Regiments. Bei der Kaiserproklamation von 1871 im Versailler Spiegelsaal vertrat er mit seinem Onkel Luitpold seinen Bruder König Ludwig II.

Bereits 1864 hatten sich bei Otto erste Anzeichen einer psychischen Störung bemerkbar gemacht. Seit 1871 vermied Otto zunehmend Begegnungen mit fremden Menschen. Als Anfang der 1870er Jahre dann seine krankhaften Züge durchbrachen, ließ ihn sein Bruder Ludwig durch den damals anerkannten und hoch geschätzten Psychiater Dr. Bernhard von Gudden behandeln. 1873 lebte Otto isoliert im südlichen Pavillon des Nymphenburger Schlosses. Im gleichen Jahr bestätigte ein Gutachten von Guddens die geistige Erkrankung Ottos. Bei der Fronleichnamsmesse 1875 in der Münchner Frauenkirche kam es zu einem Aufsehen erregenden Zwischenfall, als Otto in Jagdkleidung in die Kirche stürmte und Erzbischof Gregor von Scherr mitten im Hochamt auf den Knien um Vergebung seiner Sünden bat. In der Folge lebte der Prinz noch stärker isoliert in Schloss Schleißheim, sodann im Juni 1876 auf ärztliche Anordnung hin mehrere Wochen in Schloss Ludwigsthal im Bayerischen Wald. Vom 13. April 1883 an lebte er im eigens umgebauten Schloss von Fürstenried. Otto bewohnte dort im Hochparterre des Hauptbaues einige Zimmer. Der mit Gobelins geschmückte Gartensaal war sein Lieblingsaufenthalt. Die meiste Zeit habe er an dessen Tür gestanden und in den Garten geblickt. Als König Ludwig II. am 10. Juni 1886 durch seine Minister entmündigt wurde, übernahm sein Onkel Luitpold die Regierungsgeschäfte als ‚Verweser des Königreiches Bayern' – unter seinem populären Titel ‚Prinzregent' wurde er bekannt. Nach dem Tod Ludwigs II. folgte ihm am 13. Juni 1886 Prinz Otto formell als bayerischer König nach. Da Otto aufgrund seines Gesundheitszustandes regierungsunfähig war (offiziell hieß es: „Der König ist schwermütig"), übte Prinzregent Luitpold für ihn die Regentschaft aus. Die Proklamation über seine Thronbesteigung, die König Otto am Tag nach seiner offiziellen Amtsübernahme im Schloss Fürstenried verlesen wurde, begriff er nicht. Er hielt seinen Onkel Luitpold für den rechtmäßigen König.

Nach dem Tod Luitpolds am 12. Dezember 1912 folgte ihm sein Sohn Ludwig im Amt des Prinzregenten von Bayern nach. Durch eine Änderung der bayerischen Verfassung im November 1913 wurde die grundsätzliche Möglichkeit geschaffen, im Fall einer lange andauernden Krankheit eines Königs die Regentschaft zu beenden und den nächsten Wittelsbacher in der Thronfolge den

Die königlichen Brüder Ludwig und Otto

bayerischen Thron besteigen zu lassen. Am 5. November erklärte Prinzregent Ludwig in einer von den bayerischen Ministern unterzeichneten Erklärung seine Regentschaft für beendet, und er wurde als Ludwig III. zum König von Bayern proklamiert. Allerdings legte er fest, dass die Titel und Würden König Ottos nicht angetastet werden sollten. Das Land besaß also für wenige Jahre zwei Könige. Am 11. Oktober 1916 starb Otto an den Folgen einer Darmverschlingung in Schloss Fürstenried.

Schloss Fürstenried in München – letzter Aufenthalt Ottos von Bayern (Foto: Gras-Ober)

PRINZREGENT LUITPOLD

(1886–1912)
* 12.03.1821 in Würzburg
† 12.12.1912 in München
Grabstätte: Theatinerkirche in München

„Zum Soldaten soll sich mein Sohn Luitpold bilden, aber auch, daß er Herrscher sein kann [...] Gottes Fügung kennt niemand; auch mein Vater wurde, ein Nachgeborener, König" (Rall 2000, S. 350), bemerkte König Ludwig I. fast prophetisch über seinen Sohn. Der Prinzregent, der mit seinem Namen die Zeitspanne eines guten Vierteljahrhunderts prägte, wurde am 12. März 1821 in Würzburg als fünftes von neun Kindern des damaligen Kronprinzen Ludwig (I.) und dessen Frau Therese von Sachsen-Hildburghausen (1792–1854) geboren. Sein ältester Bruder Maximilian regierte von 1848 bis 1864, sein älterer Bruder Otto von 1832 bis 1862 als König von Griechenland. Der junge Prinz erhielt eine fundierte Erziehung durch den katholischen Theologen Georg von Oettl (1794–1866), den Maler Domenico Quaglio (1787–1837), den Naturphilosophen Gotthilf Heinrich von Schubert (1780–1860) und den Germanisten und Turner Hans Ferdinand Maßmann (1797–1874), später unter anderem noch durch den Juristen Karl Ernst Graf von Moy und den Nationalökonomen Friedrich von Hermann (1795–1868). Im Alter von 14 Jahren begann Luitpolds Militärlaufbahn. 1848 wurde er Generalleutnant, 1856 Kommandeur der 1. Division, 1861 Feldzeugmeister bei der Armee-Inspektion. Am Feldzug von 1866 beteiligte er sich als Kommandeur der 3. Division, zwischen 1866 und 1870 war er mit der Reorganisation der bayerischen Armee nach preußischem Vorbild befasst. Am Ende war er Generalfeldzeugmeister mit dem Rang eines Generalfeldmarschalls.

Am 10. Juni 1886 trat er die Regentschaft für seinen geisteskranken Neffen König Ludwig II. an und übernahm sie nach dessen Tod am 14. Juni 1886 auch für dessen ebenfalls geisteskranken Bruder Otto. „Der Prinzregent, wie er nun offiziell hieß, wäre gern weiterhin in seinem Palais geblieben, doch die Verfassung verlangte, dass er in die Residenz ziehe. Er wählte die Stein- und nicht die Königszimmer, um auf solche Weise seine Rolle als Stellvertreter des regierungsunfähigen König Ottos zu betonen." (Adalbert Prinz von Bayern 2005, S. 365f.) Er war 65 Jahre alt, als er die Regentschaft übernahm, und soll beim Erhalt der Todesnachricht seines Neffen Ludwig in Tränen ausgebrochen sein: „Man wird sagen, ich sei der Mörder!" Im Auftrag Ludwigs II. hatte er 1871 mit dessen Bruder Otto persönlich den Kaiserbrief an Wilhelm I. überreicht. In seiner 26-jährigen Regentschaft ließ er vorwiegend die Minister regieren und schaltete sich nur wenig in die Geschäfte ein. Luitpold war es gewohnt, seine politischen Entscheidungen stets nach Rücksprache mit engen Vertrauten zu treffen. In erster Linie gehörten dazu die Chefs der Geheimkanzlei. So erhielt die Institution zeitweilig den Charakter einer Nebenregierung. Die

Prinzregent Luitpold als Jäger, wohl 1888, Gemälde (Ausschnitt) von Franz Defregger (1835–1921)

bereits unter Ludwig II. typische Regierung aus Ministerium und Kabinett, die Königtum und Parlament zurückdrängte, hat sich unter Luitpold noch verstärkt. Ludwig Thoma sprach schon damals von einem möglichen Sturz des Hauses Wittelsbach. Heute wirkt diese Zeit seltsam verklärt. Dabei ist die ‚Prinzregentenzeit' ambivalent. Für die einen, vor allem die Oberschichten, gehörte sie zum ‚Goldenen Zeitalter', während die Stimmung innerhalb der Bevölkerung als schlecht beschrieben wird.

Mit großem Pflichteifer versuchte Luitpold, durch eigene Mittel Darlehen seines Neffen bei Banken zurückzuzahlen und Rechnungen zu begleichen. Am 1. August 1886 ließ er die ‚Königsschlösser' Neuschwanstein, Herrenchiemsee und Linderhof für die Öffentlichkeit zugänglich machen. Durch seine wohlmeinende Anteilnahme, innere Wärme und ein präsentes Pflichtgefühl verstand es Prinzregent Luitpold, dem schwierigen Amt eines Stellvertreters eigenes Gewicht zu verleihen. Er erfuhr Respekt und Verehrung. Seine Persönlichkeit, gekennzeichnet durch ritterliche Haltung, Schlichtheit, Liberalität und wohltätigen Sinn, überhöht durch die Würde hohen Alters, war geeignet, die politischen und sozialen Gegensätze im Lande zwar nicht auszugleichen, aber zu mildern." (Albrecht 1987, S. 506)

Prinzregent Luitpold bei der Zeremonie der Hoffußwaschung am Gründonnerstag in der Münchner Residenz, 1891

Der Prinzregent förderte nicht nur Kunst und Kultur, sondern auch Verkehr und Handel, Gewerbe und Industrie sowie Wissenschaft und Denkmalpflege. 1903 führte er das Frauenstudium ein, 1904 rief er ein Ministerium für Verkehr ins Leben, das Schulwesen ließ er modernisieren und bewies in diesen Dingen Weitblick. Das Bayerische Nationalmuseum in der nach ihm benannten Prinzregentenstraße geht auf ihn zurück. 1906 legte er den Grundstein zum Deutschen Museum. Bis ins hohe Alter frönte er seiner Leidenschaft für Natur und bayerische Berge. Luitpold starb am 12. Dezember 1912 in München. Er hinterließ vier Kinder, darunter den letzten bayerischen König Ludwig III.

PRINZREGENT LUDWIG / KÖNIG LUDWIG III.

(1912–1918)
1912–1916 Prinzregent für König Otto
1913–1918 König von Bayern
1918–1921 Chef des Hauses
* 07.01.1845 in München
† 18.10.1921 in Schloss Sarvar in Ungarn
Grabstätte: Liebfrauendom in München

Das Wittelsbacher Palais samt seinem parkartigen Garten zur Brienner Straße sucht man heute vergeblich. 1944 war es schwer beschädigt worden, und nach dem Zweiten Weltkrieg fiel es der Spitzhacke zum Opfer. Es war ein Gebäude mit wechselhaftem Schicksal. Von 1887 bis 1918 diente es dem letzten bayerischen König Ludwig III. als Wohnsitz. Der älteste Sohn des nachmaligen Prinzregenten Luitpold und dessen Frau Prinzessin Auguste Ferdinande von Habsburg-Toskana (1825–1864) wurde am 7. Januar 1845 in München als erstes von vier Kindern geboren. Der Neffe von König Max II. verbrachte seine Kindheit in Schloss Nymphenburg, wo er durch den romtreuen Geistlichen Karl Rinecker eine harte Erziehung erfuhr. In seiner Jugend hatte er kaum Aussicht auf den Thron. Er selbst war ein halbes Jahr älter als König Ludwig II. Dabei entfiel 1862 seine Anwartschaft auf den griechischen Thron. Von 1864 bis 1865 hörte er an der Universität München Vorlesungen über Rechtswissenschaft, Nationalökonomie, Philosophie, Geschichte und Kunstgeschichte. Ein Jahr später wurde er im Mainfeldzug als Ordonnanzoffizier seines Vaters im Gefecht von Helmstedt schwer verwundet. Er heiratete 1868 in Wien Erzherzogin Marie Therese von Österreich-Este (1849–1919) und übernahm noch im selben Jahr das Ehrenpräsidium im Zentralkomitee des Landwirtschaftlichen Vereins. Aus der Ehe Ludwigs III. gingen 13 Kinder hervor, darunter als Erstgeborener Rupprecht, der letzte bayerische Kronprinz. Als Mitglied der Ersten Kammer des Bayerischen Landtags sprach er sich früh für die Einführung des direkten Wahlrechts aus. Er selbst wirkte in der katholisch-konservativen Patrioten- und nachmaligen Zentrumspartei, als deren Mitglied er 1871 bei der ersten Reichstagswahl im Wahlkreis München II erfolglos kandidierte. Dem bayerischen König Ludwig II. stand er kritisch gegenüber.

Nach dem Tod seines Vaters folgte Ludwig diesem am 12. Dezember 1912 als Prinzregent von Bayern, während Ludwigs Bruder Otto I. nominell König blieb. Allerdings wurde in der Presse und Teilen der Bevölkerung die Frage aufgeworfen, ob Ludwig III. nicht statt Otto König werden könne und es möglich sei, die Regentschaft aufzuheben. Am 4. November 1913 nahm der Landtag das Gesetz zur Regentschaftsbeendigung an. Tags darauf erklärte Prinzregent Ludwig in einer von den bayerischen Ministern unterzeichneten Erklärung seine Regentschaft für beendet, um noch am gleichen Tag zum König Ludwig III. ausgerufen zu werden.

Ludwig III. entwickelte mit seinem Ministerium die Steuerreform weiter und pflegte Kontakte mit verschiedenen Jugendverbänden. Seine sozialpolitischen Absichten waren bekannt. Bei der Sozialdemokratie genoss er großes Ansehen. Das darf aber nicht darüber hinwegtäuschen, dass Ludwig eine eher konservativ-katholische Politik

Amerika – Letzte Rettung für gekrönte Häupter, Lithografie von Carl Edler von Stur (1840–1905), erstmals 1881 veröffentlicht

betrieb. Seine Sozialpolitik war stark an der Enzyklika Rerum Novarum Papst Leos XIII. von 1891 orientiert. In wirtschaftlicher Hinsicht forcierte er den Ausbau des Main-Donau-Kanals. Im Ersten Weltkrieg sprach er sich für die Vergrößerung Bayerns aus und zielte dabei hauptsächlich auf das Elsass, wobei seine Parteifreunde des Zentrums ähnliche Forderungen hegten. Privat lebte Ludwig III. ähnlich volksnah wie als Prinzregentenanwärter. Dazu gehörten Treffen mit bürgerlichen Freunden, Spaziergänge in der Stadt und die Leidenschaft für die Landwirtschaft. Seit 1875 besaß er in Leutstetten ein Schloss, aus dem er ein landwirtschaftliches Mustergut entwickelte. So erhielt er in der Bevölkerung den Spitznahmen des ‚Millibauern (Milchbauern) auf dem Thron'. Als der Revolutionär und Vorsitzende der bayerischen USPD Kurt Eisner (1867–1919) am 7. November 1918 auf der Münchner Theresienwiese die Republik ausrief und die Wittelsbacher für abgesetzt erklärte, erhob kein Soldat für den greisen König die Waffen. So verließ Ludwig III. noch am selben Abend die Residenz. Zwar entband er auf der Flucht seine Soldaten vom Treueeid, verzichtete jedoch nicht auf den Thron. Der letzte bayerische König starb am 3. Februar 1921 in Schloss Wildenwart am Chiemsee. Mit ihm und dem Ende der Monarchie endeten auch 738 Jahre Herrschaft der Wittelsbacher.

Ludwig III. und Marie Therese von Bayern. Offizielles Porträt zur Goldenen Hochzeit 1918 auf einer zeitgenössischen Postkarte, Stich von Walter Firle (1859–1929)

König Ludwig III. und Kronprinz Rupprecht v. Bayern
5056
Phot. B. Dittmar und
Elvira, München

I. K. H. Kronprinz Rupprecht v. Bayern
mit Braut Prinzessin Antonia v. Luxemburg
u. Erbprinz Albrecht
Hofphotograph
F. GRAINER
MÜNCHEN.
140
Verlag: Percy Hein,
München.

DAS HAUS WITTELSBACH NACH 1918

KRONPRINZ RUPPRECHT

Chef des Hauses von 1921 bis 1955
* 18.05.1869 in München
† 02.08.1955 in Schloss Leutstetten/Obb.
Grabstätte: Theatinerkirche in München

Rupprecht Maria Luitpold Ferdinand Kronprinz von Bayern, Herzog von Bayern, Franken und in Schwaben, Pfalzgraf bei Rhein, wurde am 18. Mai 1869 als ältestes von dreizehn Kindern des nachmaligen Königs Ludwig III. in München geboren. Der älteste Sohn besuchte von 1882 an als erster Wittelsbacher das öffentliche Max-Gymnasium in München, legte 1886 das Abitur ab und studierte in München und Berlin Philosophie und Geschichte sowie Rechts-, Staats-, Gesellschafts- und Wirtschaftswissenschaften. Die Ausbildung unterbrach 1889 bis 1891 der Besuch der bayerischen Kriegsakademie. Im Auftrag des bayerischen Hofes reiste er nach Berlin, Wien, Stockholm und Brüssel. Außerdem führten ihn zahlreiche Reisen nach Italien, wo er allmählich zu einem Kenner der Malerei der Renaissance wurde. Auch wertete Rupprecht seine Reisen literarisch aus. Seine Erinnerungen an die Ostasien-Exkursion 1902/03 erschienen in überarbeiteter Form im Jahre 1923. Der Prinz pflegte Kontakte zu Künstlern, Kunsthistorikern und Archäologen. Er sammelte kritisch süddeutsche und italienische, antike und ostasiatische Kunst und führte das Münchner Ausstellungswesen auf teilweise neue Wege.

Bereits am 10. Juli 1900 hatte Rupprecht in München die Tochter Herzog Carl Theodors in Bayern, Herzogin Marie Gabriele in Bayern (1878–1912), geheiratet. Aus der Ehe gingen fünf Kinder hervor, darunter der nachmalige Herzog Albrecht (1905–1996) als Chef des Hauses Wittelsbach von 1955 bis 1996.

In seiner militärischen Karriere stieg Rupprecht zum 1906 Kommandeur des I. Armee-Korps in München auf. 1913 wurde er als Nachfolger seines Onkels Leopold (1846–1930) Generaloberst und Generalinspekteur der IV. Armeeinspektion. Als der Erste Weltkrieg ausgebrochen war, führte Rupprecht die 6. Armee der bayerischen Truppen als Oberbefehlshaber an die Westfront. Nach der siegreichen Schlacht von Lothringen wurde seine Armee im Herbst nach Flandern verlegt. Hier verharrte sie im Stellungskrieg. Mit der Obersten Heeresleitung geriet Rupprecht zunehmend in harsche Auseinandersetzungen um die Kriegsführung. Der Grund: Seit Herbst 1915 wandelte er sich vom Anhänger eines siegreichen Friedens zum Verfechter eines Friedens der Ver-

links: Beliebte Souvenirs ihrer Zeit: Motivkarten des Herrscherhauses, hier von Hoffotograf Bernhard Carl Dittmar (um 1865–1939) mit König Ludwig III. und seinem ältesten Sohn Rupprecht (oben) sowie von Hoffotograf Franz Grainer mit Kronprinz Rupprecht und dessen Braut Antonia von Luxemburg (zweite Ehe) sowie deren Sohn Erbprinz Albrecht (unten)

Kronprinz Rupprecht mit seinen beiden Söhnen Erbprinz Luitpold (1901–1914) und Prinz Albrecht

ständigung. 1916 wurde Rupprecht zum bayerischen und preußischen Generalfeldmarschall ernannt. Durch den Plan einer Gebietserweiterung Bayerns im Elsass, den Erhalt der bayerischen Armee und einer Reformpolitik im Innern versuchte Rupprecht, dem drohenden Verlust der bayerischen Souveränität entgegenzuwirken. Zu Ludendorff, neben Hindenburg Teil der Obersten Heeresleitung, geriet Rupprecht zunehmend in Opposition. Die Nachricht von der Revolution erreichte ihn in Brüssel. Unter dem Namen ‚Alfred Landsberg' reiste der bayerische Kronprinz über Amsterdam und Kassel nach Berchtesgaden. Das Ende der Königsherrschaft der Wittelsbacher war gekommen. Gegen die Ausrufung der Republik protestierte er. Einen Thronverzicht erklärte er nie, stattdessen betonte er nach dem Tod des Vaters 1921 zusätzlich, dass er in dessen Rechte eingetreten sei. Von 1919 an lebte er in Berchtesgaden. Durch den 1923 gebildeten Wittelsbacher Ausgleichsfonds wurden die Vermögensverhältnisse geordnet, und den Angehörigen der Wittelsbacher war so der Unterhalt gesichert. Die Machtergreifung der Nationalsozialisten vermochte Rupprechts Ausrufung zum König bzw. Staatskommissar nicht zu verhindern. Der Versuch zur Rettung der Demokratie scheiterte trotz der Unterstützungsbereitschaft der Sozialdemokraten an der Unentschlossenheit der damaligen bayerischen Regierung, die ihre Ämter in Gefahr sah. Gegen die Gleichschaltung Bayerns protestierte Rupprecht 1933 bei Reichspräsident Paul von Hindenburg vergebens. Einem NS-Scheinprozess wegen angeblichen Hochverrats entging er glatt, und Ende 1939, einem Angebot des Königs von Italien folgend, zog er nach Florenz, da sein Wohnsitz Schloss Leutstetten beschlagnahmt worden war. Der Verhaftung durch die Gestapo 1944 konnte sich Rupprecht entziehen, doch wurden seine zweite Frau Prinzessin Antonia von Luxemburg (1899–1954), seine Kinder und Enkel in Konzentrationslager verschleppt und interniert. Zwischen 1941 und 1943 entwarf der Kronprinz Denkschriften mit Plänen für eine föderalistische Neugestaltung Deutschlands. Bei seinem Tod im August 1955 wurde Rupprecht vom Freistaat Bayern unter Ministerpräsident Dr. Wilhelm Högner wie ein König zu Grabe geleitet.

Kronprinz-Rupprecht-Brunnen von 1961 in München zwischen Münchner Residenz und Marstall, Darstellung der nackten Justitia mit der Gerechtigkeitswaage und einer Darstellung der Pallas Athene als Zeichen des Siegs der Kunst und Wissenschaft (Foto: Rufus46)

HERZOG ALBRECHT

Chef des Hauses von 1955 bis 1996
* 03.05.1905 in München
† 08.07.1996 in Schloss Berg
Grabstätte: Friedhofsanlage in Andechs

Mit Herzog Albrecht starb 1996 der erste Wittelsbacher, der seinem Haus vorstand, ohne eine institutionelle Funktion im Staat inne gehabt zu haben. Geboren wurde er am 3. Mai 1905 in München als Sohn des Kronprinzen Rupprecht und dessen erster Frau Marie Gabriele in Bayern und Enkel des letzten Bayernkönigs Ludwig III. Als präsumtiver Thronfolger – sein älterer Bruder Luitpold war 1914 mit nur 13 Jahren verstorben – erhielt der nunmehrige Erbprinz Albrecht Luitpold Ferdinand Michael, Herzog von Bayern, Franken und Schwaben, Pfalzgraf bei Rhein, eine entsprechende Erziehung. So trat er als Zehnjähriger 1915 im Rang eines Leutnants in die königlich bayerische Armee ein. Während des Ersten Weltkriegs hielt er sich zeitweilig im Hauptquartier seines Vaters auf.

Nachdem 1918 in München die Revolution ausgebrochen war, begab er sich zusammen mit seinem Großvater König Ludwig III. auf die Flucht nach Tirol. Nach der Rückkehr der Familie nach München erwarb Albrecht dort das Abitur und studierte Forstwissenschaften. Der Studienabschluss wurde ihm jedoch verwehrt, weil er in keine der NS-Organisationen eintrat und das NS-Regime ablehnte.

Am 3. September 1930 heiratete er in Berchtesgaden Maria Franziska Juliana Johanna Gräfin Drašković von Trakošćan (1904–1969). Aus der Ehe gingen vier Kinder hervor, darunter der 1933 geborene Sohn Franz, der dem Haus Wittelsbach seit 1996 als Chef vorsteht. Bis 1937 lebte die Familie in Bad Kreuth, dann in Jugoslawien (Kroatien), wo Albrecht als Beauftragter für Forst und Jagdwesen unter Prinzregent Paul wirkte. 1941 zog die Familie nach Ungarn, wo sie 1944 von der Gestapo verhaftet wurde. Bis zum Ende des Zweiten Weltkrieges blieb die Familie in den Konzentrationslagern von Sachsenhausen, Flossenbürg und Dachau interniert. Nach den schmerzvollen Erfahrungen zweier Weltkriege und der Internierung enthielt sich Albrecht in der Folge bewusst öffentlicher politischer Stellungnahmen. Allerdings äußerte er 1967 im Zusammenhang mit den damals geplanten Änderungen des Grundgesetztes Bedenken, dass die Änderungen den Föderalismus aushöhlen und somit die Selbstständigkeit Bayerns weiter einschränken könnten.

Herzog Albrecht war ein passionierter Jäger, Fischer und Heger von Wild und Wald. In der Sammlung seiner Trophäen befinden sich 1 290 Bock- und 590 Geißschädel. Dazu kommen noch 3 425 Abwurfstangen. Für diese Sammlung wurde bis 2005 ein Rehmuseum im Berchtesgadener Schloss eingerichtet. Albrechts Interessen galten ferner der klassischen Musik, der Kunstgeschichte und besonders der alpenländischen Volksmusik, die er ideell und materiell förderte.

Erbprinz Albrecht von Bayern, einziges überlebendes Kind des Kronprinzen Rupprecht und seiner ersten Ehefrau Marie

DIE PFÄLZER WITTELSBACHER

KURFÜRST RUPRECHT I. VON DER PFALZ

(1329–1390
mit seinem älteren Bruder Rudolf II. und seinem Neffen Ruprecht II. bis 1353
von 1353 bis 1390 nur mit Ruprecht II.)
* 09.06.1309 in Wolfratshausen
† 16.02.1390 in Neustadt/Weinstraße
Grabstätte: Stiftskirche St. Ägidius in Neustadt/Weinstraße

„Mit der Regierung Ruprechts I. (1353–1390) brach eine der wenigen glücklichen Epochen der Pfälzischen Landesgeschichte an. Dank seiner kaisertreuen Politik wurde ihm und seinen Nachfolgern durch die Goldene Bulle von 1356 die Kurwürde ständig gewährt. Damit entfiel der Wechsel mit den bayerischen Wittelsbachern. Dazu kamen Vorrechte, die Ruprecht zum ersten unter den vier weltlichen Kurfürsten aufsteigen ließen: Er erhielt mit der Erztruchsesswürde das oberste Hofamt, durfte bei längerer Abwesenheit oder beim Tod des Königs wirken und stand als Reichsvikar bis zur Neuwahl des Königs an der Spitze des Reiches.

Ruprechts Eltern waren Rudolf I., Herzog von Oberbayern und Pfalzgraf bei Rhein (1274–1319), sowie dessen Frau Mechthild (1280–1323), Tochter des Königs Adolf von Nassau. Ruprecht entstammte der rudolfinischen Linie von 1294, die bis zu Rudolf von Habsburg (1218–1291), dem ersten römisch-deutschen König aus dem Geschlecht der Habsburger, zurückreicht. Im Alter von zehn Jahren starb Ruprechts Vater. „Der 10jährige hatte im Todesjahr des Vaters wohl nichts davon erfahren, dass Onkel Ludwig [IV., der Bayer] bereit war, die Pfälzer Gebiete der Wittelsbacher an das Haus Luxemburg zu geben, dessen Stammland benachbart war, um dafür von diesem Haus das an Bayern grenzende Königreich Böhmen zu erhalten." (Rall 2000, S. 177) Ruprecht stand also von klein auf in der Auseinandersetzung um die Zukunft der Pfalzgrafschaft bei Rhein, die seine Mutter Mechthild und Ludwig IV. zu erbitterten Gegnern machte. Von den insgesamt fünf Kindern aus der Ehe Rudolfs I. mit Mechthild stellten sich die beiden älteren Brüder Ruprechts mit ihrem Onkel Ludwig gut, obgleich dieser Gelder aus der Pfalzgrafschaft auf die Güter seiner zweiten Frau Margarete von Holland ‚umleitete'. Rudolf setzte sich dagegen immer mehr in den Pfälzer Gebieten fest und trat im Hausvertrag von Pavia 1329 als Mitaussteller auf! Die Pfälzer wählten neben dem Schloss in Neustadt die in der Nähe gelegene Burg Winzingen zur Residenz. Nach der Teilung von 1338 erhielt Ruprechts Bruder Rudolf II. den Hauptteil der Rheinpfalz und einen Teil der im Nordgau gelegenen Besitzungen. Ruprecht I. erbte 1353 nach dem Tod seines Bruders dessen Gebiete und behielt die Kurstimme. Sein Besitz war ansehnlich. Aus Furcht einer erneuten Aufteilung führte er am 26. August 1368 das so genannte Kurpräzeptum ein. Dadurch wurden die rheinpfälzischen und pfälzisch-nordgauischen Gebiete zum unantastbaren Grundstock für den jeweiligen ältesten pfälzischen Prätendenten (Thronanwärter) erklärt.

Unter Rudolf I. wurde Heidelberg „nun definitiv Residenz (bis 1702)". (Rödel 2005, S. 288). Anlässlich der Wahl Wenzels zum römisch-deutschen König erhielt Ruprecht 1376 wiederum erhebliche Zahlungen und große Gebiete von Karl IV. Dazu gehörten Teile Bolandens, Oppenheim, Ingelheim und Nierstein. Bereits 1357 hatte der Kurfürst Kaiserslautern erworben

links: Schloss Heidelberg, Friedrichsbau. Im Flur des zweiten Obergeschosses befinden sich heute die originalen Sandsteinfiguren der Kurfürsten Ruprecht I., Friedrich I., Friedrich II. und Ottheinrich, die zwischen 1604 und 1608 entstanden.

Kapitell, Burg Winzingen oberhalb von Neustadt/Weinstraße

Burg Winzingen oberhalb von Neustadt/Weinstraße

und bis zu seinem Tod 1390 nahezu die gesamte Grafschaft Zweibrücken. Auf ihn gehen die Gründung der Stiftskirche von Neustadt und 1386 die der Universität Heidelberg als älteste deutsche Universität zurück. Ein Schwerpunkt Ruprechts I. galt dem inneren Ausbau des Landes und der Schaffung einer modernen Verwaltungsstruktur, wofür Fachkräfte für die Kanzlei aus Nachbarterritorien abgeworben wurden.

Ruprecht war zweimal verheiratet, in erster Ehe mit Gräfin Elisabeth von Namur (1330–1382), der Tochter des Grafen Johann I. von Flandern und Namur aus dem Hause Dampierre und dessen Ehefrau Gräfin Marie von Artois. 1382 heiratete er Beatrix von Berg (1360–1395), die Tochter des Herzogs Wilhelm II. von Berg und dessen Ehefrau Prinzessin Anna, Tochter des späteren Kurfürsten Ruprecht II. von der Pfalz. Beide Ehen blieben kinderlos.

KURFÜRST RUPRECHT II. VON DER PFALZ

(1390–1398
1329–1338 vertreten durch seine Onkel Rudolf II. und Ruprecht I.
1338–1353 mit Ruprecht I. in einem Teil der Kurpfalz)
1353–1390 mit Ruprecht I. in der gesamten Kurpfalz
* 12.05.1325 in Amberg
† 06.01.1398 in Amberg
Grabstätte: Zisterzienserkloster Schönau bei Heidelberg

Ruprecht II. wuchs unter der Vormundschaft des Grafen Johann von Nassau heran, nachdem sein Vater Pfalzgraf Adolf (*1300) 1327 in Neustadt an der Haardt verstorben war. Er war deshalb darauf angewiesen, dass die beiden jüngeren Brüder seines Vaters, Rudolf II. und Ru-

links: Siegel der Universität Heidelberg von 1386

precht I., seine Rechte für ihn wahrnahmen, was durch den Hausvertrag von Pavia (1329) geschah. An Stelle seines verstorbenen Vaters trat der vierjährige Ruprecht II. mit in die Erbschaft ein. 1334 einigte sich Ruprecht I. mit seinem unmündigen Neffen Ruprecht II. dahingehend, dass sie im Falle einer Teilung mit Rudolf II. die ihnen zufallenden Stücke gemeinsam besitzen und verwalten wollten. Im Alter von 13 Jahren wurde er 1338 von seinem Onkel Ruprecht I. anlässlich der Pfälzer Teilung hinzugezogen. Durch diese erste Pfälzische Landesteilung erhielten beide den größten Teil der Rheinpfalz mit Heidelberg sowie einen Teil der späteren Oberpfalz zugewiesen. Beide regierten diese Gebiete bis zum Ende des Jahres 1353 zusammen, als nach dem Tod Rudolfs II. eine neuerliche Landesteilung erfolgte. Hierbei erhielt Ruprecht II. im Vergleich zu seinem Onkel Ruprecht I. nur einen kleineren Teil mit Lindenfels, Alzey, der Burg Stahleck am Rhein und Stromberg im Hunsrück. Im Falle fehlender Nachkommen sollte Ruprecht II. Nachfolger Ruprechts I. werden. Zwei Jahre nach dieser Vereinbarung wurde diese 1357 nochmals bestätigt. 1368 rückte Ruprecht II. zum Mitregenten auf. An der Heidelberger Universitätsgründung 1386 war er mitbeteiligt. Sein Porträt findet sich auf dem historischen Universitätssiegel von 1386. Von 1390 bis zu seinem Tod 1398 regierte er allein. Bereits 1391 hatte er begonnen, die Juden aus der Pfalz zu vertreiben und ihren Besitz wie den der gleichfalls vertriebenen Häretiker an die neue Universität zu übertragen. 1345 hatte Ruprecht Beatrix (1326–1365), die Tochter Peters II., Königs von Sizilien, und dessen Frau Elisabeth von Tirol geheiratet. Aus der Ehe gingen sieben Kinder hervor, darunter Ruprechts Nachfolger Kurfürst Ruprecht III.

KURFÜRST RUPRECHT III. / KÖNIG RUPRECHT I.

(1398–1410 als Kurfürst)
(1400–1410 als Römischer König)
* 05.05.1352 in Amberg oder Liebenau bei Worms
† 18.05.1410 in Schloss Landskron bei Oppenheim
Grabstätte: Heiliggeistkirche in Heidelberg

König Ruprecht I. soll auf dem Totenbett verfügt haben, dass sowohl seine Krone als auch andere Wertgegenstände verkauft werden sollten, um die noch offenen Rechnungen beim Apotheker, Schmied, Maler und Schumacher zu begleichen. Denn man vermutete, dass ihn das Königsamt am Ende dicht ans Existenzminimum gebracht habe.

1374 heiratete er in Amberg Elisabeth von Hohenzollern-Nürnberg (1358–1411), Tochter des Nürnberger Burggrafen Friedrich V. und dessen Frau Elisabeth Markgräfin von Meißen und Thüringen. Aus der Ehe beider gingen neun Kinder hervor. Elisabeth war die Schwester des Burggrafen Friedrich. Er sollte in der Geschichte eine größere Bedeutung erlangen, nachdem ihm König Sigismund auf dem Konstanzer Konzil (1414–1418) am 30. April 1415 die erbliche Würde eines Markgrafen und

König Ruprecht von der Pfalz, Gemälde von Karl Ballenberger um 1840 im Kaisersaal des Frankfurter Römer

Rhens, Kaiserstuhl

Kurfürsten von Brandenburg verliehen hatte. Dies war der Auftakt einer jahrhundertelangen Herrschaft der Hohenzollern in der Mark Brandenburg und in Preußen.

Doch zurück zu Ruprecht I. Vereint mit dem Mainzer Erzbischof Johann II. (um 1360–1419) befand sich Ruprecht an der Spitze der Fürsten, die am 20. August 1400 in Oberlahnstein König Wenzel absetzten. Mit Hilfe der drei geistlichen Kurfürsten von Mainz, Köln und Trier und seiner eigenen Stimme konnte er auf dem Königstuhl von Rhens (südlich von Koblenz) zum König gewählt werden. Sowohl die Stadt Frankfurt als auch die Stadt Aachen lehnten Rudolfs Kandidatur ab, weshalb Wahl und Krönung nicht an den traditionellen Orten, sondern in Rhens und Köln (Krönung 1401) stattfanden. Ironie der Geschichte ist, dass besagter Königsstuhl einstmals auf Befehl König Karls IV. errichtet worden war.

Niemals wäre Ruprecht III. römisch-deutscher König geworden, wenn sein Vorgänger Wenzel nicht derartig offensichtlich gescheitert wäre. Das Scheitern des Luxemburgers hatte Gegenkräfte am Mittel- und Oberrhein mobilisiert. Dabei hatte die Herrschaft Wenzels vielversprechend begonnen.

Heidelberg, Heiliggeistkirche, Grabplatte König Ruprechts und seiner Frau Elisabeth

Mit 46 Jahren hatte Ruprecht 1398 die Herrschaft über die Kurpfalz angetreten. Auch als römisch-deutscher König blieb er eng mit der Kurpfalz verbunden. Er stützte sich bei seiner Reichsherrschaft auf seine pfälzische Verwaltung, die er zur königlichen Kanzlei ausbaute. Unter keinem seiner Vorgänger und auch nicht unter seinem Nachfolger als König wurden pro Jahr mehr Königsurkunden ausgefertigt als unter Ruprecht I. Sein Versuch, sich in Rom 1401/02 zum Kaiser krönen zu lassen, scheiterte nicht zuletzt an den fehlenden finanziellen Mitteln des Reichsgutes und seines Kurfürstentums. Ruprecht kam bis Padua, musste 1402 jedoch umkehren. Im Mainzer Erzbischof Johann I. von Nassau, der König Ruprecht I. zunächst unterstützt hatte, fand der Kurfürst am Ende seinen wohl größten Gegner. Beide waren über territoriale Fragen in Konflikt geraten. Unter Johanns Führung schlossen sich 1405 17 schwäbische Städte sowie einige rheinische Fürsten im so genannten Marbacher Bund zusammen, der das Ziel verfolgte, den königlichen Plänen zur Ausweitung der Pfalz entgegenzutreten. 1408 gelang Ruprecht die Zerschlagung dieses Bundes, ohne dass er die Spannungen beseitigen konnte. Er starb 1410 während eines Feldzuges gegen den Mainzer Erzbischof. Ihm folgte sein Sohn Ludwig III. als pfälzischer Kurfürst.

Heidelberg, Blick auf das Schloss

DIE ALTE KURLINIE

KURFÜRST LUDWIG III.

(1410–1436)
* 23.01.1378 in ?
† 30.12.1436 in Heidelberg
Grabstätte: Heiliggeistkirche in Heidelberg

Anders als sein Vater versuchte Kurfürst Ludwig III. nicht, an das Königtum Ruprechts I. anzuknüpfen, und beschränkte sich auf seine Rolle als Kurfürst und Pfalzgraf.
Geboren wurde Ludwig am 23. Januar 1378 als Sohn des Kurfürsten von der Pfalz und nachmaligen römisch-deutschen Königs Ruprecht III. und dessen Ehefrau Elisabeth von Hohenzollern-Nürnberg (1358–1411). Schon während der Herrschaft seines Vaters als pfälzischer Kurfürst und deutscher König wurde Ludwig zu Regierungsaufgaben herangezogen und wirkte von 1401 bis 1402 als Reichsvikar, als sich sein Vater auf einem Italienzug befand. 1402 heiratete er Prinzessin Blanca von England (1382–1409). Die Ehefrau starb jedoch 1409, bevor Ludwig Kurfürst wurde. Von 1408 an wirkte Ludwig als Reichsvogt im Elsass. Nach dem Tod des Vaters 1410 teilten dessen Söhne die Herrschaft auf, wobei Ludwig die Kurwürde erbte, während Johann Pfalz-Neumarkt, Otto Pfalz-Mosbach und Stephan Pfalz-Simmern erhielt.
Trotz seiner machtvollen Stellung innerhalb des Reiches sah Ludwig von einer eigenen Kandidatur um das Königsamt ab und unterstützte stattdessen 1411 die Wahl Sigismunds von Luxemburg. König Sigismund setzte Ludwig als Reichsvikar ein, wodurch er bei Abwesenheit des Monarchen dessen Stellvertretung wahrnahm. Während des Konstanzer Konzils von 1414 bis 1418 vertrat er den König und vollstreckte die Urteile gegen Jan Hus und Hieronymus von Prag wegen angeblicher Ketzerei. Bei Hus' öffentlicher Verbrennung am 6. Juli 1415 war Ludwig anwesend. Den 1415 aus Konstanz geflohenen Pisaner Papst Johannes XXIII. ließ er gefangen nehmen und im Heidelberger Schloss inhaftieren. Dort erhielt dieser am 31. Mai 1415 seine vom Konzil ausgesprochene Absetzung, der er zustimmte, womit er auch formell auf sein Papstamt verzichtete. Der hochgebildete Herrscher war ein großer Förderer der Religion und Wissenschaften und verhalf der Kurpfalz zu erster kultureller Blüte. Er förderte die theologischen, juristischen und philosophischen Fächer der Heidelberger Universität und legte durch eigene Bücherschenkungen den Grundstock zur berühmten Bibliotheca Palatina. Auch vollendete er die von seinem Vater begonnene Umwandlung der Heiliggeistkirche in ein Kollegiatstift.
Im Jahr 1417 schloss er eine zweite Ehe mit Mechthild von Savoyen (1390–1438), Tochter

links: Schloss Heidelberg, Ottheinrichsbau

Kurfürst Ludwig III. wird 1415 von König Sigismund belehnt, Konstanzer Konzilschronik, 1430

Kurfürst Ludwig III. (rechts) überwacht während des Konstanzer Konzils von 1415 die Hinrichtung von Jan Hus, Konstanzer Konzilschronik, 1430

Amadeus' Herzog von Savoyen und Fürst von Achaja. Eine tiefe Zäsur bildete 1426 der Tod seines Sohnes aus erster Ehe und möglichen Nachfolgers Ruprecht (genannt ‚der Engländer'), der ebenso an den Regierungsgeschäften mitgewirkt hatte wie zuvor Ludwig bei seinem Vater. Der Kurfürst trat daher eine Pilgerfahrt ins Heilige Land an, von der er krank zurückkehrte. Von 1430 an erblindete er fortschreitend, so dass er seinen Bruder Otto mehr und mehr zum Regenten machte. Im gleichen Jahr verhalf er dem bewährten Mitarbeiter Fürstbischof Hraban von Speyer dabei, Kurfürst von Trier zu werden, doch geriet sein eigener Lebensweg zur Tragödie, denn am 9. Juni 1435 nahmen ihm sein Bruder Otto, seine Frau Mechthild und 25 Räte die Regierung vollends aus der Hand. Sie gaben an, „die Zustimmung Bischof Hrabans zu haben. Ludwig III. erwarb eben damals noch Oggersheim für die Kurpfalz." (Rall 2000, S. 202). Ludwig starb am 30. Dezember 1436. Er hinterließ vier Kinder, darunter seinen Nachfolger Ludwig IV., der bis 1445 unter der Vormundschaft seines Onkels, Pfalzgraf Ottos I. von Pfalz-Mosbach, regierte.

KURFÜRST LUDWIG IV.

(1436–1449; bis 1445 unter Vormundschaft seines Onkels Pfalzgraf Otto I.)
* 01.01.1424 in Heidelberg
† 13.08.1449 in Worms
Grabstätte: Heiliggeistkirche in Heidelberg

Während Ludwig III. noch den Beinamen ‚der Gottesfromm' bekam, ging sein 1424 geborener Sohn Ludwig IV. als ‚der Sanftmütige' in die Geschichtsbücher ein. Er stammte aus der zweiten Ehe seines Vaters mit Mechthild von Savoyen und folgte diesem zunächst unter der Vormundschaft seines Onkels, Pfalzgraf Ottos I. von Pfalz-Mosbach, bzw. Kurfürst Hrabans von Trier 1436 als Pfälzer Kurfürst nach. Am 18. Oktober 1445 heiratete er in Heidelberg Prinzessin Margarethe von Savoyen, Tochter des Herzogs Amadeus VIII. und nachmaligen Gegenpapsts Felix V. (1383–1451) und dessen Frau Prinzessin Marie von Burgund. Die Braut war bereits Witwe des (Titular-)Königs Ludwig III. von Neapel. Aus der Ehe mit Ludwig IV. ging der 1448 geborene Sohn Philipp (‚der Aufrichtige') hervor. Ludwig IV. starb erst 25-jährig ein Jahr später, so dass ihm sein Bruder Friedrich (I.), genannt ‚Der Siegreiche' nachfolgte. In der Auseinandersetzung zwischen dem in Basel tagenden Konzil und Papst Eugen IV. verhielt sich Otto neutral. Die maßgeblich von Ludwigs Mitvormund Raban von Helmstatt, Erzbischof von Trier, mitverfasste Neutralitätserklärung von 1438 blieb über ein Jahrzehnt hinweg in Kraft. Sie wurde für Ludwig zu einer Richtschnur seiner Kirchenpolitik. Die Chancen des Wiener Konkordates von 1448, sich mit kirchlicher Hilfe als Territorialherr noch stärker zu etablieren, konnte L. nicht mehr nutzen, wie er auch sonst ein eigenes Regierungsprofil kaum zu entwickeln vermochte". (Lückerath 1987, S. 411f.)

KURFÜRST FRIEDRICH I. DER SIEGREICHE

(1449–1476)
* 01.08.1425 in Heidelberg
† 12.12.1476 in Heidelberg
Grabstätte: Franziskanerkloster in Heidelberg

„Friedrich I., der nicht umsonst ‚der Siegreiche' genannt wurde, gehörte zu den mächtigsten und erfolgreichsten Kurfürsten des Mittelalters. Unter ihm erreichte die Kurpfalz ihre maximale territoriale Ausdehnung." (Ausst.-Kat. Mannheim 2013, I, S. 439) Er wurde 1425 als Sohn Kurfürst Ludwigs III. geboren. 1449, im Alter von 24 Jahren, musste Friedrich für seinen 13 Monate alten Neffen Philipp, Sohn seines Bruders Kurfürst Ludwig IV., die Vormundschaft übernehmen, obgleich er ursprünglich nicht für die Nachfolge vorgesehen war. Friedrich, der zwei Jahre nach seiner Geburt am 10. Februar 1427 in Landshut mit Elisabeth, Tochter Herzog Heinrichs des Reichen von Bayern-Landshut, verlobt worden war, musste erleben, dass sein Verlöbnis 1444 durch das seiner Braut mit Graf Ulrich ‚dem Vielgeliebten' von Württemberg-Stuttgart (1433–1480) und deren Heirat 1445 zunichte wurde. Im gleichen Jahr adoptierte er mit dem Einverständnis von Philipps Mutter, die Zustimmung der Notabeln des Landes erfolgte 1452 – seinen Neffen durch die so genannte Arrogation nach römischem Recht. So folgte Friedrich nach seinen Vorstellungen als Kurfürst, indem er auf eine eigene, legitime Heirat verzichtete und sein Erbe, darunter die Landvogtei im Elsass, in das Kurfürstentum mit einbrachte. Friedrich heiratete erst 1472 mit dem Einverständnis seines Neffen das Hoffräulein am Münchner Königshof Klara Dett(in), die Tochter Christoph Detts (Tetts) aus Augsburg. Die Nachkommen aus dieser Verbindung tragen den Namen der Grafen und Fürsten von Löwenstein-Wertheim.

Trotz der Einverständniserklärung von Schwägerin und Notabeln verweigerte Kaiser Friedrich III. konsequent seine Zustimmung, so dass Friedrich während seiner gesamten Herrschaft vom Kaiser nicht belehnt wurde. Das Verhältnis zum Kaiser blieb zeitlebens gespannt. Dabei sicherte Friedrich seine Landesherrschaft durch Territorialrecht, indem er die maßgebenden adligen und geistlichen Vertreter des Landes am Akt der Arrogation beteiligte. Für die mit der Pfalz verbundenen Reichsrechte des Kurfürstentums, des Truchsessenamts und des Reichsvikariats, stützte er sich auf die Autorität des Papstes und der Kurfürsten, die sich zur Anerkennung der Arrogation bereitfanden. 1454 konnte er den so genannten Amberger Aufruhr in Gestalt eines Widerstandes zu seinem Vorgehen niederschlagen.

Durch Bündnispolitik und militärische Auseinandersetzungen gelang es Friedrich, sein Territorium auszudehnen. Dazu gehörten die Grafschaft Lützelstein (November 1452), die Unterwerfung der Oberpfalz (Februar 1454) und die militärisch erzwungene Anerkennung der kurpfälzischen Lehnshoheit durch Herzog Ludwig von Veldenz (1455) beseitigten die Widerstände innerhalb des Landes. Eine geschickte Einungspolitik begründete das für die Folgezeit so wichtige Bündnis Friedrichs mit Herzog Ludwig und Herzog Albrecht von Bayern, festigte sein gutes Verhältnis zu den schwäbischen und fränkischen Reichsstädten und sicherte ihm das freundliche Verhältnis zum Erzbistum Trier, zu Lothringen und Frankreich. Nach dem Tode des Mainzer Erzbischofs Dietrich Schenk von Erbach 1459 stritten die Kandidaten Diether von Isenburg und Adolf von Nassau mit ihren jeweiligen Unterstützern um die Nachfolge. Dies mündete in den Badisch-Pfälzischen bzw. Bayerischen Krieg. Friedrich I. von der Pfalz hatte als Unterstützer des abgesetzten Erzbischofs Diether von Isenburg am 30. Juni 1462 in der Schlacht bei Seckenheim sowohl den Bischof Georg von Metz als auch Markgraf Karl I. von Baden und Graf Ulrich V. von Württemberg zum Gegner. Alle drei konnte er bei Seckenheim besiegen, sie gefangen nehmen lassen und ihnen die Anerkennung als Kurfürst abnötigen. Außerdem forderte er Gebietsabtretungen und Lösegeldzahlungen ein. Schon Anfang 1462 hatte der neue

Kurfürst Friedrich I., Gemälde von Albrecht Altdorfer (1480–1538), Kurpfälzisches Museum, Heidelberg

Johann von Soest: „Die Kinder von Limburg". Johann von Soest übergibt seinem Gönner Kurfürst Philipp dem Aufrichtigen sein Werk, Buchmalerei von 1480

Papst Pius II. Friedrich mit dem Kirchenbann belegt, weil er den abgesetzten Erzbischof unterstützt hatte. Dennoch gelang es dem Kurfürsten, dass sein Bruder Ruprecht (1427–1480) am 30. März 1463 zum Erzbischof von Köln gewählt wurde. Friedrichs Gegner nötigten daraufhin mittels eines gefälschten Schreibens Friedrichs Erzbischof Diether von Isenburg zum Verzicht. Friedrich protestierte. Er konnte aber den Verzicht nicht unwirksam machen. Mit Adolf von Nassau ließ er sich auf Frieden und Freundschaft ein. Dadurch erhielt er die Bestätigung für Verpfändungen an der Bergstraße. Die hatte er von Dieter von Isenburg erhalten. Zudem erhielt er die Stadt Pfeddersheim.

Friedrich regierte bis zu seinem Tod am 12. Dezember 1476 in Heidelberg als Kurfürst.

KURFÜRST PHILIPP DER AUFRICHTIGE

(1476–1508)
* 14.07.1448 in Heidelberg
† 28.02.1508 in Germersheim
Grabstätte: Heiliggeistkirche in Heidelberg

Mit der Amberger Hochzeit, an die bis heute der Hochzeitsbrunnen auf dem Amberger Marktplatz erinnert, schlossen 1474 Kurprinz Philipp von der Pfalz und Prinzessin Margarete von Bayern-Landshut (1456–1501), Tochter Ludwigs IX. des Reichen von Bayern-Landshut, am 17. April die Ehe. Philipp war der einzige Sohn des Kurfürsten Ludwig IV. und seiner Frau Margarethe von Savoyen, die infolge ihrer langen Kinderlosigkeit 1447 eine Wallfahrt zum Grab des heiligen Philipp in Zellertal bei Worms unternommen hatten. So erhielt der 1448 geborene Thronfolger den Namen des Heiligen. Dieser wurde nun über die Region hinaus als Nothelfer bei Kinderwünschen populär. Durch die Arrogation wuchs Philipp als Adoptivkind Friedrichs I. auf. Nach seiner Volljährigkeit eroberte er 1468 für seinen Onkel Ruprecht in dessen Auseinandersetzungen mit den Ständen und der Stadt Köln das Kölner Erzbistum. 1474 wurde Philipp Statthalter der Oberpfalz. Aus der Ehe Philipps mit Margarete von Bayern-Landshut gingen 14 Kinder hervor, wobei die Ehe seines 1481 geborenen Sohnes Ruprecht mit Elisabeth, der Erbtochter Herzog Georgs des Reichen, 1503 in den Landshuter Erbfolgekrieg mündete. Dieser begründete zwar die Junge Pfalz/Oberpfalz für Ruprechts Söhne Ottheinrich und Philipp, warf die Pfalz selbst jedoch auf ihre Machtposition von 1449 zurück. Der Kurfürst verlor 1505 zahlreiche Territorien im Gebiet des heutigen Bayern. Bis zuletzt hoffte er auf die Möglichkeit, die Pfalz und Bayern zu verbinden. Er starb am 28. Februar 1508 in Germersheim.

KURFÜRST LUDWIG V. DER FRIEDFERTIGE

(1508–1544)
* 02.07.1478 in Heidelberg
† 16.03.1544 in Heidelberg
Grabstätte: Heiliggeistkirche in Heidelberg

Ludwig V., der älteste Sohn Kurfürst Philipps des Aufrichtigen, folgte 1508 seinem Vater als pfälzischer Kurfürst nach. Bereits im Alter

Ansicht vom Rhein auf die Stadt Germersheim, Kupferstich von Matthäus Merian, 1645

von neun Jahren war der Kurprinz mit Sidonie, Tochter Herzog Albrechts IV. von Bayern-München verlobt worden. Als diese 1505 starb, verlobte er sich selbst mit deren Schwester Sibille. Beide heirateten am 23. Februar 1511 in Heidelberg. In den ersten Jahren seiner Regentschaft versuchte der Kurfürst nach der schweren Niederlage im Landshuter Erbfolgekrieg, die politische Isolation der Kurpfalz zu durchbrechen. 1518 erreichte er, dass die Reichsacht über die Kurpfalz aufgehoben wurde. Im Folgejahr unterstützte er Karl (V.), den Enkel Kaiser Maximilians, bei dessen Kaiserwahl gegen den Mitbewerber König Franz I. von Frankreich, obgleich dieser ihm Subsidien und die Landvogtei Hagenau im Elsass als einstigen Pfälzer Besitz versprochen hatte. Von 1521 nahm Ludwig am Wormser Reichstag teil. Auch vertrat er Kaiser Karl V. bei dessen Abwesenheit in Deutschland, indem er dessen Regierungsgeschäfte führte. Beim Wormser Reichstag aber vermied er es, am Beschluss der Reichsacht gegen Martin Luther beteiligt zu sein, indem er den kranken Kurfürsten von Sachsen bei dessen Abreise aus Worms geleitete.

1522 schlug der Kurfürst gemeinsam mit Kurtrier die so genannte Sickingenfehde nieder, einen Adelsaufstand der rheinisch-fränkischen Ritterschaft unter Führung Franz von Sickingens, der für die Ziele Martin Luthers kämpfte. Und doch wurde die Religionsfrage von ihm vorrangig als politisches Integrationsproblem gesehen und behandelt. „Die Begriffe ‚Friede' und ‚Ordnung' gaben in L.s Sicht strikt verbindliche Handlungsnormen und Zielkategorien vor, denen das konfessionelle Anliegen beider Religionsparteien unterzuordnen war." (Luttenberger 1987, S. 412) Er setzte sich 1532 und 1539 in Nürnberg und Frankfurt vermittelnd für die Vereinbarung einer provisorischen, politischen Friedensregelung ein. Für die Kurpfalz erreichte der Kurfürst 1541 das ‚Privilegium de non appellando', das seinen Untertanen ermöglichte, nicht an ein Reichsgericht zu appellieren. Als Ludwig am 16. März 1544 starb, sprach man vom ihm vor allem als dem ‚Friedmacher' oder ‚Friedfertigen'.

Kurfürst Ludwig V. von der Pfalz, Matthes Gebel, 1535 (Foto: Sailko)

KURFÜRST FRIEDRICH II. DER WEISE

(1544–1556)
* 09.12.1482 in Schloss Winzingen bei Neustadt/Weinstraße
† 26.02.1556 in Alzey
Grabstätte: Heiliggeistkirche in Heidelberg

In einem Brustbild von 1546 ließ sich Kurfürst Friedrich II. von der Pfalz in burgundisch-habsburgischer Tradition darstellen. Hofmaler Hans Besser (um 1505/10 – nach 1558) hat es nach einem 1545 entstandenen Ganzfigurenporträt geschaffen. Man mag dieses Porträt als Form der Wiederannäherung an das Kaiserhaus verstehen, denn 1544 hatte der Kurfürst von Kaiser Karl V. die Erlaubnis erhalten, das Symbol des mit der Pfälzer Kurwürde verbundenen Erztruchsessenamtes in das kurpfälzische Wappen aufzunehmen. Aufgewachsen war Friedrich II. großenteils am habsburgisch-burgundischen Herzogshof in den Niederlanden in der Nähe Philipps des Schönen (1478–1506), Herzogs von Burgund und

Kurfürst Friedrich II., Zeichnung, Albrecht Dürer (1471–1528), 1523

nachmaligen spanischen Königs. Der Pfälzer Kurfürst stellte sich in den Dienst des habsburgischen Kaiserhauses. Friedrich war es, der seinen Bruder Ludwig V. zur Wahl von Philipps Sohn Karl V. nötigte. Friedrich galt als lebenslustiger Hofmann und liebenswürdiger Kavalier, Freund und Reisebegleiter Philipps des Schönen sowie Gefolgsmann Kaiser Maximilians im Krieg gegen Venedig, außerdem Regent des unmündigen Erzherzogs Karl in Brüssel, geschickter und erfolgreicher Agent bei der Kaiserwahl von 1519, 1521/23 neben Ferdinand Statthalter Karls V. beim Nürnberger Reichsregiment, 1529 und 1532 Führer des Reichsheers gegen die Türken, war er auch für die Königswahl Ferdinands 1531 wieder tätig und präsidierte zusammen mit Granvelle dem kaiserlichen Religionsgespräch auf dem Regensburger Reichstag von 1541. Zwischen 1505 und 1522 wirkte Friedrich in Pfalz-Neuburg als Vormund seiner Neffen Ottheinrich und Philipp. Er war es, der als Regent nach dem Tod seines Vaters 1520 den Regierungssitz von Amberg nach Neumarkt zurückverlegte. Für die Einführung der Reformation in der Kurpfalz wurde er 1546 vom Kaiser geächtet. Erst seine Unterwerfung brachte die Rettung für Kurwürde und Besitz.

Seine 1535 mit Prinzessin Dorothea von Dänemark geschlossene Ehe blieb kinderlos. Friedrichs Schwiegereltern waren König Christian II. von Dänemark und dessen Frau Isabella von Spanien, Tochter König Philipps des Schönen. Auf dem Augsburger Reichstag von 1555 erreichte Kurfürst Friedrich II. gemeinsam mit Herzog Albrecht V. von Bayern, dass auch lutherische Reichsstände reichsrechtlich anerkannt wurden. Infolge einer schweren Erkrankung im Januar 1556 starb Kurfürst Friedrich II. am 26. Februar 1556 in Alzey.

Wappen der Herzöge Ottheinrich und Philipp von Pfalz-Neuburg, 1525

KURFÜRST OTTHEINRICH

(1505–1523; 1523–1535; 1541–1559 in Pfalz Neuburg)
(1556–1559 in der Kurpfalz)
* 10.04.1502 in Neuburg an der Donau
† 12.02.1559 in Heidelberg
Grabstätte: Heiliggeistkirche in Heidelberg

Der Ottheinrichsbau am Heidelberger Schloss ist bis heute in aller Munde, gilt er doch als eines der wichtigstes profanen Zeugnisse der Architektur der deutschen Renaissance. Sein Bauherr und Namensgeber wurde am 10. April 1502 in Amberg

als Sohn Ruprechts des Tugendhaften (1481–1504) und dessen Frau Elisabeth von Bayern-Landshut (1478–1504) geboren. Sein Großvater war Kurfürst Philipp der Aufrichtige von der Pfalz. Ottheinrich gehört zu den schillerndsten Gestalten des 16. Jahrhunderts. Zunächst wuchsen er und sein Bruder Philipp unter der Vormundschaft ihres Onkels Friedrich, nachmaliger Kurfürst Friedrich II., auf. Für den Fall, dass Ludwig V. kinderlos stürbe, war Ottheinrich als Nachfolger vorgesehen, doch folgte Ludwig gemäß einer Festlegung von 1508 zunächst Friedrich II. „Seither führte Ottheinrich ein Leben in Wartestellung getreu seiner Devise ‚Mit der Zeit'". (Kohnle, Ausst.-Kat. Mannheim 2013, II, S. 75)
Ottheinrich war außerordentlich gebildet. Reisen hatten ihn 1518 zum Reichstag nach Augsburg und mit seinem Onkel Friedrich 1519 nach Spanien geführt, wo beide dem neu gewählten Kaiser Friedrich V. die Wahlnachricht überbrachten. Ottheinrich bereiste in der Folge Kastilien, Aragón und Burgund, um nach seiner Rückkehr nach Deutschland ins Heilige Land aufzubrechen. 1521 führte ihn die Reise über Venedig nach Jaffa und von dort zu den heiligen Stätten. 1522 wurde Ottheinrich mit seinem Bruder Philipp im Burgenlengenfelder Rittersaal vor dem Neuburger Landtag für volljährig erklärt. Von 1522 bis 1535 regierten beide Pfalz-Neuburg gemeinsam. Sein aufwändiger Lebensstil, zu dem der Ausbau des Neuburger Schlosses zur Residenz gehörte, führten das Fürstentum an den Rand des Ruins und zwar derartig, dass der Pfalzgraf 1544 mit einer Schuldenlast von über einer Million Gulden und mehr als 600 Gläubigern seines Fürstentums verwiesen wurde, um den Landständen die Chance einer Konsolidierung des Haushaltes zu geben. Bereits in den 1520er Jahren hatte er sich eng an Heidelberg angelehnt, ohne ein eigenständiges reichspolitisches Profil zu entwickeln. So interessierten ihn die Sickingen-Fehde von 1523 und die Niederschlagung der Bauernunruhen in Südwestdeutschland und Unterfranken nur am Rande. Das Einvernehmen mit den bayerischen Herzögen gestaltete sich gut, nicht zuletzt da er mit seinem Vorgehen gegen die Reformation (Mandate, Auslieferung von Lutheranern) der katholischen Partei entsprach. Beeinflusst von dem Theologen Andreas Osiander (1498–1552) führte er am 22. Juni 1542 den protestantischen Glauben in Pfalz-Neuburg ein. Vom Bekämpfer der Reformation wurde Ottheinrich zu einem der entschiedensten Verfechter einer protestantischen Interessenpolitik im Reich. 1552 führte er in Neuburg sofort die Reformation durch. Drei Jahre vor seinem eigenen Tod wurde er Kurfürst, doch hinterließ er ein ganz anderes Land, denn auch in der Kurpfalz hatte er die Reformation eingeführt. Seine eigene Konfessionspolitik prägte auch die Politik seiner Nachfolger.

Kurfürst Ottheinrich, Öl auf Holz, Sebald Beham (1500–1550), 1535

DIE LINIE PFALZ-SIMMERN

KURFÜRST FRIEDRICH III. DER FROMME

(1557–1559 in Pfalz-Simmern)
(1559–1576 in der Kurpfalz)
* 14.02.1515 in Simmern
† 26.10.1576 in Heidelberg
Grabstätte: Heiliggeistkirche in Heidelberg

„Ich muß bekennen, daß ich nicht gewußt, daß ich meine Gemahlin selig dermaßen geliebt habe, wie es mir mein Herz nach dem Todesfall zu erkennen gibt. Aber aus Gottes Wort habe ich mich getröstet und tue es noch, weil ich weiß, daß sie in Christo seliglich entschlafen ist, und ich der unbezweifelten tröstlichen Hoffnung bin, daß ich sie bald in jener Welt wiedersehen werde." (zit. nach Heinsius: Frauen, S. 149) Neben ihrem Ehemann Kurfürst Friedrich III. von der Pfalz wurde die verstorbene Kurfürstin Maria (Marie) auch von ihren drei Söhnen und vier Töchtern sowie nicht zuletzt von ihren Untertanen herzlich betrauert. Sie starb am 31. Oktober 1567 in Heidelberg und fand dort in der Heiliggeistkirche ihre letzte Ruhe. Am 12. Juni 1537 hatte in Crailsheim die Brautschau stattgefunden, von der es heißt, dass die beiden Fürstenkinder Friedrich und Marie ein herzliches Wohlgefallen aneinander gefunden hätten. Er war 22, sie 18 Jahre alt. Er, am 14. Februar 1515 in Simmern geboren, hatte seine Erziehung an den katholischen Höfen von Nancy, Lüttich und teilweise in Brüssel erfahren.
Er war katholisch aufgewachsen, wurde zuerst Lutheraner, dann Calvinist. Mit 17 kämpfte er bei Budapest gegen die Türken. Im Oktober 1537 heirateten Friedrich und seine Frau nach katholischem Ritus auf der Kainzenburg bei Kreuznach. Das Paar lebte zunächst in Simmern und zeitweilig in Kreuznach sowie auf Burg Birkenfeld. Aus der Ehe gingen elf Kinder hervor.

Maries Schwiegervater Johann II. Herzog von Simmern, der nach einer alten Beschreibung als vornehme, hagere Erscheinung mit großem, rundem Schädel, tiefliegenden Augen und mächtigem Bart, selbst im Gebet von lässiger, doch selbstbewusster Haltung und als Ritter alten Schlages galt, genoss bei Kaiser Karl V. hohes Ansehen. 1525 wurde er als Regiments- und Kammergerichts-Visitator ans Reichskammergericht in Speyer berufen, dem er 1536 bis 1539 in der Eigenschaft eines Kammerrichters als Präsident vorstand. Allerdings setzte er dem Eindringen des Luthertums in seinem Gebiet auch keinen entscheidenden Widerstand entgegen. Mittels geschickter Verhandlungen gelang es dem Herzog, die Erbfolge der Pfälzer Kurlinie für seinen Sohn Friedrich zu sichern. Dank eines Vergleichs im Jahr 1553, bei dem Herzog Johann Teile der Grafschaft Sponheim und der Herrschaften Lützelstein und Guttenberg an das Haus Pfalz-Zweibrücken abtrat, konnte er die Kurfürstenwürde für seinen Sohn erlangen. Nach dem Tod des kinderlosen Kurfürsten Ottheinrich 1559 folgte Maries Ehemann als Kurfürst Friedrich III. von der Pfalz. Als nunmehrige Kurfürstin stand Marie den Regierungsgeschäften nahe. Allerdings duldete ihr Ehemann keine Einmischung in politische Belange. Einfluss nahm Marie allerdings in religiösen Fragen, und diese bestimmten alsbald die gesamte Politik. So etwa trat sie den Zwinglianern entschieden entgegen, da sie selbst von Kindheit an strenge Lutheranerin war. Bis zur Erlangung der Kurwürde lebte die Familie Friedrichs und Maries bisweilen in recht ärmlichen Verhältnissen, die die finanzielle Unterstützung von Maries Onkel, Hochmeister des Deutschen Ordens in Preußen und nachmaliger Herzog Albrecht von Preußen (1490–1568), linderte. Albrecht selbst hatte auf Luthers Rat das Amt des

Kurfürst Friedrich III. von der Pfalz, zeitgenössisches Ölgemälde

links: Heidelberg, Alte Brücke, Brückentor und Heiliggeistkirche

Hochmeisters niedergelegt und beschlossen, den Deutschordensstaat Preußen in ein weltliches Herzogtum umzuwandeln. Die 1532 über ihn verhängte Reichsacht bewirkte das glatte Gegenteil, denn Albrecht beförderte dadurch die Verbreitung der evangelischen Lehre und die Festigung seiner weltlichen Herrschaft umso stärker. Das Bekenntnis zur evangelisch-lutherischen Lehre hatte Maries Ehemann erst 1556/57 als Ottheinrichs Stellvertreter in der Oberpfalz gewagt. Als Kurfürst entschied er sich trotz Maries Einwänden für die calvinistische Richtung, allerdings nicht für die Lehre der Prädestination. Im berühmt gewordenen Heidelberger Katechismus von Zacharias Ursinus und Caspar Olevian fügte er 1563 die 80. Frage und Antwort ein und bezeichnete die Messe als ‚vermaledeite Abgötterei'. In der Oberpfalz setzte er die calvinistische Ausrichtung allerdings nicht durch, denn dort regierte der im Sinne der Mutter lutherisch erzogene Sohn als Statthalter. Die Einflussnahme der Ehefrau Marie wird durch das zeitgenössische Urteil bestätigt. Man bescheinigte Friedrich ein einfaches Gemüt, Bischof Bochetel als französischer Gesandter am Heidelberger Hof hielt den Kurfürsten gar für unglaublich einfältig. Tatsächlich hatten konfessionelle Überlegungen in Friedrichs Politik Vorrang vor politischen, getreu der politischen Theologie des Calvinismus. Damit verbunden war die Lehre vom aktiven Widerstandrecht, was zu einer offensiven, antikatholischen und antihabsburgischen Politik im Reich beitrug und die Politik des Religionsfriedens zu zerstören drohte. Zu Friedrichs Ideen gehörte gar die eines evangelischen Kaisertums. Freilich, die übrigen Kurfürsten trugen den Gedanken nicht mit. Inwieweit Marie ihren Ehemann in jenen Ideen beeinflusst hat, bleibt ungewiss. Die innerevangelischen theologischen Differenzen suchte Friedrich wiederholt auszuräumen. Dabei ging er von nicht so großen Unterschieden aus, die einen Minimalkonsens ermöglichen sollten. Als Kaiser Maximilian II. Friedrich auf dem Reichstag von 1566 den Schutz des Religionsfriedens zu entziehen suchte, rettete sich Friedrich III. aus der Situation, indem er erklärte, seine Kirchenpolitik sei nicht calvinistisch. Weniger Probleme hatte die kurfürstliche Familie in ihrer Heiratspolitik. So etwa war die 18-jährige Tochter Elisabeth 1558 mit dem jungen lutherischen Herzog Johann Friedrich von Sachsen-Weimar vermählt worden. Im Gegenzug verheiratete Friedrich seinen calvinistisch eingestellten Sohn Johann Casimir 1570 mit Elisabeth von Sachsen, Tochter des lutherischen Kurfürsten August von Sachsen. Da war Gattin Marie bereits drei Jahre tot. Im Spätherbst 1559 hielt sie sich längere Zeit in Weimar auf, um ihrer Tochter Elisabeth bei deren erster Geburt beizustehen. Ihr Ehemann habe sie damals schrecklich vermisst. Er vermisste ihre Pflege und die Tatsache, dass sie ihm die Speisen selbst zubereitete. Am meisten aber vermisste er sie als vertraute Gesprächspartnerin. Zu diesem Zeitpunkt war in Heidelberg zwischen dem lutherischen Universitätsprofessor und Generalsuperintendenten Tilemann Heßhusius und dem Franzosen Pierre Boquin, einem Calvinisten mit starken Einflüssen aus Genf und Zürich, ein heftiger Streit entbrannt. Marie fürchtete, dass ihr Ehemann dort direkt mit hineingezogen werden könnte und bat ihren Schwiegersohn Johann Friedrich, den Ehemann ohne konkrete Namensnennung ins allgemeine Thüringer Kirchengebet einzuschließen. Erst die Entfernung von Heßhusius und seines erbittertsten Gegners, des Diakons an Heiliggeist Wilhelm Klebitz, entspannte die Situation. Im Brennpunkt der Kämpfe stand die Abendmahlslehre. Vor allem befürchtete Marie, ihr Mann könne dem Luthertum entfremdet werden. Im Gegenzug gelang es Friedrich nicht, seine Frau dem Luthertum zu entfremden. Am 15. April 1563 schrieb sie über den eingangs erwähnten Heidelberger Katechismus – zugleich Heidelberger Kirchenordnung – an ihren Schwiegersohn Johann Friedrich: „Daß mir Euer Liebden schreiben, der Katechismus sei nichts nutz von Grund aus, das weiß ich nicht. Ist er doch ganz aus Gottes Wort genommen. Ich will ihn nicht verwerfen noch loben, ich habe ihn nicht machen helfen. Ich hab einen Katechismus gelernt,

Kurfürst Friedrich III. von der Pfalz, Skulptur an der Hoffassade des Friedrichsbaus auf dem Heidelberger Schloss

bei dem bleib ich. [...] Mein Glaube muß mich selig machen, nicht eines andern Glaube." (zit. nach Heinsius: Frauen, S. 144) Als 1564 ein Gerücht über einen drohenden Überfall auf ihren Mann aufkam, fuhr sie nicht nach Thüringen, sondern blieb in Heidelberg. „Denn ich denke mich weder durch Liebe noch durch Leid von meinem herzlieben Schatz zu scheiden, es Tu's denn der liebe Gott" (Heinsius: Frauen, S. 146), schrieb sie am 12. März 1564 an Kurfürst Johann Friedrich in Weimar. Ihre letzten Lebensjahre verbrachte die an einem schweren rheumatischen Leiden erkrankte Kurfürstin vornehmlich ans Bett gefesselt. Als Sie 1562 bemerkte: „Alle meine Kinder haben mich dem himmlischen Vater abgebettelt; es sterben viele Leute, denen es nicht so weh gewesen ist wie mir" (Heinsius: Frauen, S. 146), da wird die Krankheit bereits greifbar. Das hielt sie jedoch zunächst nicht davon ab, ihren Ehemann auf die Jagd zu begleiten, denn sie selbst bezeichnete sich als ‚Wildnärrin', die die Buchenwälder des Odenwaldes liebte. Doch die politische Entwicklung in Thüringen setzte ihr am Ende zu, als Johann Friedrich zum offenen Widerstand gegen den Kaiser gerüstet war und am Ende zu lebenslänglicher Haft verurteilt in den Kerker nach Dresden gebracht wurde. Am 26. April 1567 schrieb sie ihrer Tochter: „Euer Handel hat mich schier in den Tod gebracht, ich bin so erschrocken, daß ich seitdem keine gesunde Stunde gehabt, so daß man etliche Male des Endes gewartet hat" (zit. nach Heinsius: Frauen, S. 149). Das letzte Aufleben freilich war kurz, von einem Früh- und Nachtmahl ohne Krücken im seinerzeit neuen Ottheinrichsbau und einem Ausflug auf einem Pirschkarren einmal abgesehen. Marie war erst 48-jährig mit ihren Kräften am Ende. Der Kurfürst selbst ging 1569 in Heidelberg mit Amalie (um 1540–1602), der Witwe Heinrichs I., Grafen von Brederode eine zweite Ehe ein. 1571 versuchte er in Frankenthal vergeblich, durch ein Religionsgespräch alle protestantischen Richtungen zu vereinen. Er starb am 26. Oktober 1576 in Heidelberg.

KURFÜRST LUDWIG VI.

(1576–1583)
* 04.07.1539 in Simmern
† 22.10.1583 in Heidelberg
Grabstätte: Heiliggeistkirche in Heidelberg

„Alle Dinge sind vergänglich." Unter diesem Wahlspruch stand Ludwigs kurzes Leben. Seine humanistische und vor allem religiöse Erziehung stand unter dem lutherischen Einfluss seiner Mutter und zunächst auch des Vaters. An der burgundischen Universität Dôle erwarb er zu seinem Latein auch gute französische Sprachkenntnisse. Geboren wurde Ludwig als zweites von elf Kindern des Kurfürsten Friedrich III. und seiner Frau Marie. Dank seiner duldsamen und milden Charaktereigenschaften hatte er den Beinamen ‚der Milde'. Sein großes Interesse für Geschichte sah Ludwig auch als wichtige Orientierungsmöglichkeit im politischen Alltag. Zwischen 1556 und 1559 hielt sich der in Simmern geboren Prinz am Hof des Kurfürsten Ottheinrich in Heidelberg auf. Nach der Eheschließung mit seiner ersten Frau Elisabeth (1539–1582), Tochter des Landgrafen Philipp I. von Hessen, 1560 in Marburg, überließ ihm der Vater 1561 die Statthalterschaft in Heidelberg, wo Friedrich III. Ottheinrich als Kurfürst von der Pfalz nachgefolgt war. 1563 wirkte Kurprinz Lud-

Dôle (Burgund), Studienort von Kurfürst Ludwig VI. (Foto: Christophe Finot)

Pfalzgraf Johann Casimir, Miniatur, Öl auf Zinn, 1586

wig gemäß der alten pfälzischen Tradition zeitweilig als Statthalter der Oberpfalz in Amberg. Dort geriet der überzeugte Lutheraner in einen zunehmenden Gegensatz zum Vater, da er dessen Hinwendung zum reformierten Bekenntnis nicht billigte, ja er versuchte die Oberpfalz vor den väterlichen Bekehrungsversuchen abzuschirmen. Allerdings hatte Ludwig in seinem jüngeren Bruder Johann Casimir einen eifrigen Verfechter des reformierten Glaubens im Sinne Calvins, was zu heftigen Auseinandersetzungen der beiden Brüder führte. Diese brachen während Ludwigs Zeit als Kurfürst ab 1576 offen hervor und konnten erst im Januar 1578 durch einen Kompromiss beigelegt werden. In der Kurpfalz begann Ludwig während seiner Herrschaft, das Luthertum wiederherzustellen, indem er calvinistische Vorlesungen an der Universität Heidelberg verbot und die vom Vater gegründete Ritterakademie in Selz schloss. 1582 brachte Ludwig VI. eine milde und vor allem moderne Fassung des Pfälzer Landrechts heraus, die für das Schicksal der Gesellschaft von großer Bedeutung war. Es schützte die Bauern vor der willkürlichen Kündigung ihres Leiheverhältnisses mit den Grundeigentümern und versagte für Jugendliche unter 18 Jahren sowie für leichtere Diebstahlsfälle die Anwendung der Todesstrafe. Die zweite Ehe mit Anna von Friesland (1562–1621) schloss Ludwig VI. im Juli 1583. Durch die lutherische Stiefmutter wollte er seinen neunjährigen lutherischen Sohn vor dem Zugriff des calvinistischen Bruders bewahren. Er selbst starb am 12. Oktober desselben Jahres in Heidelberg.

PFALZGRAF UND HERZOG JOHANN CASIMIR

(1583–1591)
* 07.03.1543 in Simmern
† 16.01.1592 in Heidelberg
Grabstätte: Heiliggeistkirche in Heidelberg

Pfalzgraf Johann Casimir von Pfalz-Simmern (1543–1592) wirkte von 1583 bis zu seinem Tode als Administrator der Kurpfalz. Seine Eltern waren Kurfürst Friedrich III. von der Pfalz-Simmern und dessen Frau Marie von Brandenburg-Kulmbach. Johann Casimir war der dritte Sohn des Paares und der zweite, der das Erwachsenenalter erreichte. Im Jahr 1568 heiratete er die Tochter des sächsischen Kurfürsten August, Elisabeth von Sachsen (1552–1590), mit der er drei Töchter hatte. 1589 ließ Johann Casimir seine Frau mit dem Vorwurf verhaften, sie habe die Ehe gebrochen und gegen ihn selbst ein Mordkomplott geschmiedet. Im Vergleich zu seinem Bruder Kurfürst Ludwig VI., der das Luthertum in der Kurpfalz zur Staatsreligion machte, blieb Johann Casimir beim calvinistisch-reformatorischen Bekenntnis des Vaters. Trotz der Ausbildung an den Höfen von Paris und Nancy kam er erstmals 1567 mit seinem Heer den französischen Hugenotten zu Hilfe. In Neustadt erinnert bis heute das 1578 von ihm gegründete Casimirianum an ihn. Die reformatorische Hochschule sollte denjenigen dienen, die von Johann Casimirs Bruder Ludwig VI. aufgrund ihrer Konfession von der Heidelberger Universität vertrieben worden waren. Nach dem frühen Tod des Bruders 1583 wirkte der Pfalzgraf als Vormund seines minderjährigen Neffen Friedrich IV. in Heidelberg, wo er Studenten mit reformatorischem Bekenntnis wieder zur Universität zuließ. So ging sein Casimirianum nach kurzer Zeit wieder ein. Sein Versuch von 1585, das durch die zahlreichen Erbteilungen zersplitterte Gebiet der Kurpfalz wieder zusammenzufassen, misslang. Als Johann Casimir 1592 starb, erhielt er seine letzte Ruhe in der Heidelberger Heiliggeistkirche.

Heute sind die Tagebücher des Pfalzgrafen, die mit der Bibliotheca Palatina nach Rom gelangten, ein beredtes Zeugnis seines Lebens und vor allem seiner Jagdleidenschaft. In weiten Teilen hat er dort Wege und Ritte, Pfade und Taten in Wald und Feld stichwortartig so geschildert, dass man ein lebendiges Bild daraus gewinnen kann.

Johann Casimir jagte sowohl auf heimischem Terrain wie auf Reisen. 1571 jagte er am oberen See bei Neuschloß vier Schwäne und schrieb am Ende lakonisch: „aber nicht darzu [sic!] schießen können“. Als jagdliche Stützpunkte nutzte Johann

Casimir das Jagdschloss Neuschloß im Lampertheimer Riedwald, Schloss Friedrichsbühl in Bellheim, den Einsiedlerhof westlich von Kaiserslautern, den Hof Wersau gegenüber von Speyer, einen Hof in Germersheim und das Haus neben dem damals im Bau befindlichen Schloss in Kaiserslautern. Ende der 1570er Jahre kam dann noch Schloss Friedelsheim bei (Bad) Dürkheim hinzu. Ein besonderes Kennzeichen im Leben des Pfalzgrafen war sein vielfältiger und rascher Ortswechsel, fast so, als habe es ihn nie recht und lange an einem Ort gehalten. Temperament und Tatendrang trieben ihn immer zu neuen Aufgaben. Ein intensiver Straßen- und Brückenbau und der von ihm initiierte Johann-Casimir-Kanal in Frankenthal gehen auf ihn zurück. Zum Üben nutzte Johann Casimir den Schießgraben, wo auch Preisschießen durchgeführt wurden. Am 19. April 1567 vermerkte der damals 24-Jährige: „Morgens und nachmittags im Schießgraben geschossen; sind Hans von Hirschhorn, sein Sohn Hans, von Stein und Ludwig von Venningen angekommen und auch mitgeschossen". Am 26. Juli 1571 notierte er über die Jagd von der Festung Dilsberg aus: „Bin ich mit dem Marschalk im Reiher-Wald früh gange. Nach dem Essen auf die Jagd zoge und im Großen Apfelberg gejagt und zwei Hirsche geschossen, mein Bruder, Herzog Christoph, den einen und ich den andern". Die Jagd war die größte Passion des Pfalzgrafen, und seine Tagebuchaufzeichnen erwecken den Eindruck, als habe er immerfort nur gejagt, was natürlich nicht der Fall war. Die Jagd, das war entweder die Hetz- oder die Pirschjagd, die eine bevorzugt im offenen Gelände, die andere in reinen Waldgebieten oder in Auwäldern entlang der Flüsse. Bei den Jagden sollte möglichst viel Wild erlegt werden. Auswahlkriterien oder heutige nachhaltige Bewirtschaftung gab es keine. Besonderheiten wurden stolz vermerkt, wie am 12. November 1577: „Nota! 1 Schwein, 1 Lehe [Bache], 2 Frischlinge, 4 Wilde [weibliches Rotwild], 1 Hirsch haben die Jäger bei Neuenhofen in den Horsten gefangen. Hat das Schwein 400 Pfund gewogen". Daneben widmete er sich der Fischerei. Einmal bemerkte er: „Weil kein Hirsch zu jagen gewest, gefischt. Bey hundert Forellen gefangen, auch ein Essen Krebs". Trotz des Fischfangs ist das Bild des klassischen Jägers geblieben. Bei Zeitgenossen und der Nachwelt blieben seine Volksnähe und Volkstümlichkeit in Erinnerung. Er war keineswegs zügel- und maßlos, sondern verfügte über einen straff durchgeplanten Tagesablauf, der ihn als fleißig und gewissenhaft offenbart.

Das Casimirianum in Neustadt/Weinstraße – die ehemalige calvinistische Universität

KURFÜRST FRIEDRICH IV.

(1583–1610 in der Kurpfalz; bis 1591 unter der Vormundschaft seines Onkels Johann Casimir)
* 05.03.1574 in Amberg
† 09.09.1610 in Heidelberg
Grabstätte: Heiliggeistkirche in Heidelberg

Durch ein Studentenlied von 1887 ist Kurfürst Friedrich IV. bis heute weithin bekannt und populär geblieben:
‚Wütend wälzt sich einst im Bette Kurfürst Friedrich von der Pfalz; Gegen alle Etikette Brüllte er aus vollem Hals: Wie kam gestern ich ins Nest? Bin scheint's wieder voll gewest!'
Geboren wurde Friedrich IV. am 5. März 1574 in Amberg als Sohn des Kurfürsten Ludwig VI. von der Pfalz und seiner Frau Elisabeth.

Der ständig kränkelnde Ludwig hatte in seinem Testament neben Herzog Ludwig von Württemberg und Markgraf Georg Friedrich von Ansbach auch seine Frau Elisabeth und deren Bruder zu Vormündern seines Sohnes bestimmt. Doch drängte Pfalzgraf Johann Casimir auf die Stellung als Kuradministrator, so dass Elisabeth vor dem Reichskammergericht mit ihren Mitvormündern prozessieren musste – und verlor. Dort wurde Johann Casimir ausgerechnet von Elisabeths Bruder Wilhelm unterstützt, der den strengen lutherischen Einfluss auf Friedrich und die Politik der Kurpfalz durch seine Schwester fürchtete. So wurde der junge Kurfürst schon vor Beginn seiner eigentlichen Herrschaft zum Spielball der Politik. Anders als im Testament des Bruders festgelegt, regierte Pfalzgraf Johann Casimir allein. Er führte eine Recalvinisierung der Kurpfalz durch und kehrte zur Politik Friedrichs III. zurück. Die lutherische Erziehung seines 10-jährigen Neffen brach er ab und erhielt mit Otto von Grünrade als Hofmeister und Georg Michael Lingelsheim als Präzeptor zwei calvinistische Erzieher. Von Johann Casimir lernte er Reiten und Jagen sowie Tanzen und Trinken, so dass er am Ende mehr einem Hofmann als einem Herrscher glich. Dies führte nach Johann Casimirs Tod 1592 dazu, dass der protestantischen Aktionspartei im Reich die Führungspersönlichkeit fehlte und der Torgauer Bund von 1591 rasch zerfiel. 1592 endete die Vormundschaft Johann Casimirs über seinen Neffen. Unter Kurfürst Friedrich IV. forderte die Kurpfalz zunehmend ihre Rolle als protestantische Führungsmacht auf dem politischen Parkett ein. Durch die Übernahme der Führung der protestantischen Union 1608 setzte sich der Pfälzer Kurfürst an die Spitze der protestantischen Reichsstände und geriet dadurch zum direkten Gegner des katholischen Hauses Habsburg. Die Hoffnung, mit Hilfe des französischen Königs Heinrich IV. von Navarra über Habsburg zu siegen, wurde durch Heinrichs Ermordung 1610 zunichte. Bereits 1607 hatte Friedrich Mannheim mit der Zitadelle Friedrichsburg nach seinerzeit modernstem städtebaulichem Modell gegründet und damit neben geostrategisch-wirtschaftlichen vor allem militärstrategische Überlegungen verknüpft. In seiner Residenzstadt Heidelberg setzte er sich ein Jahr später mit dem nach ihm benannten Friedrichsbau ein Denkmal – nicht zuletzt als Manifestation seiner Herrschaft. Der Mensch Friedrich soll übermäßig viel Wein getrunken haben, was Zeitgenossen zu der Sorge veranlasste, er könnte vor der Zeit und ohne Erben versterben. Das eingangs zitierte Studentenlied nimmt darauf Bezug. Doch die Sorge war unbegründet. Der Kurfürst hatte am 23. Juni 1593 in Dillenburg Prinzessin Luise Juliana von Oranien-Nassau (1576–1644) geheiratet und mit ihr acht Kinder, darunter den Nachfolger Friedrich V. Der Kurfürst starb im gleichen Jahr wie der französische König Heinrich IV. an den Folgen einer Krankheit in Heidelberg.

„Friderich Pfaltzgrave bey Rhein", 1601 (Foto: Sailko)

KURFÜRST FRIEDRICH V.

(1610–1632 in der Kurpfalz)
(1619–1620 als böhmischer König)
* 26.08.1596 im Jagdschloss Deinschwang in der Oberpfalz
† 29.11.1632 in Mainz
Grabstätte: unbekannt

„Keine der aristokratischen Romanzen und Eheschließungen hat im Zeitalter der Massenmedien und des öffentlichen Klatschbedürfnisses eine ähnlich überschwengliche Berichterstattung und begieriges öffentliches Interesse erfahren wie die zwischen Elisabeth Stuart, Tochter König Jakobs I. von England, und dem jungen Pfalzgrafen Friedrich V. Alle Bedingungen für eine hohe Akzeptanz des Ereignisses im bürgerlichen und adligen Klatsch stimmten: hoher sozialer Stand des Paares, Schönheit und Reichtum, Jugend und Macht und [...] die Konfession beider. " (Goetze 1996, S. 1) Daher nimmt es nicht wunder, dass der Autor die beiden Eheleute als ,Traumpaar der Reformierten' charakterisierte.

Der Bräutigam wurde am 26. August 1596 im Jagdschloss Deinschwang bei Neumarkt in der Oberpfalz als ältester Sohn des Kurfürsten Friedrich IV. und seiner Frau Luise Juliana, Prinzessin von Nassau-Oranien, als drittes von insgesamt acht Kindern geboren und am 6. Oktober 1596 im Martinsmünster von Amberg getauft. 1598 zog die Familie von der Oberpfalz nach Heidelberg, das zuvor von mehreren Pestwellen heimgesucht worden war. Von 1604 an wurde Friedrich am Hof des Onkels in Sedan erzogen und umfassend für seine künftige Rolle als Kurfürst ausgebildet. Für Sedan und den Hof Herzog Heinrichs von Bouillon hatten neben den verwandtschaftlichen Beziehungen vorrangig religiöse Gründe den Ausschlag gegeben, denn dort erhielt Friedrich eine streng calvinistische Ausbildung, auf die man in Heidelberg großen Wert legte. Nachdem Friedrichs Vater Kurfürst Friedrich IV. am 19. September 1610 verstorben war, kehrte Friedrich nach Heidelberg zurück. Hier übernahm Johann II. von Pfalz-Zweibrücken die Vormundschaft für den noch minderjährigen Kurprinzen. Statt des Calvinisten aus dem Haus Zweibrücken hätte den Bestimmungen der Goldenen Bulle von 1356 zufolge der nächste männliche Verwandte – Herzog Wolfgang Wilhelm von Pfalz-Neuburg – die Vormundschaft übernehmen müssen, doch galt die Verfügung Friedrichs IV. Die Herzöge gerieten darüber in Streit, zumal der nach Heidelberg gereiste Herzog Wolfgang Wilhelm nicht in die Stadt eingelassen wurde. Der Streit selbst sollte sich in der Folge auf die Kurpfalz noch gravierend auswirken, denn die Münchner Linie der Wittelsbacher meldete erneut ihre Ansprüche auf die Pfälzer Kurwürde an.

Durch die Heiratspolitik des kurpfälzischen Fürstenhauses sollte die Stellung des Landes im reformierten Lager gestärkt werden. So waren zwei Schwestern Friedrichs bereits mit protestantischen Fürsten verheiratet. Für Friedrich bot sich daher eine Heirat mit Elisabeth Stuart, der einzigen Tochter des englischen, schottischen und irischen Königs Jakob I. an. Noch am 27. Dezember 1612 folgte die Verlobung, am 7. Januar 1613 wurde der Heiratsvertrag ratifiziert, wobei Friedrich V. durch seinen Schwiegervater den Hosenbandorden erhielt. Die eigentliche Trauung fand am 24. Februar 1613 in London statt. Mit dieser Heirat trat Friedrich erstmals glanzvoll als europäischer Fürst in Erscheinung. Am 17. Juni 1613 zogen die Brautleute in Heidelberg ein. Dort betätigte sich der Kurfürst auch als Bauherr, indem er dem Schloss ein neues Erscheinungsbild gab. Am Eingang zum Stückgarten ließ er das Elisabethtor errichten und diesen vordem militärischen Geschützen vorbehaltenen Platz in einen Lustgarten umgestalten. Der repräsentative Zugang des Elisabethtores ist als Triumphpforte gestaltet. Es trägt folgende lateinische Inschrift: FRIDERICVS V ELISABETAE CONIVGI. CARISS (IMAE) A(NN0). C(HRISTI). MDCXV. F(ACIENDUM).

Reiterbildnis Friedrichs V. als böhmischer König – im Hintergrund die Stadt Prag, Kupferstich, um 1619/20

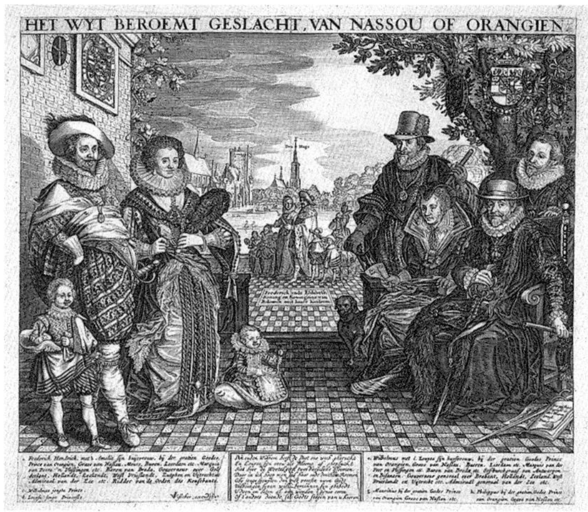

Familienporträt derer von Nassau-Oranien: links Friedrich Heinrich von Oranien-Nassau, rechts die bereits verstorbenen Familienmitglieder von Nassau-Oranien und im Hintergrund die Familie Friedrichs V. von der Pfalz, Amsterdam 1634

C(URAVIT) – („Friedrich V. ließ [das Tor] seiner vielgeliebten Gemahlin Elisabeth im Jahre des Herrn 1615 errichten.") Friedrich V. soll es als eine Überraschung für seine junge Ehefrau geplant haben, weshalb es in einer einzigen Nacht des Jahres 1615 als Geschenk anlässlich deren 20. Geburtstags errichtet – besser wohl aufgerichtet – worden sein soll. Dies war jedoch nur der Auftakt für eine größere Umgestaltung der Residenz. So wurde ein neuer Hofgarten, der berühmte ‚Hortus Palatinus', angelegt und mit zahlreichen Grotten und Brunnen versehen, die Friedrich V. verherrlichten und ihn als Gott Apollo und als Herkules darstellten.

Damals konnte niemand ahnen, dass Friedrich 1619 zum König von Böhmen gewählt und so zu einer der wichtigsten Figuren der europäischen Politik zu Beginn des Dreißigjährigen Kriegs werden sollte. Im Jahr 1618 hatten die nicht-katholischen böhmischen Stände mit dem ‚Prager Fenstersturz' die Herrschaft der katholischen Habsburger in Böhmen beendet. Sie hatten damit die bedeutendste Macht auf dem Kontinent herausgefordert. Dieser offene Aufstand markiert den Anfang des Dreißigjährigen Kriegs. Nun suchten die böhmischen Stände Verbündete. Sie wählten den Führer der deutschen Protestanten, Kurfürst Friedrich V. von der Pfalz, zum neuen König von Böhmen. Doch die Königsherrschaft währte nur ein Jahr: Friedrich ging deshalb mit dem Spottnamen ‚Winterkönig' in die Geschichte ein. Die Niederlage bei der Schlacht

Belagerung und Einnahme der Stadt Heidelberg durch die Truppen Tillys am 19. November 1622, Kupferstich von Matthäus Merian, 1643

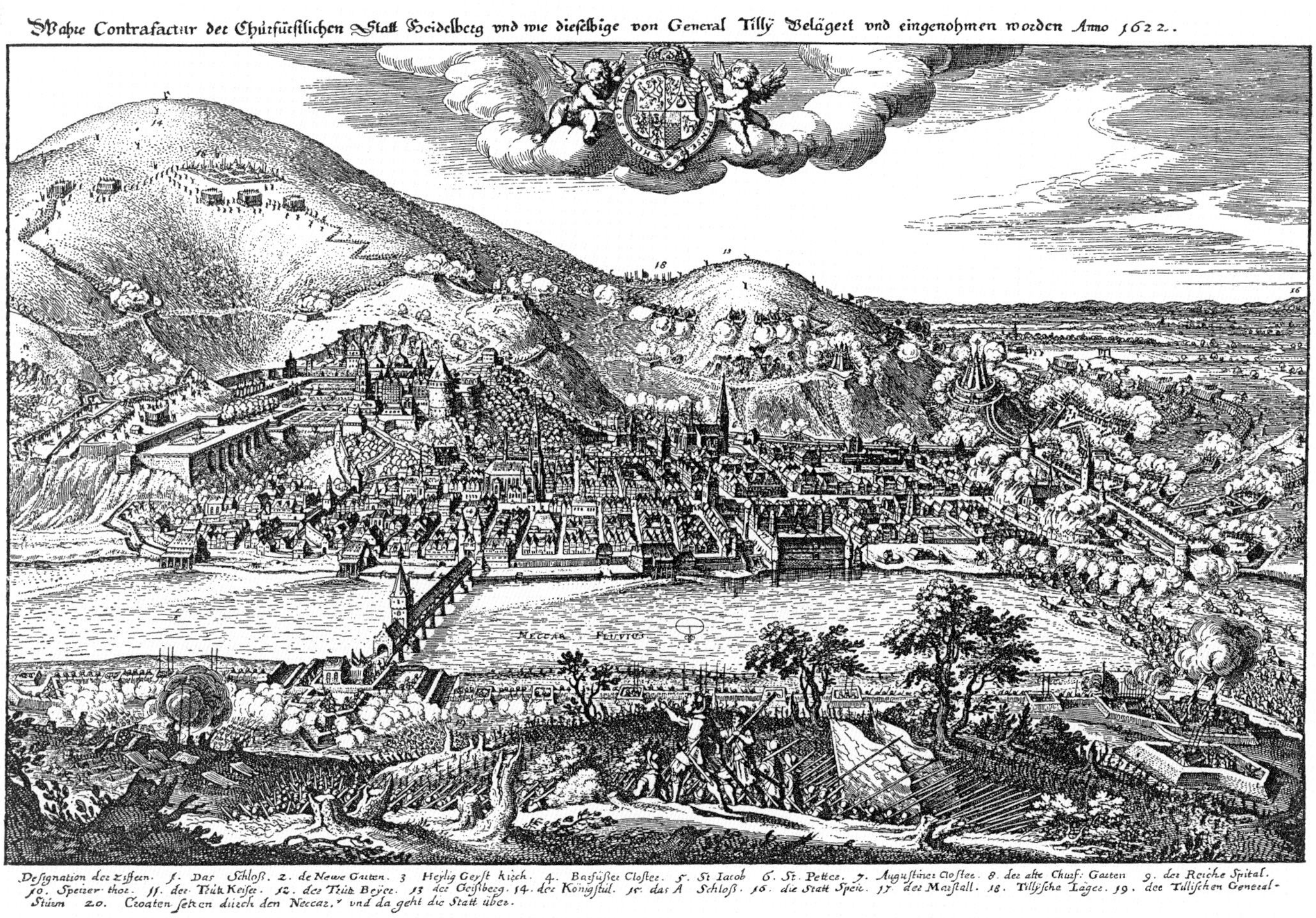

am Weißen Berg 1620 beendete die Selbstständigkeit Böhmens. Sieger blieben der habsburgische Kaiser Ferdinand II. und Friedrichs Vetter, der katholische Herzog Maximilian I. von Bayern. Friedrich musste Prag überstürzt verlassen. Er floh mit seiner Familie nach Holland. Am Hof seiner Verwandten aus dem Haus Oranien führten Friedrich und Elisabeth ein – bei aller Beschränktheit der finanziellen Mittel – glanzvolles Hofleben. Vergeblich versuchte Friedrich, seine frühere Position wiederzuerlangen. So nahm er an diversen Feldzügen teil, unter anderem auch in der Armee des schwedischen Königs Gustav Adolf. Von Kriegszügen und persönlichen Schicksalsschlägen erschöpft, starb Friedrich im Alter von nur 37 Jahren 1632 inmitten der Kriegswirren in Mainz. Alle Versuche, seine letzte Ruhestätte ausfindig zu machen, blieben bis heute vergeblich.

KURFÜRST CARL I. LUDWIG

(1648–1680 in der Kurpfalz)
* 01.01.1618 in Heidelberg
† 28.08.1680 bei Edingen (nahe Heidelberg)
Grabstätte: Heiliggeistkirche in Heidelberg

Am 22. Dezember 1617 – kurz vor Ausbruch des Dreißigjährigen Krieges – erblickte der nachmalige Kurfürst Carl I. Ludwig in Heidelberg als Sohn des Kurfürsten Friedrich V. und dessen Frau Elisabeth Stuart das Licht der Welt. Er war der zweitgeborene Sohn des Paares und ein Jahr ältere als seine Schwester Elisabeth von der Pfalz. Er verinnerlichte von seinen zwölf Geschwistern wohl am stärksten den tiefen Fall nach dem Sturz vom böhmischen Thron und der Vertreibung aus der Kurpfalz. Seine Erziehung erhielt Carl Ludwig am Hof von Den Haag durch Friedrich Heinrich von Oranien, wobei Sprachen, Theologie und Geschichte die Schwerpunkte seiner Ausbildung waren. Von den zwölf Geschwistern Carl Ludwigs verstarben vier früh. Die Verhältnisse am Den Haager Hof werden als karg und beengt beschrieben, die die Familie insgesamt prägte. Nach dem Tod Friedrichs V. musste der 15-jährige heimatlose Kurprinz die Rolle des Familienoberhauptes übernehmen und erhielt gleichwohl seinen Onkel Ludwig Philipp von Pfalz-Simmern (1602–1655), den jüngeren Bruder Friedrichs V., als Vormund. Nach dem Westfälischen Frieden von 1648 erhielt Carl Ludwig seine Kurwürde zurück – als neu geschaffene achte Kur, mit der das Erzschatzmeisteramt verbunden war. Unter anderem musste dafür die Oberpfalz an Bayern abgetreten werden. Im Alter von 32 Jahren kehrte Carl Ludwig am 7. Oktober 1649 nach Heidelberg zurück. Hier sah er seine erste Aufgabe im Wiederaufbau des schwer geschundenen Landes.

Am 22. Februar 1650 heiratete er in Kassel seine erste Ehefrau Charlotte (1627–1686), mit der er drei Kinder hatte: den 1651 geborenen Sohn Carl (II.), dessen Schwester Elisabeth Charlotte genannt Lise-

Kurfürst Carl Ludwig im Harnisch und mit Marschallstab, Kupferstich von Christoph Le Blon d. Ä. (1639 – nach 1706) nach einem Porträt von Anthonis van Dyck, 1652

lotte (1652–1722) und den kleinen Friedrich (1653–1654).

‚Bärenkatzenaffengesicht' nannte Kurfürst Carl I. Ludwig spöttisch und zugleich väterlich-liebevoll seine dank ihrer Briefe populäre Tochter Liselotte von der Pfalz. Schon die Kurfürstin selbst hatte kurz nach der Geburt Liselottes in einem Brief vom 10. Juni 1652 vom „klein heslich Morönchen" (Paas 1996, S. 65) geschrieben, ein Ruf, der Liselotte zeitlebens anhaften sollte. Wenn sich die Eheleute Carl Ludwig und Charlotte von Hessen-Kassel auch darin einig gewesen sein mögen, ihre Ehe glich einem Desaster und zwar dermaßen, dass sich der Kurfürst 1658 aufgrund unüberwindlicher Diskrepanzen von seiner Ehefrau trennte, um deren ehemalige Hofdame Baronin Marie Luise von Degenfeld (1634–1677) morganatisch, das heißt zur linken Hand, zu heiraten. Bereits 1653 scheint die Beziehung Carl Ludwigs und Charlottes zerrüttet gewesen zu sein. Luise wurde als Raugräfin Luise von Degenfeld noch 1658 Liselottes und Carls Stiefmutter. Weder Lieselotte noch ihr Bruder verstanden sich mit Luise, doch Liselotte mit ihren 13 Halbgeschwistern, allesamt Raugräfinnen und Raugrafen, umso mehr. Mit zwei von ihren Halbschwestern, den Raugräfinnen Luise zu Pfalz (1661–1733) und Amalie Elisabeth (1663–1709), hielt sie zeitlebens regen Briefkontakt. Der Bruder sollte sie 1680 von seinem Hof verbannen, so tief war der familiäre Riss.

Herzogin Elisabeth Charlotte von Orléans, Gemälde von Hyacinthe Rigaud (1659–1743), Öl auf Leinwand, 1713

Carl Ludwigs Tochter ist bis heute die wahre ‚Vorzeige- und Urpfälzerin', auch wenn sie nach ihrer Hochzeit mit Philipp von Orléans 1671 ihre geliebte Pfalz niemals wieder gesehen hat. Um ihr Erbe wurde erbittert Krieg geführt – der Orléansche oder Pfälzische Erbfolgekrieg von 1689 bis 1693 –, den sie in ihren Briefen auch mehrfach erwähnte und der das Land ihrer Kindheit und Jugend sehr verheerte.

Um der noch am Heidelberger Hof lebenden Mutter die Tochter zu entziehen, schickte der Kurfürst Liselotte im Alter von sieben Jahren an den herzoglichen Hof von Hannover, wo seine Schwester Sophie (1630–1714) als Ehefrau des Herzogs Ernst August (1629–1698), des nachmaligen ersten Kurfürsten von Hannover, lebte. Die beiden wurden für vier Jahre „Pflegeeltern" Liselottes. Diese lernte auch ihre Großmutter Elisabeth Stuart kennen, die im Exil in Den Haag lebte und die kleine Prinzessin über alles liebte. 1663 gewährte der Kurfürst Liselottes Mutter Charlotte eine angemessene Entschädigung, die daraufhin die Heidelberger Residenz verließ. Gleich darauf holte der Kurfürst seine Tochter mit elf Jahren zurück nach Heidelberg an den Hof. Hier erhielt sie eine damals für Fürstenhäuser übliche höfische Mädchenerziehung, der Vater ließ ihr aber auch mehr Freiheiten und erzog sie natürlicher als ihren Bruder und Pfälzer Thronerben. Die Erziehung und das Verhältnis des Kurfürsten zu seinem Sohn gestalteten sich schwieriger. Allerdings wurden ihm, dem Gestalter und „Macher", der das Staatswesen wieder gesunden ließ, die Universität Heidelberg samt Bibliothek wieder aufbaute, patriarchalische Züge im Sinne einer ‚absolutistischen Staatsallmacht' beigemessen. Mit seinem Schlossbauprojekt von 1664 durch Jean Marot für Mannheim bewies er Weitblick, auch wenn dieses Schloss in anderer Gestalt erst unter Kurfürst Carl Philipp gebaut werden sollte. Mit seiner gezielten Peuplierungspolitik rief er Reformierte, Lutheraner, christliche Sekten und Juden auf, in die Kurpfalz zu kommen. Die auf Einheit zielende Konfessionspolitik gipfelte in den Kirchenbauten der lutherischen Heidelberger Providenz- und der Mannheimer Konkordienkirche von 1659 bzw. 1677. Die außenpolitische Nähe zu Frankreich durch die Verheiratung seiner Tochter Elisabeth Charlotte mit dem Bruder des französischen Königs Ludwig XIV. sollte sich für die Kurpfalz nach einer kurzen Phase des Friedens verheerend auswirken.

KURFÜRST CARL II.

(1680–1685 in der Kurpfalz)
* 10.04.1651 in Heidelberg
† 26.05.1685 in Heidelberg
Grabstätte: Heiliggeistkirche in Heidelberg

„So voller schmerzen und betrübtnus ich auch jetzt bin über den tod meines armen bruder seligen, so will ich doch nicht lenger verschieben, E.L. solches erschreckliche unglück zu berichten […]" (Kiesel 1981, S. 59f.), schrieb Liselotte von der Pfalz –, verheiratete Herzogin von Orléans (1652–1722), am 1. Juni 1685 an ihre Tante Herzogin Sophie von Hannover (1630–1714). Carl war der älteste Sohn des Kurfürsten Carl I. Ludwig aus seiner Ehe mit Charlotte von Hessen-Kassel. Als Carl am 26. Mai 1685 verstarb, erlosch mit ihm zugleich die protestantische Linie des Hauses Pfalz-Simmern. Philipp Wilhelm aus dem katholischen Pfalz-Neuburg wurde sein Nachfolger.

Die Ehe von Carls Eltern war unglücklich und zwar derartig, dass sich der Kurfürst von seiner Frau scheiden ließ. Der Kurprinz wuchs daher ohne Mutter auf, seine Ausbildung übernahmen der Philosoph und Historiker Samuel von Pufendorf (1632–1694) sowie der Theologe, Diplomat und Jurist Ezechiel Spanheim (1629–1710). Carl galt als sehr wissenshungrig und veröffentlichte unter dem Pseudonym ‚Philotheus' 1672 die theologische Schrift ‚Symbola christiana'. Er liebte das Theater.

Das Verhältnis zum Vater war derart schwierig, dass dieser dem Sohn die Statthalterschaft über Kreuznach und die Beteiligung an den Regierungsgeschäften verweigerte. Durch die Vermittlung seiner Tante Sophie von Hannover und nicht zuletzt durch den Druck des Vaters heiratete der Kurprinz am 20. September 1671 in Heidelberg die lutherische Prinzessin Wilhelmine Ernestine von Dänemark (1650–1706), die Tochter König Friedrichs III. von Dänemark und dessen Frau Sophie, geborene Prinzessin von Braunschweig-Lüneburg. Die Ehe verlief unglücklich und blieb kinderlos.

Seine Regierungszeit von 1680 bis 1685 gestaltete sich wenig glanzvoll. Carl ernannte seinen unfähigen ehemaligen Erzieher Paul Hachenberg zum leitenden Minister. Persönlich war er geprägt von den familiären und für ihn vermutlich traumatischen Kindheitserlebnissen: Zerwürfnis der Eltern, Verbannung der Mutter und ein legitimiertes Verhältnis des Vaters mit einem Hoffräulein. So ließ er seine Halbgeschwister, die Raugrafen von der Pfalz, in Ungnade fallen und holte seine Mutter aus Kassel zurück. Für Carls Ehefrau muss es geradezu fürchterlich gewesen sein, wie der Kurfürst als strenger Calvinist regierte und das Luthertum unterdrückte, indem er beispielsweise die lutherischen Schulen verbot. Wie sein Vater unterstützte er König Karl II. von Englang gegen das übermächtige Frankreich, doch konnte er nicht verhindern, dass ihm König Ludwig XIV. von Frankreich im Reichskrieg 1682 das Oberamt Germersheim entriss. Es blieb für über 20 Jahre verpfändet und gelangte erst 1697 an die Kurpfalz zurück. Die Beschäftigung mit dem Militärwesen blieb oberflächlich. Doch konnte er der Kurpfalz einen Erbfolgekrieg ersparen, als er sich mit Philipp Wilhelm von Pfalz-Neuburg im Vertrag von Schwäbisch-Hall über seine Nachfolge und die Konfession einigte. Verhindern konnte er damit allerdings nicht den Anspruch des französischen Sonnenkönigs auf die Pfalz, den Ludwig XIV. über Carls Schwester Liselotte geltend machte. Mit dem Tod Carls II. ging die ‚eigene' Dynastie des Hauses zu Ende. Sie bestand seit 1559.

Kurfürst Carl II. vor der Kulisse des Heidelberger Schlosses, Kupferstich von Johann Ulrich Krauß (1655–1719)

DAS FÜRSTENTUM PFALZ-NEUBURG (AB 1505)

HERZOG WOLFGANG

(1532–1569 in Pfalz-Zweibrücken)
(1557–1569 in Pfalz-Neuburg/Junge Pfalz)
* 26.09.1526 in Zweibrücken
† 11.06.1569 in Nexon bei Limoges
Grabstätte: Schlosskirche in Meisenheim am Glan

Herzog Wolfgang von Pfalz-Zweibrücken erhielt 1557 durch den Heidelberger Vertrag die Herrschaft über die Junge Pfalz/Oberpfalz, nachdem Ottheinrich 1556 Kurfürst von der Pfalz geworden war. Als überzeugter Protestant versuchte er, der Rekatholisierung des Landes Widerstand entgegenzusetzen. Zwei Jahre nach dem Augsburger Religionsfrieden von 1555 schuf er eine der großen vorbildhaften Kirchenordnungen in Deutschland, die auch das erste evangelische Gesangbuch enthielt. Seit 1545 war der Sohn Herzog Ludwigs II. von Pfalz-Zweibrücken (1502–1532) und dessen Frau Elisabeth von Hessen (1503–1553) mit Anna von Hessen (1529–1591), einer Tochter des Landgrafen Philipp I., des Großmütigen, verheiratet. Nach dem Tod Herzog Wolfgangs – er wurde 1569 in der Schlosskirche von Meisenheim beigesetzt – entstanden die Linien Pfalz-Neuburg-Hilpoltstein, Pfalz-Sulzbach, Pfalz-Zweibrücken, Pfalz-Parkstein und Pfalz-Birkenfeld. Der Ehe entstammten 13 Kinder, darunter der noch in Zweibrücken geborene älteste Sohn Philipp Ludwig, Pfalzgraf und Herzog von Pfalz-Neuburg.

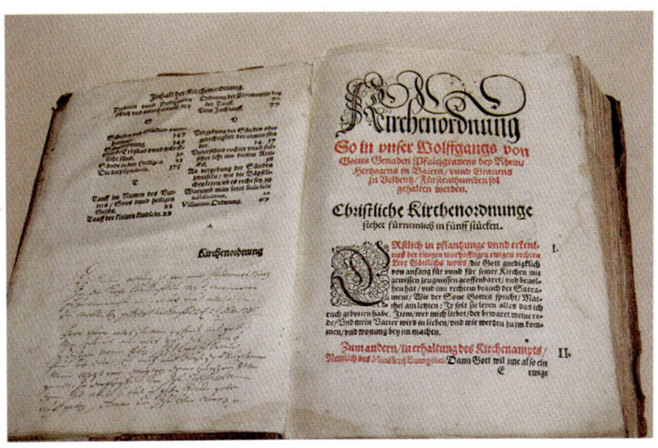

HERZOG PHILIPP LUDWIG

(1569–1614 in Pfalz-Neuburg)
* 02.10.1547 in Zweibrücken
† 22.08.1614 in Neuburg an der Donau
Grabstätte: St. Martin in Lauingen an der Donau

Unter Philipp Ludwig, der seit 1569 in Neuburg regierte, begann die Phase des inneren Landesausbaues von Pfalz-Neuburg, der von einer Sanierung der Staatsfinanzen begleitet wurde. Es gelang ihm, das Fürstentum zu festigen und an der Seite der protestantischen Reichsstände zu etablieren. Durch die 1574 geschlossene Ehe Philipp Ludwigs mit Herzogin Anna von Jülich-Kleve-Berg (1552–1632) erwarb dieser die Anwartschaft auf ein reiches Erbe am Niederrhein. Das Pfalzgrafenpaar sorgte in Pfalz-Neuburg für die Kontinuität des Protestantismus. An seinem Residenzschloss in Neuburg veränderte Philipp Ludwig zeitlebens wenig, da seine Aufmerksamkeit dem Schloss in Höchstädt galt. Dieses ließ er als Witwensitz für seine Frau Anna errichten. Doch erinnern im Neuburger Schlosshof bis heute zwei monumentale Kalksteinfiguren an das fürstliche Paar. Innerhalb des Schlossareals von Neuburg veranlasste Philipp Ludwig den Neubau des Marstalls und die Bebauung westlich seiner Residenz mit Karlsplatz, Rathaus und Hofkirche. Von der großzügigen Planung des kaiserlichen Kammermalers Joseph Heintz konnte nur ein Teil verwirklicht werden.

links: Schloss Neuburg an der Donau, Blick auf den Ostflügel des Philipp-Wilhelm-Baues

Kirchenordnung Herzog Wolfgangs von Pfalz-Zweibrücken, Ausgabe von 1570 (Foto: Blueduck4711)

HERZOG WOLFGANG WILHELM

(1609–1653 in Jülich-Berg)
(1614–1653 in Pfalz-Neuburg)
* 04.11.1578 in Neuburg an der Donau
† 20.03.1653 in Düsseldorf
Grabstätte: Kirche St. Andreas in Düsseldorf;
Herz in der Hofkirche Neuburg

Wolfgang Wilhelm wurde am 4. November 1578 in Neuburg als ältester Sohn des Pfalzgrafen Philipp Ludwig und dessen Gemahlin Anna geboren. 1584 erhielt er zunächst Wolfgang Christmann, später Kaspar Heuchlin als Erzieher. 1595 wirkte Oswald Schaf, 1598 Ludwig Veit Fuchs von Bimbach als Hofmeister Wolfgang Wilhelms. Er erhielt Sprachunterricht in Latein, Italienisch, Französisch und Englisch. Daneben gehörten Geschichte, Musik, Gesang und Religion zum Ausbildungsprogramm, Letztere nach den Lehren der Confessio Augustana. Der eigentliche Eifer des jungen Prinzen lag jedoch beim Fischen und Jagen, bei Ritterspielen und körperlichen Ertüchtigungen. 1585 hatte Wolfgang Wilhelm als Kind an der Hochzeit seines Onkels Johann Wilhelm I. (1562–1609) mit Jakobe von Baden (1558–1597) in Düsseldorf teilgenommen und dabei ein einmaliges Spektakel hochadliger Selbstdarstellung seiner Zeit miterlebt.

Herzog Wolfgang Wilhelm, Kupferstich von Lucas Vorsterman d. Ä. (1595–1675) nach einer Vorlage Anthonis van Dycks

Einem Paukenschlag gleich muss es sich für Pfalzgraf und Herzog Philipp Ludwig als überzeugten Lutheraner angefühlt haben, als sich sein ältester Sohn Erbprinz Wolfgang Wilhelm 1614 in der Düsseldorfer St. Lambertuskirche öffentlich zum katholischen Glauben bekannte. Auslöser für den Konfessionswechsel war die Hochzeit mit Magdalene (1587–1628), Schwester Herzog Maximilians I. von Bayern, im gleichen Jahr. Bereits am 19. Juni 1613 war er heimlich zum Katholizismus konvertiert. Der Glaubenswechsel hatte ganz pragmatische Gründe, denn Wolfgang Wilhelm wollte seine Erbansprüche im Jülich-Klevischen Erbfolgestreit behaupten.

Nach dem Tod seines Onkels Johann Wilhelm I. hatte Wolfgang Wilhelm im Auftrag seines Vaters im Frühjahr 1609 die Herrschaft in den Vereinigten Herzogtümern übernommen. Damals brach er sofort an den Niederrhein auf, um das Pfalz-Neuburgische Wappen an Stadttore und Rathäuser schlagen zu lassen, also de facto die Herrschaft im Namen seines Vaters anzumelden. Mit gleicher Absicht waren auch die Vertreter des Kurfürsten von Brandenburg erschienen. So regierte Wolfgang Wilhelm zunächst gemeinsam mit Johann Sigismund von Brandenburg-Preußen, dann ab dem 12. November 1614 (Vertrag von Xanten) allein für die ihm zugesprochenen Herzogtümer Jülich und Berg.

Nach dem Tode seines Vaters am 22. August 1614 war er auch Pfalzgraf von Neuburg geworden und residierte bis 1631 abwechselnd in Neuburg

Hofkirche in Neuburg an der Donau

und Düsseldorf. Der Bestattung des Vaters am 22. September 1614 in Lauingen blieb er jedoch fern. Während des Dreißigjährigen Krieges gelang es ihm durch eine geschickte Neutralitätspolitik, seine Lande vor den schwersten Schäden des Dreißigjährigen Krieges zu bewahren.

Innenpolitisch verfolgte der Herzog einen strikt gegenreformatorischen Kurs, bei dem sich er sich besonders auf den Jesuiten- und den Kapuzinerorden stützte. Während er seiner zweiten Frau Maria Katharina die Ausübung ihres protestantischen Glaubens am Düsseldorfer Hof zubilligte, verfolgte er gleichzeitig in der Residenzstadt wirkungsvoll Protestanten und deren Anhänger, indem er Kirchen schloss sowie Schöffen und Ratsherren ihrer Ämter enthob.

Sein privates Leben verlief wenig glücklich. Nachdem bereits seine erste Ehe mit Magdalene von Bayern in den letzten Jahren nicht harmonisch verlaufen war, begann die zweite Frau Maria Katharina zu kränkeln und litt unter Kopfschmerzen und Rheuma. Mit seinem Sohn Philipp Wilhelm zerstritt er sich in den späten 1630er-Jahren. „Man sagte, dass seine Laune nicht immer gleich sei und dass er abwechselnd einen guten und einen schlechten Tag habe", bemerkte Sophie von der Pfalz (1630–1714) in ihren Memoiren.

Am 20. März 1653 starb der von praktischer Religiosität durchdrungene Fürst an den Folgen eines Schlaganfalls in Düsseldorf. Er war bis ins Alter geistig rege geblieben, sein Lebensmotto lautete: ‚In Deo mea consolatio' – ‚Mein Trost in Gott'. Am 14. Mai 1653 wurde Wolfgang Wilhelm in der neu angelegten Gruft in der Düsseldorfer St. Andreaskirche bestattet.

Büste Johann Wilhelms von der Pfalz von Jan van Delen in den Musées royaux des Beaux-Arts de Belgique (Foto: Rama)

HERZOG / KURFÜRST PHILIPP WILHELM

(1685–1690 in der Kurpfalz)
(1653–1690 in Pfalz-Neuburg und Jülich-Berg)
* 04.10.1615 in Neuburg an der Donau
† 12.09.1690 in Wien
Grabstätte: Hofkirche in Neuburg an der Donau

Eine glanzvolle Epoche erlebte Pfalz-Neuburg unter Philipp Wilhelm. Er trat 1653 die Nachfolge seines Vaters Wolfgang Wilhelm in Pfalz-Neuburg und den niederrheinischen Herzogtümern Jülich und Berg an. Durch den Tod Kurfürst Carls II. von Pfalz-Simmern 1685 erbte er die Kurwürde und wurde Kurfürst von der Pfalz. Damit fiel die Kurwürde 126 Jahre nach Ottheinrichs Tod wieder an einen Vertreter des Neuburger Familienzweiges. Doch anders als Ottheinrich war Philipp Wilhelm katholisch, denn sein Vater war 1613/14 nicht zuletzt um der Erbschaft am Niederrhein willen zum Katholizismus konvertiert. Und der Vater hatte großen Wert auf eine fundierte, katholische Erziehung seines Sohnes gelegt. Philipp Wilhelms Lehrer waren Jesuiten, insbesondere der Rektor des Neuburger Kollegs Pater Anton Welser sowie Pater Christoph Brandis. Bereits mit sechzehn Jahren wurde Philipp Wilhelm ein spanisches Regiment übertragen. Aufenthalte am Wiener Kaiserhof und am Hof von München bereiteten ihn gut auf seine späteren Regierungsaufgaben vor.
Am 8. Juni 1642 heiratete er Anna Catharina Konstanze (1619–1651), die Tochter des Königs Sigmund III. von Polen. Noch vor Übernahme der Regierungsgewalt starb 1651 seine Frau. Die Ehe blieb kinderlos. So heiratete Philipp Wilhelm 1653 erneut, und mit seiner Frau Elisabeth Amalie Magdalene von Hessen-Darmstadt (1635–1709), Tochter des Landgrafen Georg II., hatte er 17 Kinder – neun Söhne und acht Töchter –, und damit ausreichend Nachkommen zur Sicherung der Dynastie. 13 der Kinder erreichten das Erwachsenenalter. Da er die Töchter mit zahlreichen regierenden europäischen Häusern verheiratete, erhielt Philipp Wilhelm den Beinamen ‚Schwiegervater Europas'. Drei seiner Söhne wurden Kurfürsten, weitere drei Fürstbischöfe und zwei wählten eine militärische Laufbahn. Unter den Töchtern waren eine Kaiserin und zwei Königinnen sowie eine polnische Prinzessin. Anders als Carl II. blieb Philipp Wilhelm der Krieg mit Frankreich nicht erspart, denn König Ludwig XIV. versuchte die Rechte seiner Schwägerin Elisabeth Charlotte (Liselotte) mit militärischer Gewalt und entsetzlichen Verwüstungen der Kurpfalz durchzusetzen. Während Philipp Wilhelm zunächst Düsseldorf zur Residenz ausbaute, überließ er die niederrheinischen Besitzungen ab 1679 seinem Sohn Johann Wilhelm und zog sich nach Neuburg zurück. Hier hatte er zwischen 1664 und 1668 den mächtigen Osttrakt neu errichten und die Schlossgrotten anlegen lassen.
Im Oktober 1687 ernannte er Johann Wilhelm zum Statthalter in Heidelberg. Doch im Herbst 1688 rückten die Franzosen in die Pfalz ein und besetzten die Stadt. Von 1689 an begannen sie mit der systematischen Zerstörung des Landes. Als Philipp Wilhelm im Frühjahr 1690 anlässlich der Königskrönung seines Enkels Joseph, des ältesten Sohnes Kaiser Leopolds I. und dessen Frau Eleonore Magdalene Theresia von Pfalz-Neuburg, nach Wien reiste, verstarb er dort am 2. September 1690.

KURFÜRST JOHANN WILHELM (JAN WELLEM)

(1690–1716 in der Kurpfalz und Jülich-Berg)
* 19.04.1658 in Düsseldorf
† 18.06.1716 in Düsseldorf
Grabstätte: Kirche St. Andreas in Düsseldorf

Das „Jan-Wellem-Denkmal" auf dem Düsseldorfer Marktplatz gehört bis heute zu den populärsten Denkmälern Düsseldorfs. Der Kurfürst Johann Wilhelm blieb ‚seiner' Residenzstadt zeitlebens verbunden, wurde am 19. April 1658 hier geboren und starb am 8. Juni 1716 ebenfalls in Düsseldorf. Er entstammte der jüngeren Neuburger Linie und war bereits 1679 von seinem Vater Kurfürst Philipp Wilhelm mit den Regierungsgeschäften der Herzogtümer Jülich und Berg betraut worden, ehe er 1690 dem Vater als Kurfürst offiziell nachfolgte. Seine Ausbildung hatten Jesuiten und rheinische Adelige übernommen. Die obligatorische *Grand Tour* führte den Kurprinzen von Ende 1674 bis Frühjahr 1677 nach Den Haag, Antwerpen, Paris, London, Turin, Rom, Neapel, Venedig und Wien. Nicht von ungefähr findet sich in der jesuitischen St. Andreaskirche auch das kurfürstliche Mausoleum, das 1716 die sterblichen Überreste Jan Wellems aufnahm.

Infolge der zerstörten Heidelberger Residenz – das Schloss hatten die Franzosen im Pfälzischen Erbfolgekrieg in Schutt und Asche gelegt – residierte der Kurfürst in Düsseldorf. Bereits drei Jahre vor dem Tod des Vaters hatte ihm dieser in Schwetzingen die Regierung der Kurlande übertragen. Gleichwohl blieb Neuburg zunächst Residenzstadt, auch wenn sich der Schwerpunkt weit nach Norden verlagerte. Selbstbewußt und ehrgeizig hat er von hier aus eine starke Truppenmacht aufgebaut und, dem Beispiel seines geschäftigen Vaters folgend, teilweise unter Ausnutzung der durch die Heiraten seiner Schwestern nach Wien, Lissabon, Madrid und Parma in der europäischen Politik eine Rolle zu spielen gesucht. Im Spanischen Erbfolgekrieg gehörte Jan Wellem zu den Parteigängern des Kaisers, was dazu führte, dass Pfalz-Neuburg 1703/04 von Kurbayern unter Max Emanuel besetzt wurde. Nach dessen Niederlage in Wien am 27. Januar 1708 erhielt die Pfalz die ihr abgesprochene alte fünfte Kurwürde mit dem Erztruchsessenamt und der Grafschaft zurück, musste all dies jedoch nach der Restitution Max Emanuels 1714 zurückgeben und sich mit der achten Kurwürde und dem Reichsschatzmeisteramt begnügen.

Seine beiden Ehen von 1678 mit der Kaisertochter Maria Anna Josepha (1654–1689) und 1691 mit Prinzessin Anna Maria Luisa de' Medici (1667–1743) blieben ohne lebende Nachfolger. 1716 folgte ihm daher Johann Wilhelms jüngerer Bruder Carl Philipp als Kurfürst von der Pfalz und Herzog über Jülich und Berg.

Doppelbildnis Johann Wilhelms von der Pfalz und Anna Maria Luisas de' Medici, Gemälde von Jan Frans van Douven (1656–1727), vor 1708

KURFÜRST CARL III. PHILIPP

(1716–1742 in der Kurpfalz, Pfalz-Neuburg und Jülich-Berg)
* 04.11.1661 in Neuburg an der Donau
† 31.12.1742 in Mannheim
Grabstätte: Schlosskirche in Mannheim

Nach dem Tode Kurfürst Johann Wilhelms 1716 folgte diesem dessen einziger weltlicher Bruder Carl Philipp als Kurfürst von der Pfalz. Der nunmehrige Carl III. Philipp wurde am 4. November 1661 in Neuburg als siebtes von 17 Kindern des Kurfürsten Philipp Wilhelm von Pfalz-Neuburg und dessen Frau Elisabeth Amalie Magdalene von Hessen-Darmstadt geboren. Als jüngerer Bruder schien seine Laufbahn für den geistlichen Stand vorbestimmt, denn bereits mit 14 Jahren wurde er ohne geistliche Weihen zum Domherrn in Köln, 1677 in Salzburg und zwei Jahre später in Mainz sowie im gleichen Jahr Malteserritter. Die geistliche Karriere beendete er 1684 und begab sich in kaiserliche Dienste. Dies war möglich, da Carl Philipp auch eine militärische Ausbildung genossen hatte. Zwischen 1691 und 1694 nahm er – zuletzt als Generalfeldmarschall – an den Türkenkriegen teil. 1705 wurde er Statthalter der ober- und vorderösterreichischen Lande und residierte in der Innsbrucker Hofburg. Von dort aus brachte er auch seinen Hofzwerg Perkeo mit in die Kurpfalz. Seine erste Regierungszeit verbrachte Carl Philipp jedoch in Neuburg, von wo aus er nach zeitweiligem Aufenthalt im November 1718 nach Heidelberg umsiedelte. Der durch seinen katholischen Glauben geprägte Kurfürst führte die Religionspolitik seines Bruders Johann Wilhelm rücksichtslos weiter und geriet dadurch sehr bald in Konflikt mit dem reformierten Kirchenrat in Heidelberg. Dort hatte er versucht, den Heidelberger Katechismus zu verbieten und die bislang simultan genutzte Heiliggeistkirche als alleinig katholische Stadt- und Residenzkirche inklusive Begräbnisort seines Hauses zu nutzen. Zu diesem Zweck ließ er die Trennmauer zwischen Chor und Langhaus niederreißen, was zu einem Eklat führte, in dessen Folge Carl Philipp 1720 die Residenz nach Mannheim verlegte. Nach der Bekanntgabe am 12. April 1720 folgte am 2. Juli die Grundsteinlegung zum neuen Residenzschloss. 1731 konnte Carl Philipp, der bislang in Schwetzingen bzw. im Mannheimer Palais Oppenheimer am Marktplatz residiert hatte, in den noch unfertigen Bau einziehen. Die Residenzverlegung hatte die greise Liselotte von der Pfalz noch verfolgt und darüber vermerkt: „Daß man Mannheim und Friedrichsburg wieder bauet, höre ich gar gern, denn ich habe Mannheim all mein Leben lieb gehabt, aber ich möchte wünschen, daß es Heidelberg nichts schaden mag“. Noch ein Jahr zuvor hatte sie sich bei ihrer Halbschwester Luise erkundigt, wo man eigentlich in Mannheim logieren könne, wo „keine Zitadell, noch Schloß mehr vorhanden? Ich bilde mir ein, es seie in dem Zollhaus an dem Neckartor. Ich erinnere mich noch, daß ich vor einundsechzig Jahren, daß ich einmal mit Ihro Gnaden dem Kurfürsten nach Mannheim fuhr. Es war noch keine Zitadell damal dorten [...], da logierte man in dem Zollhaus, hatte kleine Kämmerchen.“ Kurfürst Carl Philipp hatte im Palais Oppenheimer in R 1 deutlich mehr Platz als seinerzeit Liselotte und ihr Vater. Seine beiden Frauen Prinzessin Luise Charlotte von Radziwill (1667–1695) bzw. Prinzessin Katharina Lubomirska von Ostrog (1658–1712) waren beide seit Langem verstorben, und von seinen vier Kindern aus erster Ehe war ihm nur seine Tochter Elisabeth Augusta Sophie (1693–1728) geblieben. Sie war somit die einzige Erbin der Herrschaften von Jülich und Berg. Sollten beide

Kurfürst Carl III. Philipp, Johann Philipp van der Schlichten (1681–1745), Öl auf Leinwand, um 1733

Herrschaften Bestandteil der Kurpfalz bleiben, so musste seine Tochter den voraussichtlich nächsten Kurfürsten heiraten, und zwar den älteren Sohn von Pfalzgraf Theodor Eustach in Gestalt von Joseph Carl von Pfalz-Sulzbach (1694–1729). Noch vor dem Umzug nach Neuburg hatte am 25. April 1717 die Hochzeit des Paares in Innsbruck stattgefunden. Der Bruder Carl Philipps und Bischof von Augsburg, Alexander Sigismund, nahm die Trauung des Paares vor. Einer alten Chronik zufolge habe die junge Pfalzgräfin aus angeborener kurpfälzischer Freigiebigkeit und Andacht sogleich ihr schönes Hochzeitskleid dem wundertätigen Maria-Hilf-Bildnis verehrt. Die Stiftung des Kleides erfolgte aus Dank für eine überstandene Blatternkrankheit. Während der Hochzeit stand der Bräutigam in Diensten des Kaisers beim Kampf gegen die Türken (1716–1718). Vom Kaiser wurde er zum Obristen, später zum Generalmajor ernannt und erhielt 1723 den Orden vom Goldenen Vlies als höchste habsburgische Auszeichnung. Das junge Paar hatte sieben Kinder, von denen nur drei das Erwachsenenalter erreichten. Bei der (Tot-)Geburt des siebten Kindes starb am 28. Januar 1726 auch die Mutter. Das Paar besaß in Oggersheim ein kleines Schloss samt eigener Wallfahrtskapelle, das die Tochter und nachmalige Kurfürstin Elisabeth Augusta als Sommersitz bewohnen sollte. In seiner Verehrung für die drei Enkelinnen ließ sie Kurfürst Carl Philipp von Cosmas Damian Asam im östlichen Fresko des Haupttreppenhauses verewigen.

Nach dem Tod seiner beiden ersten Frauen versuchte Carl Philipp, durch das Heiratsprojekt mit der 1696 in Brüssel geborenen Tochter des bayerischen Kurfürsten Max Emanuel den immer noch notwendigen Stammhalter zu zeugen. Doch Maria Anna Karoline trat im Alter von 24 Jahren in den Münchner Klarissinnenorden ein. 1729 heiratete er in dritter Ehe Violante Maria Theresia, Reichsgräfin von Thurn und Taxis (1683–1734). Die morganatische, nicht standesgemäße Ehe blieb kinderlos. Durch wechselseitige Erb- und Unionsverträge mit den anderen Regenten der Wittelsbacher versuchte er, die wittelsbachischen Gesamtlande zu erhalten und zu stärken. Besondere Bedeutung sollte der am 15. April 1724 zwischen Kurfürst Carl III. Philipp von der Pfalz und Kurfürst Max Emanuel von Bayern unterzeichnete Hausunionsvertrag samt einem Abkommen über das Reichsvikariat haben. Die katholischen, nicht ebenbürtigen Seitenverwandten und die protestantischen Pfälzer Linien waren von dieser Union ausgeschlossen. Mit der Hausunion begann ein dauerndes Zusammengehen der beiden Kurlinien, das bereits 1740/42 das Kaisertum Carl Albrechts ermöglichte. Das System der Hausverträge regelte auch die künftige Erbfolge.

Bereits schwer krank erlebte Kurfürst Carl Philipp mit der Doppelhochzeit seiner beiden Enkelinnen Elisabeth Augusta mit Carl Theodor von Pfalz-Sulzbach und Maria Anna mit Herzog Clemens Franz am 17. Januar 1742 in der Mannheimer Schlosskirche einen späten Höhepunkt seines Lebens. Der Kurfürst und Fürstbischof Clemens August nahm die Trauung vor, zu der die gesamte bayerische Verwandtschaft angereist war. Geschickt hatte Carl Philipp seine Enkelinnen als Erbinnen von Jülich und Berg wiederum mit Wittelsbachern verheiratet, um die Länder entgegen den preußischen Forderungen des Soldatenkönigs Friedrich Wilhelm I. für die eigene Familie zu sichern. Carl Philipp starb am Silvestertag des Jahres 1742 und wurde in der Gruft der Schlosskirche neben seiner dritten Frau beigesetzt.

Barockschloss Mannheim, Bronzewappen von Gabriel de Grupello. Das imposante kurpfälzische Bronzewappen wurde ursprünglich für Schloss Bensberg geschaffen und gelangte 1721 nach Mannheim.

HAUPT- UND RESIDENZSTÄDTE

INGOLSTADT

Die Blütezeit Ingolstadts als Residenzstadt verbindet sich bis heute mit zwei Herrschern: mit Stephan III. (1337–1413) und seinem Sohn Ludwig VII., dem Gebarteten (1368–1447). Mit der Herrschaft Stephans III. sind der Bau bzw. die Erneuerung von Stadtmauern und Stadttoren verbunden. Er ließ Straßen pflastern und die Residenz erneuern. Und er bewilligte den Ingolstädtern ein Tanzhaus als Gemeinschaftsraum und eine Ratsverfassung. Sein älterer Sohn ließ das Neue Schloss und die stattliche Pfarrkirche Zur Schönen Unserer Lieben Frau errichten. Beide Bauten verdanken seiner Initiative ihre Entstehung, seinem Reichtum ihre Größe, seinen Fürstenidealen und seiner Frömmigkeitsvorstellung ihre Form.“ (Braunfels 1979, S. 156) Ludwig, der die Stadtmauer mit ihren 87 Türmen vollendete, stiftete während seiner Herrschaft auch das Pfründehaus, in dem ab 1472 die Universität untergebracht wurde. Die im Pfründehaus lebenden Armen sollten für das Seelenheil des Herzogs beten. Statt der zunächst 15, dann 66 Armen und Siechenden waren es letzthin 964 Menschen. Für sie wurde der Westchor in der Pfarrkirche Zur Schönen Unserer Lieben Frau eingerichtet. Die Auflage bestand darin, „täglich 206 Paternoster und Ave Maria zu beten, und zwar mit Fleiß, ‚das das also in dem Herzen sei, also sie es mit dem Munde sprechen‘. Diesen Armen im Westen entsprachen die Psalmisten links und rechts des Grabes im Osten, die jeweils zu viert sechs Stunden am Tage Gebetsdienste zu leisten hatten. [...] Die Gebete wurden ergänzt durch eine Vielzahl von täglichen Messen [...] Zunächst waren zehn Messen vorgesehen, drei an drei Altären im Chor und sieben an den Altären in den Kapellen. Mit jedem vollendeten Pfeiler des Kirchenraums, vor den ein Altar gestellt werden konnte, wurden weitere befohlen.“ (Braunfels 1979, S. 159f.) Am Ende unterblieb selbst die Ausführung des Hochgrabes. Der Bauherr selbst starb in Burghausen als Gefangener und wurde in Raitenhaslach bestattet.

„Eygentlicher Abriß der Haupt-Vestung Ingolstatt“, Holzschnitt, 1632

links: Ingolstadt, Portal des Neuen Schlosses (Foto: Philipp Heyer)

LANDSHUT

An einem Isarübergang gründete Herzog Ludwig I., der Kelheimer, 1204 die Stadt Landshut. Auf einer steil ansteigenden Anhöhe über der Stadt ließ er eine Burg errichten, die seit 1536 Trausnitz genannt wird. Als Sitz einer Regierung ist Landshut älter als München. Von 1204 bis 1255 blieb Landshut Hauptsitz der Wittelsbacher und in der Folge bis 1503 Hauptstadt des Teilherzogtums Niederbayern. Auch danach hörte Landshut nicht auf, Residenz zu sein, denn hier lebten die Brüder der Fürsten oder die Erbprinzen, wie letzthin Ludwig (I.), der hier studierte. Seine Glanzzeit aber erlebte Landshut zwischen 1393 und 1503 unter den ‚Reichen Herzögen‘. „Die klassische Frühform vieler Städte aus Burg, Markt, Brücke oder Furt, der herzoglichen Grablege in einem Kloster

Das ehemalige Pfründnerhaus (Hohe Schule) in Ingolstadt wurde 1429 von Herzog Ludwig dem Gebarteten gestiftet

Blick von der Burg Trausnitz auf die Altstadt von Landshut mit der Stiftsbasilika St. Martin (Foto: Harlekin-art)

[Seligenthal, H.E.], hat sich hier am vollkommensten erhalten. Allenfalls Heidelberg, die Residenz der Wittelsbacher Vettern, wäre zu vergleichen. Doch dort wurde die Burg zur Ruine, und die Stadt um den Markt an der Neckarbrücke blieb in ihrer Gestaltung bescheiden." (Braunfels 1979, S. 145) Als Kunststadt wurde das mittelalterliche Landshut weltberühmt. Dazu trugen nicht zuletzt die Meister der Bauhütte, allen voran ihr Gründer Hans von Burghausen, Bildschnitzer, Harnischmacher und Bronzegießer, bei. Mit dem knapp 131 Meter hohen Martinsturm versuchte die Landshuter Bürgerschaft, den Herzögen die Stirn zu bieten. Einer Sage zufolge wollten die reichen Landshuter den Herzögen auf der Burg bis in die Suppenschüssel sehen können. Der Kirchturm ist bis heute einmalig, da er komplett aus Ziegeln gemauert ist und seinesgleichen sucht. Von 1380 an wurden nacheinander drei Bürgerhäuser in der mittleren Altstadt zum heute noch bestehenden Rathaus umgebaut, das im 19. Jahrhundert neugotisch überformt wurde. Um 1500 war die erste Pfarrkirche in Gestalt von St. Martin weitgehend vollendet. Sie gehört zu den vollkommensten Hallenkirchen des 15. Jahrhunderts mit einer Länge von 92 Metern, einer Breite von 22,65 Metern und einer Höhe von 28,8 Metern. An ihrem Chorgestühl hatte der Bildhauer Hans Leinberger (um 1485–1531/35) mitgewirkt, der als stärkste Künstlerpersönlichkeit der Stadt hervortrat. Nur wenige hundert Meter nordöstlich von St. Martin entstand zwischen 1407 und 1461 die Heilig-Geist-Kirche.

Herzog Heinrich XVI. regierte mit eiserner Hand. So nahm er den Landshuter Stadtrat auf der Burg Trausnitz gefangen und füllte die Staatskassen, indem er die 49 reichsten Stadtbewohner enteignete. Heinrichs Nachfolger begann mit der systematischen Benachteiligung der Juden, die im Falle ihrer Nichttaufe vertrieben wurden. Um dem zu entgehen, sollten sie der Taufe zustimmen und 3 000 Gulden bezahlen. Gesellschaftlicher Höhepunkt der von Turnieren und Veranstaltungen geprägten Herrschaft war die Hochzeit seines Sohnes Georg mit Hedwig von Polen 1475. Die so genannte Landshuter Hochzeit gehörte zu den aufwändigsten Festen des Mittelalters. Herzog Georg der Reiche schloss den mittelalterlichen Stadtausbau Landshuts ab.

Eine letzte Glanzzeit bot die Hofhaltung des Erbprinzen Wilhelm V. zwischen 1568 und 1579, in der der Prinz auf Künstler und Kunsterfahrungen jenseits der Grenzen des Herzogtums zurückgriff. Auf der Trausnitz entstanden der Italienische Anbau, die Hofarka-

Burg Trausnitz

den des Ganggebäudes und nicht zuletzt die herrlichen Wandbilder der Narrentreppe. Die Burg wandelte sich zum Schloss, mehr noch zur Residenz, die durch ihren Kunstreichtum und eine gediegene Wohnlichkeit höheren Ansprüchen gerecht wurde. Schon zuvor hatte Ludwig X. mit der Stadtresidenz Ähnliches erreicht. Eigentlich aber spannt sich der Bogen weiter, reicht bis in die Anfänge der Landshuter Herzogszeit, als „fürstliches Kunstwollen […] mit den Skulpturen der Kapelle oben auf der Burg wie an ihrem Ende unten, in der Residenz, einen übernationalen Maßstab gefordert" (Braunfels 1979, S. 150) hat.

MÜNCHEN

Durch den Kölner Schiedsspruch König Maximilians (reg. 1486–1519) vom 30. Juli 1505 endete der Landshuter Erbfolgekrieg, und die Münchner Linie der Wittelsbacher trat die Erbfolge der Landshuter an. München wurde durch die von Herzog Albrecht IV. initiierte Wittelsbachische Primogeniturordnung von 1506 Hauptstadt ganz Altbayerns. Bereits 1530 nennt sich der neue Herrschaftsmittelpunkt ‚Fürstliche Stadt München', 1575 ‚Fürstliche Hauptstadt', 1624 ‚Kurfürstliche Hauptstadt' und 1638 ‚Kurfürstliche Haupt- und Residenzstadt'.

Mit Erscheinen der ersten deutschen Übersetzung von Baldassare Castigliones (1478–1529) ‚Il libro del Cortegiano' von 1565 wurde höfisches, neuadeliges Wesen richtungsweisend in der Stadt und überlagerte mehr und mehr Bürgertum und bürgerliche Lebensart. In seinem Buch lässt Castiglione in erzählender Weise Freunde wie den humanistischen Gelehrten Kardinal Pietro Bembo (1470–1547) oder den Schriftsteller, Kardinal und Sekretär Papst Leos X., Bernardo da Bibbiena (1470–1520), als damals bedeutende italienische Persönlichkeiten über die Qualitäten des idealen Hofmanns (ital. ‚cortegiano') und der vollendeten Hoffrau (‚donna di palazzo') diskutieren.

In dieser Zeit verlor die Neuveste als neue Residenz der bayerischen Herzöge zunehmend ihren wehrhaften Charakter und wandelte sich unter dem bayerischen Hofbaumeister Leonhard Halder zum neuen festen Regierungssitz. Bereits mit der Heirat Elisabeths (1329–1402), der ältesten Tochter Kaiser Ludwigs des Bayern aus der Ehe mit Margarete von Holland, mit Cangrande della Scala (1332–1359), Herrn von Verona, bestanden mit Italien rege dynastische Beziehungen. Später gelangten die Impulse der Renaissance aus Italien nach Bayern und München, wo sie bei Hof auf fruchtbaren Boden stießen. Münchens Ruf als Kunststadt wurde im späten 16. Jahrhundert begründet. Mit dem

Braun-Hogenberg-Plan der Stadt München, 1586

Antiquarium von 1571 (bis 1600 umgestaltet) erhielt die Neuveste einen der bedeutendsten deutschen Renaissanceräume. Unter dem Herzog und späteren Kurfürsten Maximilian I. von Bayern (1573/97–1651) erhielt München 1584 einen eigenen Hofholzgarten, der der Bau- und Brennholzversorgung des neuen Hofes diente. 1601 begann Herzog Maximilian mit dem umfangreichen Ausbau seiner Münchner Residenz. Nacheinander entstanden Hofkapelle, Reiche Kapelle sowie ab 1611 die vier lang gestreckten Flügel um den Kaiserhof der Residenz, die die Zeitgenossen als „schönste Residenz im ganzen Reich" und „achtes Weltwunder" (Nöhbauer 1979, S. 189) bezeichneten. Für all diese Bauwerke wurde neben dem Brennholz auch Bauholz benötigt, das über einen gewissen hinweg transportiert und zum Abtrocknen gelagert werden musste. 1782 bezeichnete der bayerische Historiker Lorenz Westenrieder (1748–1829) diesen Hofholzgarten in seiner ‚Beschreibung der Haupt= und Residenzstadt München' als „ein Werk, das jeder Fremde sehen soll." (Westenrieder 1782, S. 41)

Bereits ab 1751 hatte die Residenzstadt ein neues Theater erhalten, nachdem der für Theaterveranstaltungen benutzte St. Georgssaal beim Brand der Neuveste im März 1750 zerstört worden war. Aus brandschutztechnischen Gründen wurde es im Südosten der Residenz,

München aus der Vogelschau nach Matthäus Merian, 1644

im alten Festungsgraben, 1751–1755 erbaut und von seinem Architekten François de Cuvilliés d. Ä. (1695–1768) mit dicken Außenmauern versehen. Der höfische Charakter war am Außenbau ablesbar. Es hatte schlicht keinen Zugang von außen. Der Innenraum wurde mit vier Logenrängen, zentraler Kurfürstenloge sowie zweigeschossigen Proszeniumslogen von dem Hofkistler Johann Adam Pichler (1690–1761), den Bildhauern Johann Joachim Dietrich (1690–1753) und Johann Baptist Straub (1704–1784) sowie Johann Baptist Zimmermann (1680–1758) gestaltet. Das Leben in der Residenz spielte sich unter der Herrschaft des Kurfürsten Max III. Joseph „hauptsächlich im Familienkreis ab, Musik wechselte mit Jagden, Schlittenfahrten, Theater, maskierten und offiziellen Bällen. Heiligdreikönig wurde im Hofgarten, wohl im Lusthaus, ‚mit sie-

München, Türme des Liebfrauendoms

benundvierzig Paaren begangen und zehn ledigen Hofchargen, darauf wurde auch gedantzt biß morgen gegen 3 Uhr'" (vgl. Adalbert Prinz von Bayern 1969, S. 151). 1759 stiftete der Kurfürst die Bayerische Akademie der Wissenschaften. Unter Maximilians Nachfolger Kurfürst Carl Theodor zählten 1778 über 4000 Personen zum Münchner Hof. Das waren 11,8 Prozent der Münchner Gesamtbevölkerung. Allein der Hofstaat des Kurfürsten Carl Theodor umfasste den Obersthofmeisterstab, den Hofpfarrer, die Residenz-Hofkapelle, die beiden Hofpriester, die Hofkapelldiener, die Leibgarden der Hartschiere und Trabanten sowie die Hofmusik, ferner den Oberstkämmerer-Stab, den Obersthofmarschalls-Stab" und den Oberststallmeister-Stab, sodann die kurfürstliche Residenz in München mit dem Burgpfleger an der Spitze, gefolgt von eigenen Gärtnern, Dienern, Heizern, Zimmerputzern, Wärtern und Wächtern.

Neben dem Hofstaat des Kurfürsten bestanden eigene Hofstaaten der Kurfürstin Elisabeth Augusta (1721–1794), der verwitweten Kurfürstin Maria Anna Sophie (1728–1797) und der Herzogin in Bayern Maria Anna Charlotta (1753–1824).

Im Jahr 1789 und wohl ganz unter dem Druck der Revolution erließ Kurfürst Carl Theodor am 13. August ein Dekret, in dem er der Stadt München mitteilte, den hiesigen Hirschanger ‚zur allgemeinen Ergötzung für dero Haupt- und Residenzstadt München' herrichten und anlegen zu lassen. Hirschanger und Hirschau bildeten ein Auen- und Waldgebiet zwischen der heutigen Königin-, Mandl- und Biedersteinstraße im Westen und der Isar im Osten, das sich im Norden über Schwabing hinauszog und im Süden vom Lehel oder Lechl begrenzt wurde. Schon im Juli 1778 hatte man auf Anregung von Sir Benjamin Thompson, dem späteren Reichsgrafen Rumford, mit der Anlage von Militärgärten begonnen, die nun in den allgemeinen Park einbezogen wurden. Unter Rumfords Regie legte der aus Schwetzingen berufene Hofgärtner Friedrich Ludwig Sckell die ersten Partien an, darunter Spazier-, Fahr- und Reitwege, verschiedenartige Brücken und einen hölzernen Apollotempel, der 1838 der steinernen Bank wich. 1790 wurde der Chinesische Turm errichtet, zwei Jahre später wurde der Englische Garten, wie er fortan hieß, als klassischer Landschaftsgarten der Münchner Bevölkerung übergeben. Noch zu Lebzeiten 1796 erhielt Rumford ein eigenes Denkmal. Ab 1804 übernahm Sckell als Hofgartenintendant die direkte gartenkünstlerische Betreuung des Englischen Gartens. Mit mehr als 370 Hektar Fläche zählt der Garten heute zu den größten innerstädtischen Anlagen weltweit. Zur Veränderung des städtischen Erscheinungsbildes trug Carl Theodor zusätzlich bei, indem er 1791 die Stadtmauern niederreißen ließ. Damals entstand der Karlsplatz, den die Münchner ihres ungeliebten Kurfürsten wegen lieber „Stachus" nennen. Mit der Erhebung Münchens zur Hauptstadt des Königreiches Bayern 1806 begann zugleich auch eine architektonische Umgestaltung der Residenz. Nach einem ‚Generalplan' Friedrich Ludwig Sckells entstand mit der Brienner Straße zwischen 1807 und 1814 Münchens erste große Straßenanlage vor den einstigen Stadttoren. Der Straßenführung zwischen Hofgartentor als Ausgangs- und Stiglmaierplatz als vorläufigem Endpunkt lag der alte Fürstenweg von der Residenz zum Schloss Nymphenburg zu Grunde. Als bedeutenden Straßenzug klassizistischer Prägung formten ihn neben Sckell vor allem Karl von Fischer (1782–1820) und Leo von Klenze (1784–1864). An dieser Straße und in deren Umfeld ließ König Ludwig I. bedeutende Museen und Sammlungen unterbringen, die ihren teilweisen Ursprung am Niederrhein (Düsseldorf und Bensberg) bzw. Mannheim hatten und nun in der neuen Königsresidenz etwa in der Alten Pinakothek Leo von Klenzes angemessen präsentiert wurden. Schon zum Zeitpunkt ihrer Eröffnung 1836 stand die Galerie, deren Namen Ludwig I. persönlich ausgewählt hatte,

München, Nationaltheater und Max-Joseph-Denkmal

ebenbürtig neben den Sammlungen von Wien, Berlin und Dresden. Rund 1 400 Werke waren für den neuen Bau ausgewählt worden. Mit der Glyptothek war bereits 1816–1830 auf der Nordseite des damaligen Königlichen Platzes eines der ersten Museen für antike griechische und römische Skulpturen in Deutschland entstanden. Bauherr Kronprinz Ludwig, der spätere König Ludwig I., hatte 1806 zu sammeln begonnen und ließ von Leo von Klenze an der Platznordseite eine Vierflügelanlage um einen Innenhof errichten. Die Funktion einer städtischen Hauptachse verlor die Brienner Straße 1816/17 an die Ludwigstaße. Ähnlich wie die Brienner Straße basiert auch die Ludwigstraße auf dem Generalplan Friedrich Ludwig Sckells. Dieser Plan wurde 1816/17 von Leo von Klenze für die Stadterweiterung nach Norden überarbeitet. Dabei bildete die begradigte Trasse der alten Schwabinger Landstraße die Richtschnur. Ihren Ausgang nahm die Straße im Süden im Bereich des Odeonsplatzes mit dem Bau des Hofgartentores 1816, dem Abbruch des alten Schwabinger Tores im Folgejahr sowie der Niederlegung der Stadtmauern und Auffüllung der Gräben bis 1820. In der Folge entstanden die Häuser bis zur Theresienstraße, zunächst als Privatprojekt des Kronprinzen, der die neue Straße von 1825 an als „Via Triumphalis" mit Staatsbauten weiterführte. Den nördlichen Teil führte Klenzes Nachfolger Friedrich von Gärtner zwischen 1827 und 1852 aus, darunter die Bayerische Staatsbibliothek, die ehemalige Bergwerks- und Salinen-Administration, der Universitätsplatz mit der Universität und das Max-Joseph-Stift sowie das Siegestor als nördlicher Abschluss. Die Ludwigstraße gehört durch ihre räumliche Geschlossenheit und architektonische Qualität der Bauten sowie der homogenen Verbindung der Altstadt mit den Stadtquartieren im Norden zu den bedeutendsten städtebaulichen Leistungen in der ersten Hälfte des 19. Jahrhunderts. In der zweiten Hälfte des Jahrhunderts, zwischen 1852 und

Blick auf Straubing mit der Basilika und Hauptkirche St. Jakob und dem Stadtturm

1901, verfünffachte sich die Stadtbevölkerung und ließ die Isarmetropole 1901 nach Berlin und Hamburg auf Platz Drei rangieren. Ludwigs Sohn und Nachfolger König Max II. veranstaltete 1854 in München eine „Allgemeine Ausstellung Deutscher Industrie und Gewerbs Erzeugnisse" und folgte damit einer Welle, die im deutschen Raum 1842 in Mainz begonnen und sich 1844 in Berlin und 1850 Wien mit immer größerer Popularität fortgesetzt hatte. Ähnlich dem 1851 für die Weltausstellung entstandenen Londoner „Crystal Palace" von Joseph Paxton plante Max II. einen Glaspalast für München, nachdem ihn das Londoner Gebäude stark beeindruckt hatte. Die Bauausführung lag in den Händen von August von Voit und wurde 1853/54 aufgrund der vorgefertigten Glas-Eisen-Konstruktion in weniger als neun Monaten verwirklicht.

Die Haupt- und Residenzstadt erlosch erst, als Bayerns letzter König Ludwig III. am 7. November 1918 München verließ. „‚Schon im Hinausfahren versagte das königliche Auto und die Eltern mussten in den folgenden Wagen umsteigen. Von Ferne hörte man einzelne Schüsse, doch wir kamen glücklich aus München.' [...] Die Residenz hatte aufgehört Residenz zu sein." (Adalbert Prinz von Bayern 1969, S. 346)

Agnes-Bernauer-Kapelle in Straubing, kolorierter Holzstich, vor 1850

STRAUBING

Nachdem Kaiser Ludwig der Bayer 1347 auf der Jagd verstorben war, hinterließ er sechs Söhne, die sich über ihr Erbe uneinig waren. So teilten sie es untereinander auf. 1353 entstand das Teilherzogtum Straubing-Holland, das neben Teilen Niederbayerns auch die niederländischen Grafschaften Holland, Seeland, Friesland und Hennegau umfasste und bis 1429 existierte. Die Herzöge Albrecht I. und Wilhelm I. regierten es zunächst gemeinsam. Nachdem Wilhelm I. 1352 Mechthild bzw. Maud von Lancaster (1339–1362) geheiratet hatte, zog er nach Den Haag. Infolge einer Geisteskrankheit übernahm Herzog Albrecht I. 1357 die alleinige Herrschaft. Neben Den Haag bestimmte er Straubing zur Residenz-

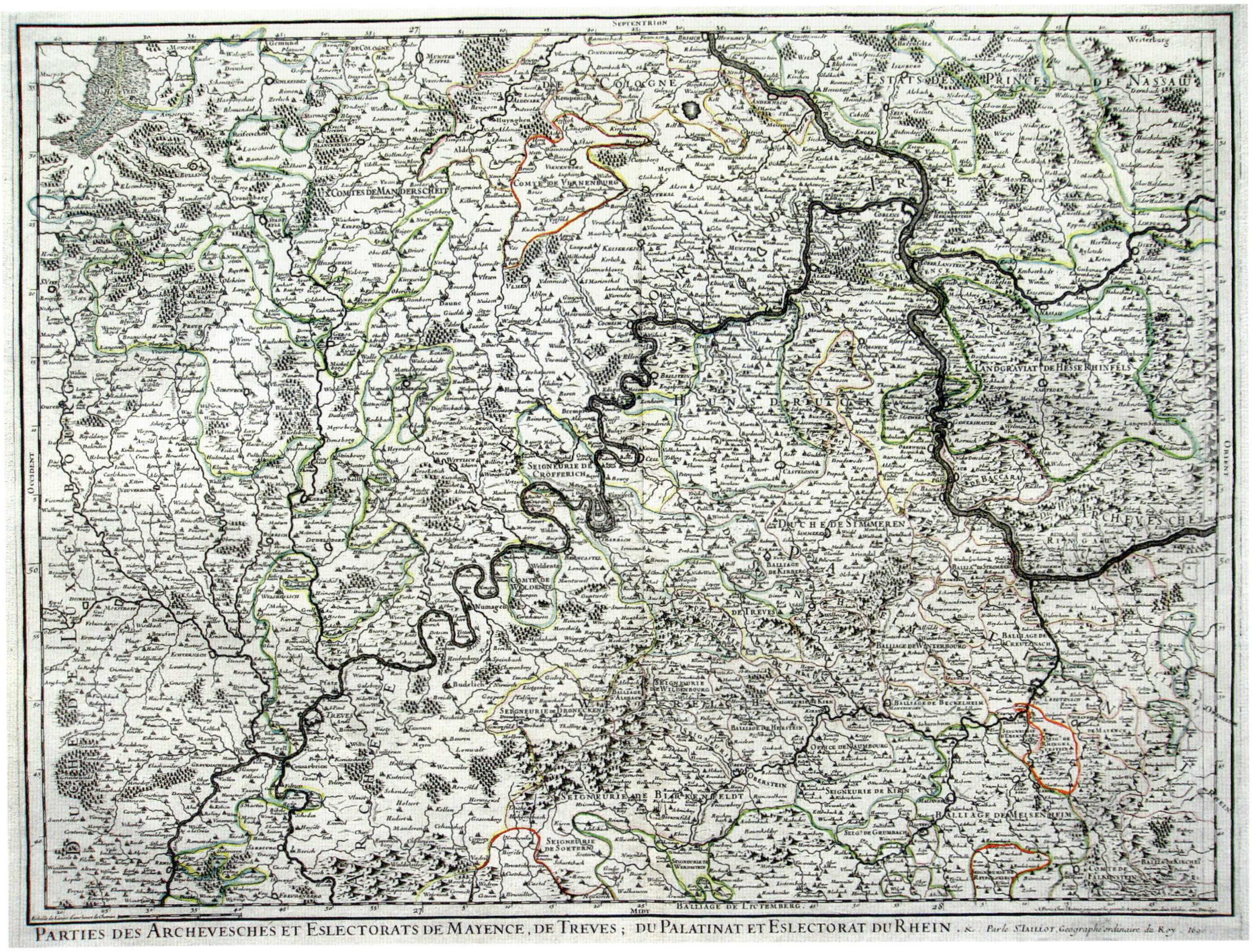

Alexis-Hubert Jaillot (um 1632–1712): „Parties Des Archeveschés et Eslectorats De Mayence, De Treves; Du Palatinat et Eslectorat Du Rhein" (Teile des Erzbistums und Kurfürstentums von Mainz, von Trier, der Pfalz und der Pfalzgrafschaft bei Rhein), 1696

stadt. Hier hatte er 1356 den Grundstein zu einem neuen Herzogsschloss gelegt, das unter Albrechts drittältestem Sohn Johann III. nach 1417 noch ausgebaut wurde.

Die Stadt gewann in den Jahren des Herzogtums Straubing-Holland ihre bis heute charakteristische Gestalt. So zog Albrecht I. die beschuhten Karmeliten in die Stadt, die hier eine Ordensniederlassung gründeten. Durch die Verbindung mit den niederländischen Grafschaften entwickelte sich ein reger Kulturtransfer. Dazu gehörte auch das von Herzog Albrecht I. in Straubing eingeführte holländische „Papageienschießen", das sich als Vogelschießen in ganz Bayern ausbreitete. Nach dem Tod Albrechts I. 1404 in Den Haag übernahm dessen ältester Sohn Wilhelm die Herrschaft über die niederländischen Grafschaften, während der zweitälteste Sohn Albrecht (II.) die Herrschaft in Straubing antrat. Johann, der jüngste, wirkte zunächst als Fürstelekt in Lüttich. Unter der Herrschaft Herzog Albrechts II. entwickelte sich Straubing zur wirklichen Residenzstadt. Bis heute erinnert die prächtige Grabtumba aus Rotmarmor im Chorraum der Karmelitenkirche an ihn. Sie ist zudem das einzige Grabmal eines Herzogs von Straubing-Holland in Niederbayern. An Albrecht II. erinnert ferner die um 1395 durch den Baumeister Hans von Burghausen (1350/60–1435) errichtete Basilika St. Jakob, zugleich die größte Kirche Straubings und eine der größten Hallenkirchen in Bayern. Auf den Herzog gehen ferner die Karmelitenkirche und St. Veit zurück, der Umbau eines Gebäudes zum Rathaus und die Vollendung des ersten Bauabschnittes des Stadtturms. Im

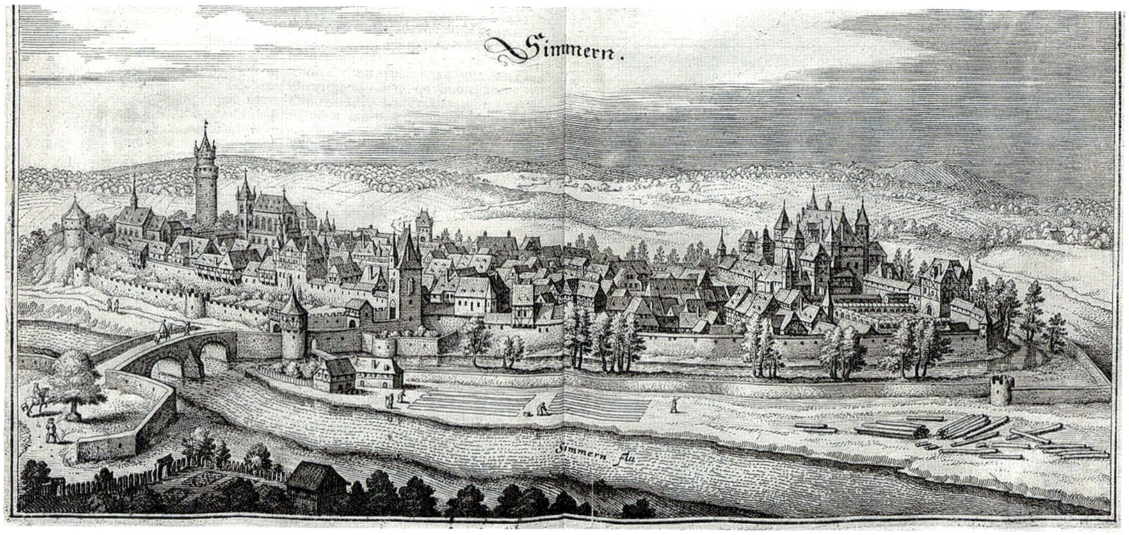

Ansicht von Simmern aus Matthäus Merians „Topographia Palatinus Rheni" von 1645

Herzogtum Straubing förderte Albrecht II. wie schon sein Vater die wirtschaftliche Entwicklung der etwa 30 Städte und Märkte.

Unter Albrechts Nachfolger und Bruder Johann III. blühte die Residenzstadt erneut auf. Straubing wurde seinerzeit jedoch vorwiegend durch Pfleger und Viztume verwaltet, da sich der Herzog nur wenig in Niederbayern aufhielt. Die Residenz erhielt gepflasterte Straßen, eine Maßnahme, die bereits 1376 unter Johanns Vater eingeleitet worden war. Um 1400 wurde der Stadtturm als Wahrzeichen der Stadt fertiggestellt und der Bau der Karmelitenkirche ging seiner Vollendung entgegen. Das dortige Hochgrab der Rotmarmortumba Albrechts II. hatte Johann III. für seinen Bruder gestiftet. Besonderen Glanz brachte 1422 die Anwesenheit König Sigismunds mit großem Gefolge. Die Bauten der Residenz von Straubing-Holland prägen das Erscheinungsbild Straubings bis heute.

Neues Schloss Simmern, 1708–1713 als Sitz des pfälzischen Oberamtmannes erbaut

SIMMERN

Im Jahre 1787 bemerkte Johann Goswin Widder im dritten Band seiner „Geographische[n] Beschreibung der Kur=Pfalz", dass die Stadt Simmern „22 Stunden von Mannheim nordwestlich entfernet [liegt] und ihren Namen von der Bach gleichen Namens, die unstreitig älter ist als der Ort" (vgl. Widder 1787, S. 434) herleitet. Vermutlich ist der Ortsname keltischen Ursprungs. Am 13. Juli 1330 hatte Kaiser Ludwig der Bayer der Siedlung und Burg des Raugrafen Georg II. die Stadtrechte verliehen. 1359 gelangte Simmern an die Pfalzgrafen bei Rhein. Mit der Erbteilung von 1410 entstand unter Pfalzgraf Stephan (1385–1495), dem dritten Sohn König Rupprechts, die Nebenlinie Pfalz-Simmern-Zweibrücken. Sie wurde zum Mittelpunkt der kurfürstlichen Besitzungen im Hunsrück. Im gleichen Jahr begann der Ausbau Simmerns zur Residenzstadt, den Stephans Sohn Herzog Friedrich I. (1417–1480) zwischen 1459 und 1480 fortsetzte. Die Burg- und nachmalige

Schlossanlage diente von 1410 bis 1598 und erneut von 1611 bis 1674 als Residenz der Herzöge von Pfalz-Simmern. 1559 wurde mit Herzog Friedrich II. (1515–1576) ein Vertreter des Hauses Simmern als Friedrich III. Kurfürst von der Pfalz. Bis 1685 kamen die Kurfürsten von der Pfalz aus dem Hause Simmern. Der Tod Kurfürst Karls II. (1651–1685) löste den Pfälzischen Erbfolgekrieg aus, da Karls Schwester Elisabeth Charlotte (Liselotte) von der Pfalz mit Philipp von Orléans, Bruder König Ludwigs XIV. von Frankreich, verheiratet war.

Stiche wie der Matthäus Merians d. Ä. (1593–1650) aus seiner ‚Topographia Germaniae' von 1645 oder die ältere Stadtansicht in Form eines kolorierten Holzschnittes von Sebastian Münster (1488–1552) erinnern an den einstigen Glanz der Residenzstadt, die im Pfälzischen Erbfolgekrieg am 17. September 1689 von den Franzosen zerstört wurde. Das Schloss wurde gesprengt. Lediglich Teile der alten Stadtmauer und ein Pulver- und Gefängnisturm, in dem 1799 der berühmt-berüchtigte Räuberhauptmann Schinderhannes gefangen gehalten wurde, blieben seinerzeit übrig. Das Alte Schloss bestand aus einer rechteckigen Anlage, die von einem Wassergraben umgeben war. Zur Schlossanlage gehörten ein Garten und das so genannte Rote Haus mit Druckerei und Münzstätte. Das heutige Neue Schloss entstand zwischen 1708 und 1713 als Sitz des pfälzischen Oberamtmanns. Während der französischen Besatzung Simmerns schenkte es Kaiser Napoleon I. 1802 der Stadt. In der Folge diente es als Gericht, später als Schule, Arresthaus und Dienstwohnung. Heute hat hier unter anderem das Hunsrück-Museum seinen Sitz.

NEUBURG

Das Fürstentum Pfalz-Neuburg verfügte, anders als das Herzog- bzw. Kurfürstentum Bayern, über kein in sich geschlossenes Territorium. Seine Gebiete fanden sich an der Donau, im Nordgau, am Ober- und Niederrhein sowie an der Mosel. Was fehlte, war eine München vergleichbare Haupt- und Residenzstadt. Stattdessen wechselten sich darin Neuburg, Düsseldorf, Heidelberg und Mannheim ab. Durch die unterschiedlichen Kunstlandschaften und nicht zuletzt auch anderen Linien und Herrscherhäuser konnte eine künstlerische Kontinuität, wie bei den bayerischen Wittelsbachern nicht entstehen.

Von Anfang an litt das 1505 gegründete Fürstentum und damit auch die Haupt- und Residenzstadt Neuburg unter den klammen Finanzen, die durch den Kölner Schiedsspruch von 1505 auf 24 000 Gulden bemessen waren. Mit Beginn der Regierung des Pfalzgrafen Ottheinrich sind für den Pfalz-Neuburger Hof auch Hof-

Neuburg an der Donau, kolorierte Kreidelithografie, 1. Hälfte 19. Jahrhundert

Neuburg an der Donau, Häuser am Karlsplatz, links die Hofapotheke (Foto: Bbb)

Neuburg an der Donau, Oberes Tor

ordnungen überliefert, die einen Blick auf Organisation, Aufgabenteilung und vor allem auch die Finanzen zuließ. Im Vergleich mit den Höfen in München oder Dresden stand Pfalz-Neuburg nur wenig zurück, beschäftigte mit 115 Personen einen Hofstaat, der in den 1520er Jahren nur wenig hinter dem Bayerns oder Sachsens lag. 1528 verschlang der Hofstaat bereits die Hälfte der Staatseinnahmen, 1544 musste Pfalzgraf Ottheinrich den Bankrott erklären. Im Vergleich zu den Nachbarn aber nahm sich das Territorium von Pfalz-Neuburg gering aus. Natürlich hatten auch die Kosten des sich herausbildenden fürstlichen Repräsentationswillens den Etat gesprengt, schließlich ließen Ottheinrich und sein mitregierender Bruder nicht nur Schloss Neuburg, sondern auch Schloss Grünau errichten bzw. um- und ausbauen und bauten nach 1535 eine zweite Hofhaltung in Burglengenfeld auf. „Vorbildlich wirkten auf die Neuburger Schloßbauten die Residenz des Bischofs Philipp von Freising, der Regensburger Bischofshof des Administrators Johann, die Bauten Wilhelms IV. in München sowie die Landshuter Stadtresidenz Herzog Ludwigs X." (Stierhof 1980, S. 92) Auch für die doppelte Hofhaltung Ottheinrichs und Philipps finden sich in Landshut und München Vergleiche, wo „zwei Höfe nebeneinander eine teilweise wohl auch konkurrierende Dynamik entwickelten." (Kramer 2005, S. 122) Die Gesamtsituation im Fürstentum stabilisierte sich erst im letzten Drittel des 16. Jahrhunderts. Durch die Gründung des *Gymnasiums illustre* 1561 in Lauingen ging ein Teil des Führungspersonals des Landes aus dieser Schule hervor. In den 1560er Jahren wurde in Lauingen die fürstliche Landesdruckerei etabliert, und auch die Pfarrkirche von St. Martin begann nun, eine wichtige Rolle zu spielen. Sie war die erste große künstlerische Unternehmung des Fürstentums, zwar eine der Stadt und Bürgerschaft von Lauingen, doch hatte Pfalzgraf Friedrich als Vormund der Prinzen Ottheinrich und Philipp hier 1518 den Grundstein zum Kirchturm gelegt. Ottheinrichs Nachfolger Wolfgang und Philipp Wilhelm ließen in eben dieser Kirche die Fürstengruft errichten. Das Gotteshaus beeinflusste darüber hinaus den Bau der Neuburger Hofkirche. Philipp Ludwig ließ in Neuburg einen neuen Marstall errichten und verfolgte das ehrgeizige Projekt eines Kirch- und Stadtturmes, der jedoch 1602 einbrach und zu größeren Zerstörungen führte. Kein Unglück ohne die Chance des Neubeginns, denn damit ergab sich die Möglichkeit, das Umfeld der Residenz neu zu gestalten. „Fast fünf Jahre lang, bis zum Baubeginn 1607, arbeitete man an den Planungen für die Kirche, die zu einem selbstbewussten Symbol für Fürst, Fürstentum und lutherische Konfession werden sollte, hoch über der Donau auch ein Zeichen der Abgrenzung und ein Gegenpol zum [...] weithin ausstrahlenden jesuitischen St. Michael in München." (Kramer 2005, S. 124) In dieser Zeit hatten sich die Einwohnerzahlen der Stadt positiv entwickelt. So wuchs die Anzahl von Häusern Ende des 16./Anfang des 17. Jahrhunderts um ein Drittel, die Einwohnerzahl stieg auf rund 4 000 (München hatte damals 15 000 Einwohner). Rund acht Prozent der Bewohner arbeiteten für den Hof, darunter „Beamte, Militärs, Künstler, Silberkämmerer, Hofapotheker, Gesandte, dazu ein sehr differenziertes Lebensmittel-, Textil-, holzverarbeitendes und kunsthandwerkliches Gewerbe. Es ist die auch andernorts bekannte Sozialstruktur einer reifen Residenzstadt [...]." (Kramer 2005, S. 124)

Neuburg an der Donau, Hofkirche

SULZBACH

„Die praktische Regierungsarbeit vollzog Karl Theodor in seiner Residenz Mannheim, ließ aber auch in Düsseldorf, Neuburg und Sulzbach eigene landesherrliche Regierungen arbeiten." (Rall 1993, S. 33) Kein anderer Kurfürst trug bislang die alte Fürstenresidenz im Namen, bis Carl Theodor von der Pfalz-Sulzbach 1743 die Nachfolge Carls III. Philipp als pfälzischer Kurfürst antrat. Herzog

Christian August von Pfalz-Sulzbach (1622–1708), der seit 1644 regierende Urgroßvater Carl Theodors, hatte die Neuburger Nebenlinie 1656 begründet. Hans Rall zufolge war „die politische Verselbständigung des kleinen Bereichs […] ebenso originell wie seine kirchenrechtliche Einrichtung. Denn Christian August konvertierte […] und wurde ein innerlich überzeugter Katholik, richtete aber seinen bisherigen lutherischen Glaubensgenossen eine genau abgewogene kirchen- und staatsrechtliche Verfassung ein und räumte auch den Juden durch

Sulzbach-Rosenberg, Blick zum Schloss Sulzbach

Sulzbach-Rosenberg, St. Marienkirche, ehemals simultan genutztes Gotteshaus

Blick auf die Vils mit der so genannten Stadtbrille, ehemals Teil der Stadtbefestigung und Wahrzeichen von Amberg unmittelbar neben dem Kurfürstlichen Schloss; rechts das ehemalige kurfürstliche Zeughaus (Foto: Tilman2007)

einen Buchverlag einen Bereich ein." (Rall 1993, S. 3f.) Damit avancierte Sulzbach zu einem der bedeutendsten jüdischen Druckorte Europas und blieb es bis in das 19. Jahrhundert hinein.

Die Eigenständigkeit Sulzbachs hatte mit der Teilherrschaft 1614 begonnen und endete noch unter Kurfürst Carl Theodor 1790/91. Bereits 1652 hatte Herzog Christian August das skizzierte Simultaneum eingeführt und damit die nahezu einzigartige Gleichstellung von Katholiken und Lutheranern erreicht. Unter seiner Herrschaft stieg Sulzbach bis 1708 zu einem kulturellen Zentrum von europäischem Rang auf. Der Herzog gilt als Initiator des 1670 entstandenen Sulzbacher Musenhofes, in dessen Mittelpunkt der schlesische Pfarrerssohn Christian Knorr von Rosenroth (1636–1689) stand, der sich als (Kirchenlied-)Dichter und Schriftsteller hervorgetan hatte. Er hatte seit 1668 in Sulzbach als Hof- und Kanzleirat gewirkt. Herz der kleinen Residenz war das Schloss. Dort ließ Christian August noch als Pfalzgraf ab 1615 letzte größere Veränderungen vornehmen, wozu ein Neuer Bau gehörte. Auch ließ er die St.-Nikolaus-Kapelle instandsetzen und die Kanzlei erweitern. Unter Kurfürst Carl Theodor gelangte die Sulzbacher Hofbibliothek nach Mannheim. Das Schloss diente aber bis 1794 als Witwensitz für die Pfalzgräfin Franziska Dorothea, die Mutter des nachmaligen ersten bayerischen Königs Maximilian I. Joseph.

AMBERG

Kaiser Ludwig der Bayer (1282–1347) übergab im Hausvertrag von Pavia 1329 neben der Pfalzgrafschaft bei Rhein auch Amberg mit nahezu der gesamten Oberpfalz an

Heidelberg, Blick auf Heiliggeistkirche, Alte Brücke (Carl-Theodor-Brücke), Kornmarkt und Karlsplatz mit Großherzoglichem Palais im Vordergrund (rechts)

seine pfälzischen Neffen, Söhne seines verstorbenen Bruders Rudolf (1274–1319). Amberg wurde 1333 nach Heidelberg zur zweiten Hauptstadt der Pfalz, in der der Kurprinz häufig als Statthalter residierte. Seine Blütezeit erlebte Amberg ab 1520, als sich der Pfalzgraf und nachmalige Kurfürst Friedrich II. (1482–1556) hier ständig aufhielt und alle Einrichtungen einer Hofhaltung schaffen ließ. Dazu gehörte 1544–1546 auch der Bau einer Regierungskanzlei. Seinerzeit zählte Amberg rund 4 000 Untertanen.

Der Kanzleibau mit seinem prächtigen Renaissancegiebel und zweigeschossigem Erker über dem Portal gehört heute zu den bedeutendsten Bauwerken der Stadt. Der Bauherr selbst hat sich nebst seiner Frau Dorothea und Familie an der Fassade in Medaillons darstellen lassen. – 1628 fiel Amberg mit der Oberpfalz an Bayern.

HEIDELBERG

„Vormals war Heidelberg die eigentliche Hauptstadt der ganzen Pfalz bei Rhein, und fünf Jahrhunderte hindurch meistentheils die ordentliche Residenz ihrer Durchleuchtigsten Beherrscher. Seitdem aber die Stadt Mannheim hiezu gewählet und erbauet, auch die Kurfürstliche Hofhaltung dahin verlegt worden, ist es die zweite Hauptstadt“, bemerkte 1786 Johann Goswin Widder im ersten Teil seiner „Geographische[n] Beschreibung der Kur=Pfalz“.

Meistenteils bedeutet, dass es Ausnahmen gab, wie etwa unter Kurfürst Johann Wilhelm (genannt ‚Jan Wellem‘), der die Kurpfalz nach der verheerenden Zerstörung im Pfälzischen Erbfolgekrieg zwischen 1690 und 1716 von Düsseldorf aus regierte. Sein Bruder und Nachfolger Kurfürst Carl III. Philipp regierte von 1816 an zunächst in Neuburg an der Donau und Innsbruck, ehe er 1718 die Residenz nach Heidelberg verlegte, das er im April 1720 verließ, um in Mannheim ein repräsentatives Barockschloss samt neuer Residenz aufzuschlagen. Heidelberg blieb zweite Hauptstadt der Kurpfalz.

Erste Anzeichen einer Residenz hatten sich in der Zeit um 1200 ausgebildet, als Heidelberg neben Alzey, Bacharach und Neustadt an der Haardt als eines der vier pfälzischen Machtzentren in Erscheinung trat. „Nach der Übertragung der Pfalzgrafschaft auf den Wittelsbacher Ludwig I. (reg. 1214–1228) lässt sich eine wachsende Verlagerung des politisch-administrativen Schwerpunkts an den Neckar feststellen.“ (Cser 2007, S. 19f.) Doch der entscheidende Bedeutungszuwachs stellte sich erst im 14. Jahrhundert unter Ruprecht I. ein, der „Heidelberg zum konkurrenzlosen pfälzischen Herrschaftsmittelpunkt“ (Cser 2007, S. 20) erwählte und sich hier 234 Mal aufhielt. Die Stadt löste unter Ruprecht III. Neustadt als landesherrliche Grablege ab. Aufgewertet wurde der Standort am Neckar zudem durch die Besuche Kaiser Karls IV. und seines Sohnes Wenzel 1384. Bei diesem Besuch ratifizierten Kurfürst Ruprecht, der Herzog von Österreich, der württembergische Herzog Graf Eberhard im Bart und der Mainzer Erzbischof die so genannte „Heidelberger Stallung“, einen über vier Jahre währenden Landfriedensvertrag. „Heidelberg war zum Ort einer wichtigen reichspolitischen Entscheidung geworden. Weitere folgten.“ (Cser 2007, S. 19f.)

Unter Kurfürst Carl Philipp trat Heidelberg zwar hinter Mannheim zurück, doch bedeutete der Residenzverlust nach einer rund fünfjährigen Pause nicht das Ende der kurfürstlichen Förderung. Alte Bindungen an Schloss und Schlossgarten, die Schlosskapelle oder das Große Fass wurden ebenso wenig aufgegeben wie die Grablege in der Karmeliterkirche. Unter Kurfürst Carl Theodor erhielt Heidelberg repräsentative Stadtzugänge, darunter das **Karlstor** am östlichen Ende der Hauptstraße. Im Zuge der jüngeren Stadtbefestigung 1775–1781 entstanden, ersetzte es das weiter westlich gelegene (äußere) Obertor. Die Pläne dazu stammten vom kurfürstlichen Oberbaudirektor Nicolas de Pigage (1723–1796). Dieser schuf eine streng klassizistische Triumphpforte, deren Skulpturenschmuck auf Peter Simon Lamine (1738–1817) zurückgeht. Bei den Verhandlungen um den Bau kam der Stadtrat 1773 zu der Überzeugung, dass man

Das Karlstor am einstigen östlichen Stadtrand Heidelbergs erhielt seinen Namen nach Kurfürst Carl Theodor

Heidelberg, das Mannheimer Tor von Franz Wilhelm Rabaliatti am westlichen Stadtausgang ist heute verschwunden

nicht, um etliche tausend Gulden zu sparen, ein mittelmäßiges Gebäude in der ältesten kurfürstlichen Residenz errichten dürfe. Stattdessen entstand Pigages Werk in Anlehnung an das römische Triumphbogenmotiv als Huldigung auf Kurfürst Carl Theodor. Während die Stadtseite die Kurfürstenporträts Carl Theodors und seiner Frau Elisabeth Augusta zeigt, erblickte der nach Heidelberg kommende Besucher zunächst das von Löwen flankierte kurpfälzische Wappen. Das Innere gliedert sich in drei durch Wendeltreppen verbundene Geschosse, wovon Keller und Obergeschoss als Kerker und Arrestzellen genutzt wurden, während die beidseitig der Tordurchfahrt gelegenen Räume der Wachmannschaft dienten.

Weit schlichter gestaltet war das 1856 abgerissene ***Mannheimer Tor***. Es gehörte zur jüngeren Stadtbefestigung. Es war 1752 gleichfalls unter der Herrschaft des Kurfürsten Carl Theodor entstanden. Einzig Fotografien und Beschreibungen sowie eine Zinntafel aus dem Grundstein erinnern heute an das 1752 errichtete Bauwerk. Die Pläne zum Torbau schuf Pigages Vorgänger – der kurfürstliche Bauintendant Francesco (Franz Wilhelm) Rabaliatti (1716–1782).

Im Gegensatz zu ihren Vorgängerbauten entstand mit der ***Carl-Theodor-Brücke (Alte Brücke)*** zwischen 1786 und 1788 Heidelbergs erste Steinbrücke, die nicht nur über steinerne Pfeiler verfügte, sondern nunmehr auch steinerne Bögen erhielt. Das 1709 von Brückenhauptmann Maier errichtete Vorgängerbauwerk war zwar auch schon auf den alten Pfeilern gegründet, bestand jedoch im Oberbau nur aus Holzwerk, das infolge von Eisgang und Hochwasser am 27. Februar 1784 „wie ein Federballen" fortgespült wurde. Der 700 Fuß (etwa 231 Meter) lange und 30 Fuß (etwa 9 Meter) breite Neubau entstand gemäß einer Inschrift an der Nordseite des Brückentores „in zween Sommern unter der Staatsverwaltung des Freiherrn von Oberndorf und Führung Lamb. Babo wirkl. geh. Rath durch den Bauinspekt. Math. Maier [...]". Im Zuge des Brückenneubaues 1786 bis 1788 wurde das bestehende mittelalterliche Brückentor (Neckartor) 1788 durch Mathias Maier umgestaltet. Dabei blieben die beiden 28 Meter hohen Doppeltürme aus dem 15. Jahrhundert erhalten, erhielten jedoch „welsche Hauben" an Stelle der alten Kegeldächer. Bereits 1709–1711 hatte der barocke Umbau der Toranlage begonnen, die sich heute jedoch zu beiden Seiten als frühklassizistischer Torbau im Stil des Louis-seize zeigt. Doch von der Neckarseite kommend ist nicht

Heidelberg, Blick auf Brückentor und Alte Brücke (Carl-Theodor-Brücke) über den Neckar vom Turm der Heiliggeistkirche (Foto: Memorino)

Mannheimer Schloss

das Tor der eigentliche Blickfang, sondern das Denkmal für den Landesherrn Kurfürst Carl Theodor.

Zu seinen Ehren als Bauherr der Brücke setzten ihm die Heidelberger ein Denkmal. Geschaffen hat es der kurpfälzische Hofbildhauer Franz Conrad Linck (1730–1793) 1788 auf einem Ausbau des ersten, zur Altstadt hin gelegenen Landpfeilers. Die Standfigur des überlebensgroßen Kurfürsten, dessen Blick auf Brückentor und Stadt gerichtet ist, erhebt sich auf einem quadratischen Unterbau. Während Carl Theodor in Herrscherpose mit Kurmantel und Hermelinkragen sowie dem rechten Arm in einladender Geste gestaltet ist, säumen den Sockel die vier pfalz-bayerischen Hauptflüsse Rhein, Donau, Neckar und Mosel. Die Allegorien sind in der Art antiker Flussgötter gestaltet. Den Sockel ziert zur Frontseite hin das kurfürstliche Wappen. Zum 50-jährigen Regierungsjubiläum 1792 wurden drei weitere Marmortafeln hinzugefügt, die der Vereinigung der Pfalz mit Bayern 1777/78, dem 400-jährigen Universitätsjubiläum (1786) und dem 50-jährigen Regierungsjubiläum (1792) gewidmet sind.

MANNHEIM

Die Stadt zählte 1771 21 340 Einwohner, darunter allein 6 733 Militärangehörige und 4 470 Mitglieder des kurfürstlichen Hofs und der Verwaltung und gehörte damit zu den größten Städten Süddeutschlands. Die Mitglieder des Hofstaats und die Beschäftigten der Staatsbehörden machten 1771 etwa ein Fünftel der Gesamtbevölkerung und mehr als ein Drittel der nicht-militärischen Einwohnerschaft Mannheims aus.

Der „Haupt- und Residenzstadt" entsprach auch die Beschäftigungsstruktur Mannheims. 17,5 Prozent der Einwohnerschaft bestanden aus Handwerkern oder Dienstboten. Auch das Gewerbe mit überdurchschnittlich vielen Gold- und Silberarbeitern, Händlern von Galanterie- und Luxuswaren, Handlungen für Seide, Wolle, Baumwolle, Leinen, Seifen und Unschlittmachereien (d. h. Talgmacher für Kerzen), Puder-, Hut- und Kamm-Machern war „vornehmlich auf die Bedürfnisse der kaufkräftigen höfisch-adelig-‚staatsbeamteten' Schichten ausgerichtet." (Mörz 1998, S. 127)

Die Schattenseite dieser höfischen Ausrichtung war, dass kaum andere Erwerbszweige entstanden. Das änderte sich auch nach 1778 nicht schlagartig, wie Gercken 1786 bemerkte. „Der Handel ist hier von keiner Bedeutung, ohngeachtet die Stadt dazu die schönste Lage hat, noch weniger sind hier wichtige Fabriken. Etliche kleine Tobacksfabriken, zwo Wollfärbereien usw. sind von keinem Belang." (Hess 1992, S. 107)

Mannheim gilt als „erfolgreichste Residenzgründung im Reich des 18. Jahrhunderts". (Voss 1992, S. 329) Hier wurde mit der Schlosskirche samt eigener Grablege, dem ‚Hofkloster' der Jesuiten samt zugehöriger großer Hofkirche, Opernhaus, Hofbibliothek, Gemäldegalerie, Münzkabinett, Naturaliensammlung, Akademie der Künste, Antikensammlung,

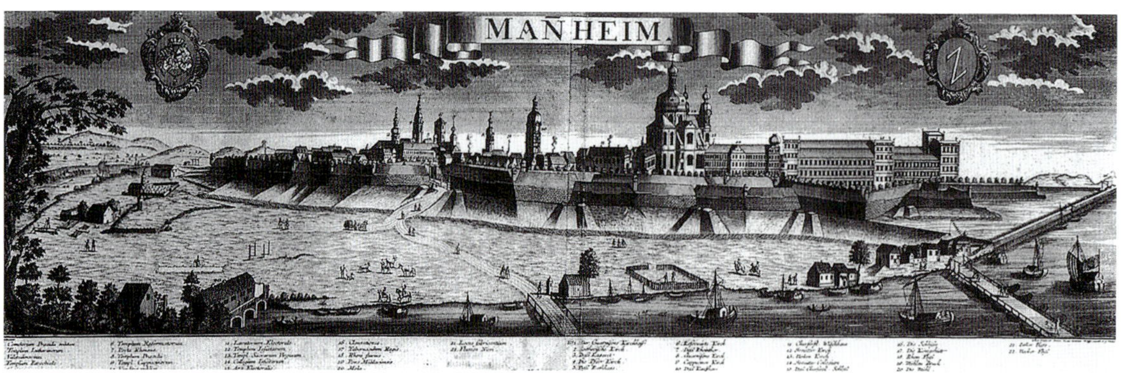

Mannheim um 1755, Stadtsilhouette von der Rheinseite

Mannheim, Ehemaliges Zeughaus

Mannheim, Marktplatz mit Brunnen und bekrönender Mannheimia

der 1763 gegründeten Akademie der Wissenschaften, dem Botanischen Garten und der Sternwarte, dem Ballhaus und der Reitschule „eines der vollständigsten Residenzprogramme im [Heiligen Römischen] Reich realisiert". (Voss 1992, S. 329) Tatsächlich hatte Krebel erstmals 1767 und in einer Zweitauflage 1783 in seinen „vornehmsten Europäischen Reisen" sehr ausführlich die Mannheimer Besonderheiten beschrieben und damit die Bedeutung der kurpfälzischen Residenz betont. „Reisende finden hier: die schönen Chrfrtl. Zimmer; die Versammlungszimmer der gestifteten Akademie der Wissenschaften; den herrlichen Saal der Chrfrtl. Bibliothek, mit verschiedenen guten Mahlereyen, und mehr als 3000 Bänden, das Cabinet der Münzen und geschnittenen Steine; die Schatzkammer, oder die reiche Sammlung von Geräthen, Juwelen und Seltenheiten an Gold, Silber und kostbaren Steinen; die vortrefliche Sammlung von Gemählden, Basreliefs und Bildsäulen, in 9 grossen Zimmern; das Kupferstich- und Zeichnungscabinet; das Cabinet der natürlichen Historie; das Antiquitätencabinet; die Schloßkapelle mit ihren kostbaren Reliquien, Kirchenkleidungen, Mahlereyen und dem silbernen Altar St. Huberti, den prächtigen Opernsaal mit schönen Verzierungen und Decorationen; das Comödienhaus, welches wohl das schönste in Deutschland seyn mag [...]". (Krebel 1783, S. 321f.)

So konnten „andere Residenzen größerer Territorien [...] in ihren kulturellen Einrichtungen nicht mit Mannheim konkurrieren." (Voss 1992, S. 332) Zumeist blieben sie, wie in Bonn oder Koblenz, auf Theater und Oper, eine größere Hofbibliothek oder Kunstsammlung beschränkt. Und Mannheims Residenzbildung endete auch dann nicht, als die Stadt längst aufgehört hatte, Residenz zu sein, denn ab 1777 wurde das Zeughaus errichtet, 1778 wurde das Palais Bretzenheim für die unehelichen Kinder Carl Theodors fertiggestellt und ein Jahr später wurde das Nationaltheater eröffnet.

FRANKENTHAL

„Diese bekannte zwischen Mannheim und Worms gelegene Stadt [...] stehet unmittelbar unter der Kurfürstlichen Landesregierung, gleich den andern beiden Hauptstädten, Mannheim und Heidelberg" vermerkt Johann Goswin Widder in seinem „Versuch einer vollständigen Geographisch-Historischen Beschreibung der Kurfürstl. Pfalz" 1786 über Frankenthal. Das besondere dieser dritten Hauptstadt der Kurpfalz war ihr Status als „Fabriquenstadt" mit über 20 Manufakturen, darunter Wollenzeug- und Wollentuchfabrik, Seidenfabrik, Wollenstrumpffabrik, dem zugehörigen Färb- und Trockenhaus, Gold- und Silberdrahtzieherei nebst Bortenwirkerei, Tabakfabrik und der berühm-

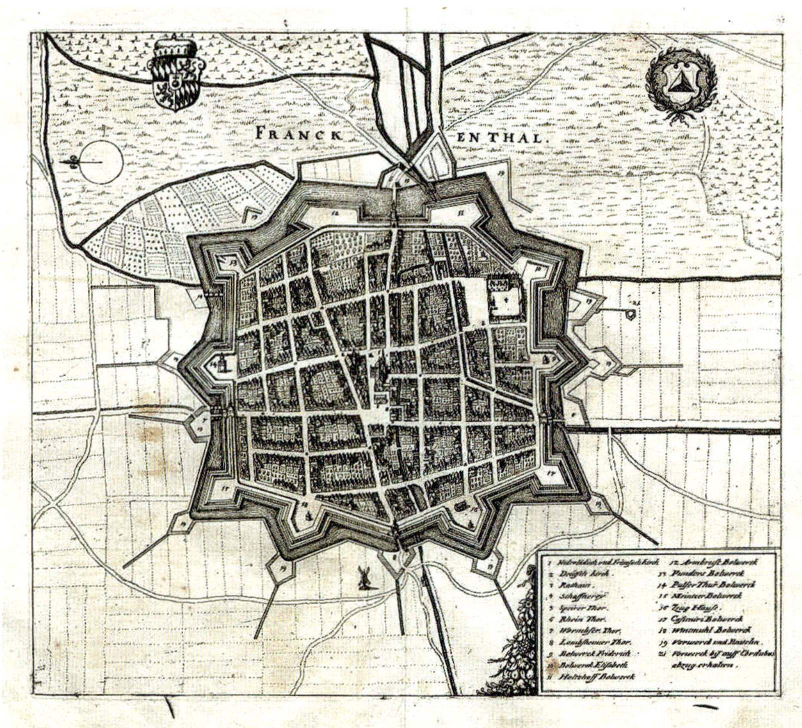

Matthäus Merian: Plan der Festung Frankenthal in der „Topographia Palatinus Rheni" von 1645

ten Frankenthaler Porzellanmanufaktur. Erst in den 1760er Jahren hatte sich die Stadt von ihrem Beinahe-Untergang im Dreißigjährigen und im Pfälzischen Erbfolgekrieg erholt, als Kurfürst Carl Theodor ganz im Sinne des Kameralismus Wirtschaftsförderung betrieb und Frankenthals Zukunft als „Fabriquenstadt" zu sichern suchte. Es waren vor allem so genannte „Galanteriewaren" die in Frankenthal hergestellt wurden, das heißt hochwertige, teuere Produkte für eine wohl situierte Käuferschicht. Im Erkenbert-Museum blieben Erzeugnisse aus dieser Zeit in Form von Glas- und Metallarbeiten sowie Proben aus der Seidenmanufaktur und der Spitzenwirkerei ebenso erhalten wie Spielkarten oder Strümpfe und natürlich eine reichhaltige Sammlung Frankenthaler Porzellans.

Frankenthaler Porzellan

1755 erteilte Kurfürst Carl Theodor Paul Anton Hannong aus Straßburg das Privileg, in Frankenthal „eine Fabrique durchsichtigen Porcellains" zu gründen. Im Elsass hatte Hannong zuvor seine Existenz verloren, da ihm 1754 durch ein Edikt König Ludwigs XV. untersagt worden war, neben der königlichen Porzellanmanufaktur von Vincennes (ab 1756 Sèvres) Porzellan herzustellen. Die Leitung der Frankenthaler Manufaktur übernahm zunächst Hannongs ältester Sohn. Nach dessen Tod folgte ihm sein jüngerer Bruder Joseph Adam Hannong nach, der seinem Vater das Unternehmen bereits 1759 abgekauft hatte.

Wenige Monate nach Eröffnung des Frankenthaler Produktionsstandortes in einer leergeräumten Dragonerkaserne am Stadtrand konnte Kurfürst Carl Theodor dem sächsischen Gesandten die ersten Stücke präsentieren, der seinerseits an den sächsischen Hof berichtete, dass die Imitation des Meißner Porzellans nicht schlecht gelungen war, mit schönem Material und passabler Malerei, um das es sich handelt, erschien mir schön und die Malerei passabel."

Trotz eines vielfältigen Warenangebots blieb der wirtschaftliche Erfolg aus. Möglicherweise lag das an der Preispolitik Hannongs, der 1760 im Brüsseler „Journal de Commerce" behauptete, dass das Frankenthaler Porzellan dem aus Meißen und Sèvres ebenbürtig sei, jedoch um ein Drittel billiger! Zu einem Drittel des Schätzwertes ging Hannongs Unternehmen 1762 an den Kurfürsten. Carl Theodor stattete nicht nur seine eigenen Residenzen mit dem Porzellan aus, sondern nutzte wie König Friedrich II. von Preußen im fernen Berlin das kostbare „weiße Gold" auch für repräsentative Staatsgeschenke. Selbst als er mit der Übernahme der bayerischen Kurwürde 1778 seine Residenz nach München verlegte, hielt er am Standort Frankenthal fest. 1775 beschäftigte die Manufaktur 203 Personen, darunter 61 Maler, 36 Dreher, 33 Bossierer (Former), 10 Glasurarbeiter, 21 Brenner, 12 Stampfmüller, 7 Tagelöhner sowie 23 Witwen und Waisen. Im gleichen Jahr hatte der zuvor als Porzellanmaler und Modelleur an der Herzoglich Braunschweigischen Porzellanmanufaktur Fürstenberg tätige und seit 1770 in

Das Sehen und Der Geruch – zwei Porzellangruppen aus einer allegorischen Folge der fünf Sinne, Frankenthaler Porzellan, um 1760

Frankenthal beschäftigte Simon Feylner den bisherigen Direktor der Manufaktur Anton Bergdoll abgelöst. Feylner, der Bergdoll anfänglich zur Seite gestellt war, gelang es, diesen als technisch unzulänglich versiert herauszustellen und den Schaden anzuprangern, der der Firma durch Bergdolls Unkenntnisse erwuchs. Das Verdienst der Bergdollschen Zeit lag indes in ganz hervorragenden Figuren und Geschirrdekorationen, auch wenn sie durch schlechte Massemischungen und Fehlbrände oftmals teuer erkauft waren. Feylners Firmenpolitik lag nun in einer verbesserten Produktionstechnik und neuen Porzellanfarben, etwa einem schillernden Lüstereffekt sowie einer verbesserten Vergoldungsmethode. Hatte es infolge der Residenzverlegung 1778 nach München erste Einbrüche gegeben, so setzten mit der Einnahme Frankenthals durch die Franzosen 1794 im Zuge der Revolutionskriege die letzten wechselvollen Jahre der Manufaktur ein. Ein Jahr nach dem Tod des Kurfürsten Carl Theodor wurde die Porzellanmanufaktur Frankenthal am 17. Mai 1800 endgültig geschlossen.

Wirtschaftsförderung im 18. Jahrhundert

Mit der 1768 gegründeten Kurfürstlichen Privilegien-, Polizei- und Kommerzialkommission in Frankenthal hatte der Kurfürst ein staatliches Instrument geschaffen, das die wirtschaftliche Entwicklung der Kurpfalz lenken sollte, genauer: 1.) das Chausseewesen; 2.) die Verwaltung der Landhospitäler; 3.) die Maulbeerplantagen mit dem Seidenbau und 4.) das Frankenthaler Fabrikenwesen und das gesamte „Commerzium“. „Motor“ dieser neuen Kommission War Carl Theodors „secretaire intime“ Joseph Fontanesi. In Fontanesis angeregter, neuer Kommission fiel letztlich auch die Entscheidung, für die „Fabriquenstadt“ durch die Anbindung an den Rhein mittels eines Kanals günstigere verkehrstechnische Voraussetzungen zu schaffen, den Standort zu beleben und einen wirtschaftlichen Aufschwung zu fördern.

Frankenthaler Kanal

Erst infolge der Politik Carl Theodors und seiner Idee einer „Fabriquenstadt“ gelang der Bau eines neuen Frankenthaler Kanals und zwar im Auftrag des Kurfürsten selbst. Der Bau entstand

Frankenthal, Speyerer Tor, entstanden nach Entwürfen von Nicolas de Pigage, 1772/73

1773–1787 nach Plänen des Oberrheinbaudirektors Jacob Dyckerhoff. Für die umfangreichen Aushubarbeiten stellte der Kurfürst zunächst 216 Soldaten der Mannheimer Garnison ab, wobei in den Folgejahren Arbeitskräfte aus dem süddeutschen Raum angeworben wurden, so dass 1773 700 Menschen und 1777 zur Zeit des Dammstiches gar 1460 Arbeiter am Kanalbau beschäftigt waren. Viele von ihnen stammten aus dem oberfränkisch-pfälzischen Raum, allerdings gab es auch Italiener, Slowaken, Slowenen und Kroaten, die hier mitwirkten. 1774 war die Hälfte des Kanalbettes ausgehoben, drei Jahre später wurde der Rhein erreicht, wo nach Fertigstellung der Schleusen der Grundstein samt Inschrift eingesetzt wurde. Anders als der 1781 in der Stirnfront des Hafenbeckens eingesetzte Grundstein war der Text am Rhein lateinisch verfasst. In deutscher Übersetzung konnte der Passant vor Ort lesen: „Kurfürst Carl Theodor ließ zur Förderung und Unterstützung der Fabriken, zur Stärkung des Handels, zur Austrocknung der Sümpfe und zur Wiederherstellung und Wachstum des ehemals zerrütteten Gemeinwesens von Frankenthal aus eigenen Mitteln dieses Bauwerk herstellen, höchstgeliebt von den Seinen, bewunderungswert für die Nachwelt. Begonnen im Jahre 1773, vollendet im Jahre 1777." Bereits am 24. Februar 1772 hatte der Kurfürst den Plänen zugestimmt, im Folgejahr begann der Bau, wie der Grundstein vermerkt.

Das östliche Ende des 4 467 Meter langen, an der Wasseroberkante 19 Meter und an der Kanalsohle acht Meter breiten und insgesamt rund zwei Meter tiefen Bauwerks mündete in das Frankenthaler Hafenbecken an der heutigen Straße „Am Kanal"/Ecke Folzring. Es maß 95 Meter Länge (von West nach Ost) und 48 Meter Breite.

Den erst 1787 endgültig fertiggestellten Kanalhafen beschloss ein Kranhaus mit hölzernem

Drehkran samt dahinterliegendem Lagerhaus. Das Kanalbett war mit Holzpfählen und Faschinen mit darüber befindlicher fester Lehmdecke abgesichert. Die grasbewachsenen Dämme erhielten eine Einfassung aus Nuss- und Birnbäumen. Diese wurden ebenso verpachtet wie der Fischfang, angrenzende Wiesen und Weiden. Der anfallende Baggerschlamm wurde als Dünger verkauft. Die Kanalschiffe wurden zunächst von Menschen oder Pferden auf Treidelpfaden gezogen. Ähnlich wie es die Inschrift an der Schleuse zum Rhein hin vermerkte, fielen die feuchten Wiesen in der Umgebung des Kanals trocken, so dass zusätzliches Ackerland entstand. Mit dem Bau der Eisenbahn und dem Anschluss Frankenthals 1853 ging die Bedeutung des Kanals zurück. Von großer Wichtigkeit war der Kanal indes für die im gleichen Jahr von Kaiserslautern nach Frankenthal verlagerte Zuckerfabrik. Diese ließ sogar eigens Boote anfertigen, die genau den Dimensionen des Kanals und des Hafens entsprachen. Der vermutlich spektakulärste Transport fand 1875 statt, als die Frankenthaler Glockengießerei Hamm die 26 Tonnen schwere Kaiserglocke des Kölner Doms auf einem der Kanalschiffe zum Rhein transportierte. Endgültig stillgelegt wurde der Kanal erst im Zweiten Weltkrieg, nachdem ihn 1944 Luftangriffe schwer beschädigt hatten. Das völlige Aus kam 1954/55, als das Hafenbecken mit 45 000 Tonnen Schutt verfüllt wurde, und in den 1960er

Schwetzingen, Marstall (Prinz-Friedrich-Stall) mit dem Wappen des Kurfürsten Carl Theodor

Jahren wurden auch die restlichen Teile des Kanals zugeschüttet. Wenige begehbare Überreste des Kanals sind erhalten, darunter ein heute als Grünfläche und Rückhaltebecken genutztes Stück und eine ehemalige Schleuse. In Frankenthal begann 2007 die Umgestaltung des einstigen Hafenbeckens zusammen mit dem angrenzenden Reststück der Stadtmauer zu einer Grünanlage.

SCHWETZINGEN

Nach der Residenzverlegung des Kurfürsten Carl Philipp von Heidelberg nach Mannheim 1720 diente Schwetzingen für über ein Jahrzehnt als eigentliche Hauptresidenz der Pfälzer Kurfürsten in den Sommer- und Wintermonaten. In Mannheim stand Carl Philipp lediglich ein bescheidenes Palais am Marktplatz als Interimsunterkunft zur Verfügung. Erst im November 1731 bezog der Kurfürst seine neue Residenz im Mannheimer Schloss. In Schwetzingen herrschte Platzman-

Schwetzingen, Palais Ysenburg

Schwetzingen, Palais Hirsch am Schlossplatz

Schwetzinger Schloss

gel, so dass man das Haus des verstorbenen kurpfälzischen Leibarztes Jungwirth erwarb. 1722/23 ließ der Kurfürst das so genannte Prinzenhaus (Zeyherstraße 6) errichten, das später als Gesandtenhaus genutzt wurde.

Nach 1731 diente Schwetzingen als Sommerresidenz des Kurpfälzischen Hofes. Unter der Herrschaft des Kurfürsten Carl Theodor verließ der Mannheimer Hof je nach Wetterlage etwa zwischen Ende April und Ende Oktober in steter Regelmäßigkeit die Haupt- und Residenzstadt Mannheim, um ‚auf das Land' nach Schwetzingen überzusiedeln. Der logistische Aufwand war enorm. Lebensmittel und Holz wurden in Fronfuhren herangeschafft, denn selbst diese Dinge des täglichen Bedarfs wurden in Schwetzingen nicht vorgehalten. Der Tross aus Mannheim transportierte Wäsche, Möbel, Geschirr und Personal in großer Zahl nach Schwetzingen. 624 Personen standen laut Hofkalender von 1776 auf der Gehaltsliste des kurpfälzischen Hofes. Die verheirateten Hofbediensteten lebten in Quartieren außerhalb des Schlosses, insgesamt rund 1 500 Menschen. Die Schwetzinger profitierten doppelt: Neben Mieteinnahmen und solchen aus dem Verkauf von Waren konnten sie am öffentlichen kulturellen Leben des Hofes teilhaben. Nicht alle Mitglieder lebten ständig vor Ort. So wurden die Hofkapelle nur zu bestimmten Aufführungen nach Schwetzingen befohlen. Auch die Regierung verblieb in Mannheim, doch waren die Mitglieder genötigt, zwischen beiden Residenzstädten hin- und herzupendeln. Die Hofbediensteten, die benötigt wurden, erhielten Kost- und Logiergeld für ihren Aufenthalt in den privaten Unterkünften des Ortes, den übrigen Mitgliedern wurde das Fahrgeld zwischen Mannheim und Schwetzingen ersetzt.

Düsseldorf, barockes Geländer am Portal des (Alten) Rathauses von Johann Joseph Couven mit den Initialen des Kurfürstenpaares Carl Theodor und Elisabeth Auguste

DÜSSELDORF

Herzog Wolfgang Wilhelm verlegte seine Residenz von Neuburg an der Donau nach Düsseldorf. Durch eine geschickte Neutralitätspolitik gelang es ihm im Dreißigjährigen Krieg, Land und Stadt Düsseldorf vor größeren Schäden zu bewahren. Unter seiner Herrschaft wurden die Befestigungen weiter ausgebaut. Auch siedelte Wolfgang Wilhelm im Zuge der Gegenreformation zahlreiche Orden in Düsseldorf an. Sein Nachfolger und seit 1865 Kurfürst Philipp Wilhelm von Pfalz-Neuburg residierte ebenfalls in Düsseldorf und gab der Stadt durch seine Hofhaltung wirtschaftliche Impulse. Nach seiner Regierungsübernahme 1679 plante Johann Wilhelm, seine Geburts- und Residenzstadt Düsseldorf auszubauen. Erste Planungen einer Stadterweiterung datieren in die Zeit um 1684, während die größeren Baumaßnahmen in den 1690er Jahren stattfanden, als sich abgezeichnet hatte, dass eine Übersiedlung des nunmehrigen Kurfürsten Johann Wilhelm in die Kurpfalz infolge der kriegerischen Ereignisse kurzfristig nicht möglich schien. Düsseldorf zählte noch 1663 4 085 Einwohner, 1703 bereits rund 7 000.

Mit der Übernahme der Kurwürde 1690 verfügte Johann Wilhelms Hofstaat noch über 180 Bedienstete. 1703/04 waren es mit 368 Personen mehr als doppelt so viele, die auf der Gehaltsliste des Hofmeisters standen. 1691 hatte der Kurfürst geheiratet und mit Anna Maria Luisa de' Medici (1667–1743) auch eine große

Düsseldorf, Jan-Wellem-Denkmal von Gabriel de Grupello, 1711, und (Altes) Rathaus

Anzahl von Künstlern und Kunsthandwerkern an den neuen kurfürstlichen Hof gezogen, dazu viele italienische Kaufleute.

Die Stadt erlebte als neue kurfürstliche Residenz eine unheimliche Dynamisierung in wirtschaftlicher und kultureller Hinsicht. Bereits 1694/95 trat der Venezianer Matteo Alberti (um 1646/48–1735) als Nachfolger des Oberingenieurs Reiner in der Stellung eines Superintendenten der Festungen, Gewässer, Wälder, Bauten aller Art und der technischen Werke in die Dienste des Kurfürsten. Es folgte 1695 Gabriel de Grupello (1644–1730) als kurfürstlicher Hofstatuarius, und nicht zuletzt wegen eines

Düsseldorf, ehemaliges Statthalterpalais an der Mühlenstraße (1911 abgebrochen)

kurfürstlichen Porträts und des Gemäldes mit dem Urteil Salomos erhielt Adrian van der Werff (1659–1722) 1696 seine Ernennung zum Hofmaler.

Mit dem Kriegskommissariat und dem Gouvernement-Gebäude sowie den Klosterkirchen der Karmeliterinnen, der Ursulinen und der Coelestinerinnen und nicht zuletzt den beiden evangelischen Kirchen für Reformierte und Lutheraner entstanden bedeutende neue Bauwerke, wie insgesamt „die Bautätigkeit in Düsseldorf [...] während der Regierungsjahre des Kurfürsten Johann Wilhelm ungewöhnlich groß" (vgl. Schürmann 1988, S. 95) war. Eines der wichtigsten Vorhaben Jan Wellems, wie der Kurfürst in Düsseldorf bis heute genannt wird, scheiterte: die so genannte ‚Extension' als Stadterweiterung des Jahres 1699. Der Kurfürst gewährte Ansiedlern 30 Jahre Steuerfreiheit, doch am Ende entstanden nur die große Kaserne und das Hubertushospital sowie das Haus des Hoffaktors Joseph Jakob van Geldern am Südende der Neustadt. Durch die 1706 erlassene Polizei- und Taxordnung wurden Mieten und Arbeitslöhne ebenso festgesetzt wie Bauvorschriften. Zu den frühen Errungenschaften der jungen kurfürstlichen Residenzstadt gehörten eine Straßenbeleuchtung, Straßenreinigung und Müllabfuhr, regelmäßiger Postverkehr und die aus Mannheim herbeigeholte „Fliegende Brücke" über den Rhein. Diese wurde zugunsten der kurfürstlichen Landrentmeisterei verpachtet, was dem Kurfürsten zusätzliche Einnahmen bescherte. „Die Einrichtung der Fliegenden Brücke in Düsseldorf ist aber wohl auch in Zusammenhang mit dem Wunsch des Kurfürsten zu sehen, Düsseldorf zu einer repräsentativen Residenzstadt zu gestalten. [...] Düsseldorfs Einwohnerzahl erhöhte sich, es kamen mehr Besucher in die Stadt. Der Kurfürst holte viele Künstler nach Düsseldorf. Hofstaat und Beamte waren auf bessere Verkehrsanbindungen angewiesen. [...] ‚Fliegende Brücken' bedeuteten zur Zeit Johann Wilhelms [...] modernste Fährtechnik." (Stursberg o. J., S. 13)

Nicht übersehen werden darf dabei, dass ein großer Teil der Bevölkerung vom Hof, der Re-

Düsseldorf, Schloss Jägerhof am Hofgarten

Blick über den Rhein auf Düsseldorf

gierung und der Garnison lebte und politisch vom Hof abhängig war. Von 23 Stadträten wirkten 1713 nicht weniger als 15 auch als Räte in kurfürstlichen Gremien. So war ein Widerstand gegen fürstliche Forderungen nicht zu erwarten, denn die skizzierten kommunalen Verbesserungen gingen „auf die direkte Initiative des Fürsten zurück, der sich erstaunlicherweise sehr detailliert um die Verhältnisse in der Stadt kümmerte." (Looz-Corswarem 2008, S. 37) So hatte Jan Wellem versucht, eine Seidenfabrik und eine Wollweberei einzurichten, die ebenso eingingen wie die in einer der Kasernen eingerichtete Tuchfabrik des Belgiers Wilhelm Marbais.

Für seine Kunstsammlung mit einer beachtlichen Anzahl von Rubens-Gemälden, Abgüssen und Plastiken ließ Jan Wellem 1710 neben dem Schloss eine eigene Gemäldegalerie errichten. 1711 schuf Gabriel de Grupello das bekannte Reiterstandbild des Kurfürsten auf dem Marktplatz. Es gehört neben dem Schlossturm und dem Turm der Lambertuskirche zu den Wahrzeichen (Alt-)Düsseldorfs.

Nach seinem Tod 1716 folgte ihm sein Bruder Carl III. Philipp, der Düsseldorf jedoch nie besuchte. Düsseldorf blieb zunächst Residenzstadt und erhielt einen Statthalter als kurfürstlichen Vertreter. Die Künstler wurden entlassen, und ein Teil der kurfürstlichen Sammlungen wurde in das 1720 entstehende Mannheimer Schloss verbracht, darunter auch das Bronzewappen am Corps de Logis des Mannheimer Schlosses und die Pyramide aus dem Düsseldorfer Galeriehof auf dem Mannheimer Paradeplatz.

Auch unter Kurfürst Carl Theodor erfüllten sich nach 1743 die Hoffnungen der Düsseldorfer auf eine Rückkehr des Kurfürsten nicht. Carl Theodor residierte in Mannheim und ab 1778 in München, besuchte Düsseldorf aber mehrfach. Doch gerade Carl Theodor verdankt Düsseldorf mehr als jedem anderen Herrscher vor ihm. Besondere Bedeutung erlangte unter ihm das Bauwesen, zumal der Monarch selbst die Initiative ergriff oder diese vom kurfürstlichen Statthalter Johann Ludwig Franz Graf von Goltstein (1719–1776) ausging. Zwar erfolgte unter Carl Theodor kein systematischer Ausbau der Festung, doch bemühten sich seine Ingenieure „vor allem um die Sicherung des Rheinufers und die Verbesserung der Schleusenanlagen." (Spohr 1999, S. 87) So konnten ab 1757 durch eine Abgrabung des Rheins und den Verzicht auf die inneren Verteidigungswerke die Hochwässer vermieden werden, wodurch städtebauliche Maßnahmen wie der ab 1787 erfolgte Ausbau der Karlstadt erst möglich wurden. „‚Zur größeren Splendeur der Residenz und zum Plaisir und Commodité der Herren Stände' wurde auch das alte Rathaus durch J. J. Couven aus Aachen ‚modernisiert', sowie das Schloß im Stadtbild aufgewertet, als J. Nosthofen ihm mit einem vierten Geschoß und hohem ‚französischen' Dach einen imposanten Anblick verlieh. Aus der gleichen Absicht [...] wurden die Stadttore Berger-, Ratinger- und Rhein-Tor zu repräsentativen Stadteingängen 1751–1754 umgebaut und mit dem kurfürstlichen Monogramm und Wappen dekoriert." (Markowitz 1979, S. 40f.) Zu den herausragenden Neubauten gehörte neben dem 1764 bis 1766 erbauten Statthalterpalais von Hofbaumeister Ignaz Kees Schloss Jägerhof in Pempelfort als Sitz des Oberjägermeisters. Der Bau erfolgte innerhalb von vierzehn Monaten und wurde 1763 vollendet. Der Aachener Johann Joseph Couven (1701–1763) war der federführende Architekt. Die Vorplanungen hatten jedoch bereits 1751 begonnen. 1769 bestimmte Carl Theodor auf Anregung seines Statthalters Graf von Goltstein, „dass zu ‚Ansehen Unserer Residenzstadt und des Jagdhauses bey Pempelford, wie auch zur Lust der Einwohnerschaft aus dem alten Hofgarten zwischen dem Ratinger Tor und erwehnten Jagdhaus einen angenehmen öffentlichen Spaziergang einzurichten' sei." (Lange 2006, S. 5) Die Planung lag in den Händen von Nicolas de Pigage (1723–1796), der im Zentrum, ausgehend von der mittleren Achse des Jägerhofes, eine breite, von vier Baumreihen gesäumte Allee konzipierte, die den Hofgarten diagonal durchschnitt und in einem viereckigen, von Baumreihen umstellten Wasserbassin endete. Weite Schneisen erschlossen den Hofgarten teils in Alleeform in Gestalt des so genannten ‚patte d'oie' (Gänsefuß) als einem von einem zentralen Punkt ausgehenden dreistrahligen Achsensystem. Bis heute sind diese Grundstrukturen erhalten geblieben. Die dazwischenliegenden Grünflächen gestaltete Pigage als *angloises*, d. h. Boskettzonen mit Bäumen, Hecken und Sträuchern in einer Vorform des englischen Landschaftsgartens. Christian F. Meyer pries noch 1793/94 die Schönheit dieses Gartens, als er schrieb: „Dieser Garten verdient unter allen öffentlichen Spaziergängen, welche wir auf unserer Reise getroffen, den Vorzug, sowohl wegen seiner eigentümlichen Schönheit als wegen der Menge von einheimischen und fremden Besuchern." (zit. nach: Lange 2006, S. 7) Doch die bedeutendste städtebauliche Maßnahme in der zweiten Hälfte des 18. Jahrhunderts bildete die Anlage der Karlstadt. Nach Bekanntgabe der Durchführungsvorschriften und städtebaulichen Vorteile durch den bergischen Kanzler Graf Nesselrode 1787 waren vier Jahre später 86 Gebäude errichtet worden, in denen 541 Menschen lebten. Die rechtwinklig angelegten ‚Bauquadrate' umschlossen den zentralen neuen Marktplatz (Karlsplatz) und wiesen annähernd dieselbe Größe auf. Sie galten in der Ausführung als derart vorbildlich, dass das Straßenraster bei der jüngeren Friedrichstadt übernommen wurde. Im Bereich der Kunst und Wissenschaften ließ Carl Theodor 1764 einen Botanischen Garten anlegen und 1765 das Collegium Anatomico-Chirurgicum 1765 zur chirurgischen Akademie erheben. 1770 eröffnete die erste öffentliche Bibliothek im Rheinland ihre Pforten, aus der die Landes- und Stadt- bzw. heutige Universitätsbibliothek hervorgingen. „Die von Carl Theodor gegründete ‚öffentliche Bibliothèque in Düsseldorf' ‚sollte der Pflege des geistigen Lebens, vor allem aber der beruflichen Fortbildung der Beamten und der wissenschaftlichen Förderung der Studierenden der Rechtsakademie, der chirurgischen Akademie sowie der 1767 von Wilhelm Lambert Krahe gegründeten Maler und Zeichenschule

Zweibrücken, der Herzogplatz als barocker Auftakt der Herzogsvorstadt Christians IV. nördlich des Schwarzbaches

dienen'. Damit war sie im aufklärerischen Sinne als Werkstatt und Instrument zur Förderung der menschlichen Erkenntnis gedacht." (Brenner-Wilczek 2006, S. 47)
Aus der Kraheschen Zeichenschule heraus veranlasste Carl Theodor 1773 die Gründung einer Maler- und Zeichenakademie, vermutlich nach Peter Anton von Verschaffelts Mannheimer Vorbild von 1758. 1789 erhielt die Stadt zudem ein Natur- und Physikalisches Kabinett und 1790 eine Sternwarte. Ähnliches hatte der Kurfürst auch in Mannheim initiiert.

ZWEIBRÜCKEN

Zwischen 1174 und 1179 wurde Zweibrücken im Zusammenhang mit einer Burg der Grafen von Saarbrücken erstmals urkundlich erwähnt. Durch Erbteilung im Saarbrücker Grafenhaus war Zweibrücken 1182/90 an den jüngeren Sohn Heinrich I. gelangt, der die Linie der Grafen von Zweibrücken begründete. 1385 gelangte das Territorium für 25 000 Gulden an die Pfalzgrafen bei Rhein. 1410 wurde daraus und aus weiteren Besitzungen das neu gebildete Fürstentum Pfalz-Simmern-Zweibrücken geschaffen, 1477 wurde die Hauptstadt von Meisenheim am Glan hierher verlegt. Hier befanden sich seit 1584 die herzogliche Münze und das ein Jahr später errichtete Schloss mit der berühmten Bibliothek (so genannte Bibliotheca Bipontina). Bereits 1559 hatte Herzog Wolfgang mit der Landesschule in Hornbach den Vorläufer des heutigen Herzog-Wolfgang-Gymnasiums gegründet. Sie musste zwischenzeitlich in Meisenheim untergebracht werden, ehe Stadt und das 1585 entstandene Schloss Zweibrücken nach den Verheerungen des Dreißigjährigen Krieges wiederaufgebaut werden konnten. Der Herzog residierte seinerzeit in der Burg zu Kirkel. Unter Herzog Friedrich Ludwig erlebten Zweibrücken und die Dörfer und Städte zwischen Hagenau und dem Saargebiet 1674 die Schrecken der in die Pfalz ziehenden Franzosen unter General Turenne. Schloss und Bürgerhäuser wurden geplündert, das Mobiliar nach Frankreich abtransportiert. Die Zweibrücker retteten sich in die Alexanderskirche. Hier plünderten die Franzosen in den beiden Schreckensjahren 1676 und 1677 die Kirchengruft und zerstörten Befestigungswerke und öffentliche Gebäude.
Nach Herzog Friedrich Ludwigs Tod 1681 fiel Zweibrücken an die Kleeburger Linie. Der

Schwedenkönig Karl X. war der erste Monarch aus diesem Geschlecht. Goethe bezeichnete diesen Umstand anlässlich seiner Durchreise 1770 als ‚Verhältnis aus der Ferne'. Nach dem Tod Karls X. 1660 folgte diesem sein gleichnamiger Sohn Karl XI., der 1681 auch Herzog von Pfalz-Zweibrücken wurde. Die segensreichste Zeit für Zweibrücken begann indes unter Karl XII. ab 1697. Sein aus Schweden gesandter Statthalter Graf Oxenstierna, dessen Haus sich bis 1871 an der Ecke Hauptstraße/Markt befunden hatte, verstand es, die Kriegswunden zu heilen und der Bevölkerung zu allmählichem, bescheidenem Wohlstand zu verhelfen. In dieser Zeit erlebte Pfalz-Zweibrücken zugleich seine wohl merkwürdigste Phase, als der Schwede 1714 dem heimatlosen Polenkönig Stanislaus Leszczynski das Herzogtum samt seiner Einkünfte überließ. Die Episode endete 1719 mit dem Tod Karls XII. „Zweibrücken brachte der Aufenthalt der Polen nach fast acht Jahrzehnten wieder ein fürstliches Hofleben großen Ausmaßes. Der polnische Exilhof wurde 1714 und 1715 zu 60 Prozent aus schwedischen und zu 40 Prozent aus pfalz-zweibrückischen Mitteln finanziert. Bis Ende 1715 musste das Herzogtum 109.438 Gulden für ihn aufwenden. Als die schwedischen Zahlungen 1716 ganz angestellt wurden, lastete die Bürde der Finanzierung allein auf Pfalz-Zweibrücken." (Glück-Christmann 2010, S. 152) Trotz erheblicher Lasten und Staatsverschuldung führte dieser Hof zu einer ersten neuen kulturellen Blütezeit, die Zweibrücken zu einem Zentrum der Barockkultur werden ließ. Es fanden Musik- und Theaterveranstaltungen statt, die auch von Fürsten und hohen Regierungsbeamten der Nachbarterritorien besucht wurden.

Nach dem Tod Karls XII. von Schweden übernahm Gustav Samuel von Zweibrücken-Kleeburg die Herrschaft über Pfalz-Zweibrücken. Nach seinem Regierungsantritt verfügte er, dass Katholiken, Lutheraner und Reformierte gleichberechtigt sein sollten. Seine Residenz schlug er in Zweibrücken auf. Hier legte er am 18. Juni 1720 den Grundstein zum neuen Schloss. 1725 war es bezugsfertig.

Durch den Mannheimer Sukzessionsvertrag von 1733 fiel Pfalz-Zweibrücken an Christian III., der ein Jahr nach seinem Regierungsantritt starb. Unter seinem Sohn und Nachfolger Herzog Christian IV. von Zweibrücken-Birkenfeld-Bischweiler erholten sich Herzogtum und Hauptstadt und erlebten einen ungeahnten Aufschwung. Zählte Zweibrücken 1719 nur 329 Familien – also rund 2 000 Einwohner –, so waren es 1771 rund 5 000 Einwohner, wohl Hof und Militär eingeschlossen. Der Herzog ließ das Schloss erweitern und einen barocken Kirchturm für die Alexanderskirche errichten. Herzog Christian IV. heiratete eine Tänzerin und machte sie zur Gräfin von Forbach. Als Hofgärtner wirkte Johann Ludwig Petri, als Hofarchitekt Christian Ludwig Hautt und als Hofmaler Konrad Mannlich, Vater des bekannten Galeriedirektors, Architekten und Hofmalers Johann Christian Mannlich.

1755 gründete Christian IV. das traditionsreiche Zweibrücker Landgestüt. Es war dermaßen erfolgreich, dass König Friedrich II., der Große, beim Aufbau seines Trakehner Landgestüts auf

Zweibrücken, Herzogsvorstadt. Die schmiedeeisernen Balkongitter bilden ein Charakteristikum der durchweg weißen, zweigeschossigen Gebäude.

Zweibrücken, Herzogsvorstadt, klassizistisches Balkongeländer

die Zweibrücker Pferde zurückgriff. 1759 ließ er die vierreihige Platanenallee als Teil des Hofgartens entlang des Schwarzbaches anlegen. Sie blieb wie das Landgestüt bis heute erhalten. Da hatte Christian IV. bereits mit der Verschönerung seiner Residenzstadt begonnen und 1756 den Plan gefasst, eine eigene Vorstadt – die heutige Herzogsvorstadt auf dem Gartenland vor dem Unteren Tor – außerhalb der alten Stadtmauer, nördlich des Schwarzbaches anlegen zu lassen. Dort bewilligte er allen Ansiedlungswilligen Steuerfreiheit für 40 Jahre. Die Häuser entstanden nach Plänen des Hofarchitekten Christian Ludwig Hautt. Doch die Ansiedlung verlief derart schleppend, dass bis 1770 nur drei Häuser errichtet waren. So beschloss der Herzog, die übrigen Gebäude selbst errichten zu lassen und die Baukosten durch eine Lotterie zu finanzieren. Die Lotterie wurde unter Christians Nachfolger Herzog Karl II. August fortgesetzt. Den Auftakt der neuen Vorstadt bildete der Herzogsplatz mit etwas breiteren, siebenachsigen Häusern, unverkennbar nach französischen Vorbildern mit Freitreppen und schmiedeeisernen Gittern oder kleinen Balkonen. Die Planung Hautts sah nie ein zentrales Gebäude als Sichtpunkt am Ende der Herzogstraße vor. Allerdings war die Achse der Herzogsvorstadt auf die Karlskirche ausgerichtet. Innerhalb der Herzogsvorstadt befinden sich die Häuser Mannlichs und Petris. Das Mannlichhaus hatte Johann Christian von Mannlich vom Herzog als Geschenk erhalten und von 1772 bis 1793 bewohnt. Das Haus des Hofgärtners Ernst August Bernhard Petri entstand 1768 nach Hautts Plänen. Das Balkongitter trägt noch immer die Initialen A und P. Hier befindet sich heute das Zweibrücker Stadtmuseum. Im gleichen Jahr hatte der Landesherr die Porzellanmanufaktur in Schloss Gutenbrunnen erworben und 1769 nach Zweibrücken verlegt. Doch 1770 stagnierte die Nachfrage nach diesen sehr kostspieligen Luxusprodukten, so dass der fürstliche Günstling Joseph Michael Stahl eine Porzellanlotterie veranstaltete. Ob sie den gewünschten Erfolg brachte, ist unbekannt. Die Manufaktur selbst schloss mit dem Tod Herzog Christians IV. 1775 ihre Pforten. Rund ein Drittel aller Produkte vereint heute das Stadtmuseum. 1793 endete die Residenzzeit für Zweibrücken.

Ingolstadt, Altes Schloss, der so genannte Herzogskasten (Foto: Bbb)

BAYERN-INGOLSTADT

INGOLSTADT, ALTES UND NEUES SCHLOSS

Mit dem so genannten Herzogskasten blieb ein Teil des Alten Schlosses von Ingolstadt erhalten. Es geht im Kern auf eine Burganlage zurück, die um 1250 unter Herzog Otto II. von Wittelsbach bzw. dessen Sohn und Nachfolger Herzog Ludwig II., dem Strengen (reg. 1253–1994), an der Südostecke der von Erstgenanntem gegründeten Stadt entstand. Durch die allmähliche Stadterweiterung verlor die Anlage jedoch ihre strategische Bedeutung. Die große Zeit erlebte Ingolstadt zwischen 1392 und 1447, als die Stadt durch die dritte Landesteilung zeitweilig zur Hauptstadt des Herzogtums Bayern-Ingolstadt aufstieg und herzogliche Residenz wurde.

Unter Herzog Ludwig VII. von Bayern (auch: Herzog Ludwig der Gebartete/im Bart – reg. 1414–1443 [1447]), der mit Abstand markantesten Persönlichkeit unter den Herrschern des Herzogtums Bayern-Ingolstadt, entstand schließlich neben der Liebfrauenkirche, dem so genannten Münster, zwischen 1418 und 1432 auch ein Neues Schloss. Unter den Landshuter Herzögen wurde das Ingolstädter Schloss weiter ausgebaut und bis ins 17. Jahrhundert hinein erweitert. Es gehört zu den schönsten gotischen Profanbauten in Deutschland und ist wohl das bedeutendste Bauwerk der Spätgotik in Süddeutschland. Seine bis zu vier Meter dicken Außenmauern bilden ein Rechteck. Das markante Erscheinungsbild wird durch vier Ecktürme des Palas bestimmt, von denen zwei über Eck gestellt sind. Besonders markant sind der weit vorgeschobene Turmbau im Südosten sowie der fünfeckige Turm im Nordosten aus der Zeit um 1450 bis 1490. Ein tiefer Wassergraben, der so genannte „Klaffer", trennt die Anlage von der Stadt. Neben diesem äußeren Graben existiert auch zweiter, innerer Graben, der das Neue Schloss strategisch umwehrte. Ein Tor der Spätrenaissance aus der Zeit um 1580 führt in den Schlosshof, der von Hauptschloss (Palas), Zeughaus, Statthalterei und fünfeckigem Turm umsäumt wird. Der verputzte dreigeschossige Ziegelbau des Palas datiert in die Zeit um 1450 bis 1490. Neben dem riesigen kreuzrippengewölbten Saal der Dürnitz (Speisesaal) im Erdgeschoss beeindruckt vor allem das so genannte Tanzhaus ein Stockwerk darüber, ein bis 1486/87 entstandener Saal mit Sterngewölben.

Seit 1972 ist im Neuen Schloss das 1879 von König Ludwig II. gegründete Bayerische Armeemuseum untergebracht.

links: Ingolstadt, Neues Schloss und Donausteg (Foto: Benno Bickel)

Landshut, Burg Trausnitz

BAYERN-LANDSHUT

LANDSHUT, BURG TRAUSNITZ

Für ein dreiviertel Jahrhundert war die Trausnitz oberhalb von Landshut ein bedeutender Fürstensitz und kultureller Mittelpunkt. „Wehr, Schutz und Hut des Landes so erklärt der bayerische Historiograf Aventinus den Namen Landshuts [...]. Bis in das 16. Jahrhundert hinein tragen ihn Burg und Stadt gemeinsam. Erst nach der Errichtung einer Stadtresidenz seit 1536 muss die Burg der Stadt ihren Namen allein überlassen, um selbst von ihr einen anderen zu erhalten: Trausnitz.“ (Brunner; Schmid; Langer 2003, S. 5)

Gemäß dem Chronisten Abt Hermann von Niederaltaich (1200/01–1273) wurde die Burg Landshut 1204 zusammen mit der Stadt von Ludwig dem Kelheimer als Stammsitz seiner Familie gegründet. Bis 1235 war die Burg so weit vollendet, dass Herzog Otto II. dort Kaiser Friedrich II. empfangen konnte. In dieser Zeit war die Trausnitz nicht nur Zentrum der Reichspolitik, sondern auch der staufischen Kultur. Minnesänger wie Walther von der Vogelweide, Neidhart von Reuenthal oder Tannhäuser gehörten zu ihren Gästen. Zwischen 1255 und 1340 war die Burg Landshut zudem ständiger Regierungssitz. Die dem heiligen Georg geweihte Kapelle gehört zu den Gründungsbauten und entstand in der ersten Hälfte des 13. Jahrhunderts. Der zweigeschossige, zunächst flachgedeckte Raum verfügte über zwei reichverzierte Emporen: die Fürstenempore im Westen und die Altarempore im Osten. Der in der Zeit um 1230/35 entstandene Skulpturenschmuck, darunter eine monumentale geschnitzte Kreuzigungsgruppe sowie die farbigen Stuckfiguren von Altarwand und Emporenbrüstung, gehören in ihrer Fülle zu den wichtigsten Beispielen der Plastik des 13. Jahrhunderts in Bayern. Besonders die Gestaltung der Altarwand „gilt als einzigartiger Sonderfall innerhalb der kirchlichen Baukunst im deutschen Kulturraum“. (Brunner; Schmid; Langer 2003, S. 80)

Von 1255 bis 1503 war die Burg Residenz und Regierungssitz der Herzöge von Niederbayern,

Michael Wening (1645–1718): Burg Trausnitz in Landshut, kolorierter Stich aus der Historico-topographica Descriptio, München 1701–1726

in der Folge Hofhaltung der bayerischen Erbprinzen. Besonders unter den Reichen Herzögen von Bayern-Landshut erfuhr sie im 15. Jahrhundert zahlreiche Umbauten und Erweiterungen. So etwa entstanden Fürstenbau und Neue Dürnitz sowie ein reizvoller, von offenen Rundbogen eingefasster Söller. Die Umbauten erfolgten unter den Herzögen Heinrich XVI., von dem man aufgrund seiner äußersten Sparsamkeit und der Skrupellosigkeit, mit der er Truhen voller Gold füllte, nur noch von Heinrich dem Reichen sprach, sodann unter dessen Sohn Ludwig und dem Enkel Georg.

Ludwigs Brautschau für seinen Sohn Georg führte 1475 zur berühmten ‚Landshuter Hochzeit', als Georg Hedwig, die Tochter des polnischen Königs Kasimir IV. heiratete und die Fürsten samt den Landshutern mit großem Pomp über mehrere Wochen feierten. 1478 wurde die Braut nach Burghausen verbannt und Georg starb ohne männlichen Erben. Das Herzogtum Bayern-Landshut fiel nach blutigem Erbfolgekrieg an München, und Landshut verlor seine glanzvolle Residenz.

Doch mit Herzog Ludwig X. von Bayern, der seit 1516 als Mitregent seines Bruders und als Statthalter in Landshut residierte, zog allmählich die Renaissance auf der Burg ein. Leider haben sich aus dieser Zeit nur wenige Zeugnisse erhalten. Alte Ansichten überliefern die enge Bebauung des äußeren Burghofs mit Wirtschaftsgebäuden im 16. Jahrhundert. Unter anderem modernisierte Ludwig 1517/18 die Kapelle mit einem Netzgewölbe im spätgotischen Stil.

Prinz Wilhelm – der nachmalige Herzog Wilhelm V. von Bayern – gab die berühmte Narrentreppe in Auftrag und ließ sie mit lebensgroßen Szenen aus der italienischen Commedia dell' arte ausmalen. Die Landshuter Narrentreppe ist frühestes und einziges monumentales Bildzeugnis dieses an den Fürstenhöfen beliebten Zeitvertreibs. Der in Florenz geschulte Friedrich Sustris (um 1540–1599) entwarf die Malereien, die Alessandro Scalzi genannt Padovano († 1596) zwischen 1575 und 1579 ausführte.

Landshut, Burg Trausnitz (Foto: KlausF)

Nach Sustris' Plänen entstand 1578 das so genannte Ganggebäude, ein Laubengang in Höhe des Ersten Obergeschosses. Er erschloss unter anderem auch den Fürstenbau, dessen reiche Dekorationen aus der Zeit des 16. und 17. Jahrhunderts (Ausmalungen von Franz Joseph Geiger von 1675/76) beim verheerenden Brand 1961 ebenso zerstört wurden wie das fürstliche Absteigequartier König Ludwigs II. eine Etage oberhalb.

1869 hatte der Monarch den Ausbau dieses zweiten Obergeschosses als königliches Appartement im Stil der Neurenaissance angeordnet. Es umfasste acht Räume, von denen drei Prunkräume des Königs mit Audienzsaal, Arbeits- und Schlafzimmer am aufwändigsten gestaltet waren. Die Ausführung erfolgte bis 1875 durch die Architekten Leonhard Schmidtner (1800–1873) und Georg Dollmann (1830–1895). Benutzt wurde das Quartier nach seiner Fertigstellung weder von Ludwig II. noch von dessen Nachfolgern.

LANDSHUT, STADTRESIDENZ

Georg Braun und Franz Hogenberg priesen 1583 die Landshuter Stadtresidenz als „den stattlichen Palast [...] gemeinlich der Neue Bau geheißen. Ist gewaltig schön, künstlich und der ganzen Stadt zu einer Zierde, auf den Schlag der italienischen Kunst zu bauen, ganz artlich und subtil aufgeführt [...]." (zit nach: Stierhof 1994, S. 7) Die Keimzelle der Stadtresidenz war ab 1536 mit dem „Deutschen Bau" unter Herzog Ludwig X. entstanden. Während einer Italienreise, die den Herzog auch nach Mantua führte, begeisterte er sich an der Pracht des von Giulio Romano (1499–1546) errichteten Palazzo del Te in Mantua und verpflichtete daraufhin italienische Baumeister für sein Landshuter Projekt. Es entstand der „Italienische Bau" als erster Renaissancepalast auf deutschem Boden. Tatsächlich genießt die Stadtresidenz Landshut dank dieses „Italienischen Baues" als einziger Palast im Stil der italienischen Hochrenaissance nördlich der Alpen herausragenden kunst- und architekturgeschichtlichen Rang.

Landshut, Stadtresidenz (Foto: High Contrast)

Entstanden war dieses so genannte „Walhnhaus" oder „welsche Haus" seit 1537 hinter dem „Deutschen Bau" innerhalb eines Gebäudekomplexes, der sich von der Altstadt über die Ländgasse bis zur alten Stadtmauer an der Isar erstreckt und mehrere Höfe umfasst. Unter der Leitung des Augsburger Baumeisters Bernhard Zwitzel (um 1496–1570) wurde die Stadtresidenz im Stil der deutschen Renaissance begonnen. Durch italienische Meister folgte bis 1543 der „Italienische Bau". Er ist durch Flügelbauten um einen Arkadenhof mit dem „Deutschen Bau" verbunden. Die gewölbten Säle des Inneren wurden mit bedeutenden Bilderzyklen zu biblischen, mythologischen und historischen Themen sowie Stuckdekorationen nach italienischen Vorbildern ausgestattet. Vor Ort wirkten die Maler Hermanus Posthumus (um 1512/14 – vor 1588), der Salzburger Hans Bocksberger d. Ä. (um 1510–1561) und Ludwig Refinger (um 1510–1549). Die breite Antikenrezeption im Italienischen Bau blieb in Bayern einmalig. „Hier sind die meisten Räume mit Themen aus der antiken Mythologie oder Geschichte ausgemalt. [...] Als Quellen dienten in erster Linie die ‚Metamorphosen' Ovids, die ‚Geschichte Roms' von Livius, die ‚Denkwürdigen Taten und Aussprüche' des Valerius Maximus, Plutarchs ‚Vitae parallelae' [...] und die ‚Römische Altertumskunde' des Dionysios von Halikarnass." (vgl. Stierhof 2004, S. 55) 1543 war die gesamte Anlage fertiggestellt. Innerhalb der deutschen Renais-

sancearchitektur blieb die Stadtresidenz ein singuläres Werk.
Zwischen 1780 bis 1799 diente der Bau als Hofhaltung des Pfalzgrafen Wilhelm von Birkenfeld-Gelnhausen, Schwager des nachmaligen Königs Maximilian I. Joseph. In dieser Zeit erhielt der „Deutsche Bau" seine heutige klassizistische Fassade und die so genannten Birkenfeldzimmer. Die Arbeiten fanden unter der Leitung des kurbayerischen Hofbaudirektors Carl Albrecht von Lespilliez (1723–1796), Lieblingsschüler von François de Cuvilliés, statt. Seit ihrer Restaurierung in den Jahren 1993 bis 2003 verfügen die Birkenfeldzimmer wieder über frühe und kostbare klassizistische französische Papiertapeten. Sie wurden um 1803 angebracht, als Kurprinz Ludwig, der spätere König Ludwig I., die Birkenfeldzimmer anlässlich seines Studiums in Landshut bewohnte.

BAYERN-MÜNCHEN

DACHAU, ERSTE SOMMERRESIDENZ DER BAYERISCHEN WITTELSBACHER

„Dieses Schloß hat Hertzog Albrecht löblicher gedächtnuss erbawet, sich gern allda aufgehalten, so soll auch Keyser Carl (V.) und Keyser Ferdinand (I.) gern allda gewesen sein; hat einen trefflichen schönen prospectuum auf etliche meil wegs" (zit. nach Schmid 1992, S. 4), bemerkte der Augsburger Patrizier und Kunstkenner Philipp Hainhofer anlässlich eines Besuchs im Mai 1611 über Schloss Dachau. Es war die erste Sommerresidenz der bayerischen Wittelsbacher, die gleich zwei Vorzüge aufwies: zum einen die Höhenlage des Schlosses mit ihrem freien Blick bis hin zu den Alpen, sowie den Blick auf die Residenzstadt München und das umgebende Herzogtum Bayern und zum anderen die Beliebtheit des Ortes als stattlicher Land-

Schloss Dachau vom Hofgarten (Foto: Guido Radig)

sitz vor den Toren Münchens. Bauherren der ehedem sehr beeindruckenden Vierflügelanlage waren die Herzöge Wilhelm IV. und Albrecht V., die die mittelalterliche Burganlage der Grafen von Dachau, einer Nebenlinie der Grafen von Scheyern, ab 1546 bzw. zwischen 1558 und 1577 durch ihre Hofbaumeister Heinrich Schöttl und Wilhelm Egkl umbauen und erweitern ließen.

Aus dieser Zeit stammt die prunkvolle kassettierte Renaissanceholzdecke im Festsaal (1564/67) vom Münchner Kistler Hans Wisreutter. Sie gilt als eine der Bedeutendsten nördlich der Alpen. Hans Thonauer d. Ä. schuf 1567 den teils ornamentalen, teils figürlichen mythologischen Fries im Wandstreifen unterhalb der Saaldecke. Ursprünglich komplettierte ein Boden aus hellem Kalkstein und roten Marmorplatten von Hofbildhauer Caspar Weinhart und Steinmetzmeister Andre Wolff den Raumeindruck des 34,5 Meter langen, 11,6 Meter breiten und knapp 9 Meter hohen Saales. Er gehört nach dem Wiedereinbau der Holzkassettendecke in den 1970er Jahren zu den frühesten und bedeutendsten Prunksälen der Renaissance in Süddeutschland.

Unter Erbprinz Wilhelm V. (1548–1626), dem Sohn Herzog Albrechts, wurde 1578 der zugehörige Renaissancegarten auf einer Grundfläche von 145 x 95 Metern angelegt. Er war damit wesentlich kleiner als Wilhelms Lustgarten in Landshut, verfügte jedoch über 16 quadratische, buchsbaumgesäumte Beete, die mit Kräutern, Blumen und veredelten Obstbäumen bepflanzt waren. Zu den Besonderheiten gehörte ein Labyrinth, das in keinem Garten der Renaissance fehlen durfte.

München, Alter Hof, um 1900

Unter Kurfürst Max Emanuel, der eine besondere Liebe für Dachau empfand, erlebte das Schloss zwischen 1715 und 1717 eine größere Veränderung. Er ließ durch seinen Hofbaumeister Joseph Effner den bis heute erhaltenen Gartentrakt (Südwestflügel) der seinerzeit noch vierflügeligen Schlossanlage modernisieren. Dabei erhielt die Gartenfront ihre barocke Gestalt. Im Inneren ließ er ein modernes, barockes Treppenhaus einbauen, zwei Säle neu gestalten und ein fürstliches Appartement einrichten. Die Raumfolge aus Unterem Vestibül, Treppenhaus und Oberem Vestibül ist bis heute erhalten. Diese ersten selbstständigen Arbeiten Effners waren durch französische Impulse, besonders des Palais du Petit-Luxembourg in Paris beeinflusst. Schließlich hatte der bayerische Hofbaumeister 1713/14 als Bauführer von Germain Boffrand (1667–1754) in Paris gewirkt. Effner gestaltete mit seinem Bruder –, dem Dachauer Hofgärtner Johann Christoph Effner –, auch den Schlossgarten um.

An die Stelle von Blumen- und Kräuterbeeten traten zwei große, mit geschnittenem Buchsbaum und Blumenrabatten verzierte Broderieparterres. Gleichzeitig ließ der Kurfürst ein kleines Waldstück westlich des Gartens ankaufen und dort von Effner einen Spielgarten unter anderem mit einer Kegelbahn einrichten. Unter Kurfürst Max III. Joseph wurde ein Teil der Außenlagen im Stil eines englischen Landschaftsgartens umgestaltet. Anfang des 19. Jahrhunderts wurde der Garten vereinfacht. Der Hofgärtenintendant Friedrich Ludwig Sckell (1750–1823) ließ ab 1802 innerhalb der Gartenmauern Obstbäume pflanzen, um den Betrieb vor Ort wirtschaftlicher auszurichten. Der Spielgarten im Wäldchen verfiel.

In dieser Zeit wurden auch drei Viertel der Schlossanlage abgebrochen. Einzig der von Effner

München, Alter Hof

umgestaltete Gartentrakt blieb erhalten, wurde jedoch im 19. Jahrhundert als Getreidespeicher und Ökonomiegebäude zweckentfremdet genutzt. Daher entschloss man sich auch, die wertvolle Holzkassettendecke auszubauen. Ab 1908 wurde das Schloss für Ausstellungen der Dachauer Künstlervereinigung genutzt. Bis 1977 kehrte auch die Kassettendecke zurück. 1979 wurde der restaurierte Festsaal wieder der Öffentlichkeit präsentiert. Bekannt sind heute vor allem die beliebten Dachauer Schlosskonzerte.

MÜNCHEN, ALTER HOF

Die Vierflügelanlage des Alten Hofs ist die erste Residenz der Wittelsbacher in München. Sie lag ursprünglich innerhalb des ersten Mauerrings an der Nordostecke der Stadt. Grabungsfunden zufolge befand sich hier schon im 12. Jahrhundert eine erste Burganlage. Etwa ab 1253 neu errichtet, diente der Alte Hof von 1255 an als Residenz Herzog Ludwigs II., des Strengen, dessen Sohn Ludwig der Bayer sie 1328–1347 zur ersten festen Kaiserresidenz machte. Die erste urkundliche Erwähnung der mehrfach veränderten und erweiterten Burg datiert ins Jahr 1319. Unter Ludwig dem Bayern entstand der Saalbau an der Westseite (Zwingerstock). In der zuvor errichteten Lorenzikapelle im westlichen Teil des Nordflügels (Lorenzistock) wurden die Reichskleinodien aufbewahrt. An Stelle der

München, Alte Münze, Renaissance-Innenhof. Herzog Albrecht V. ließ den Bau 1563–1567 von Bernhard Zwitzel (um 1496–1570) als Marstall- und Kunstkammergebäude errichten. (Foto: HinricusLeo)

Kapelle entstand 1816–1819 der Neubau des Rentamts von Mathias Rösler und Michael von Riedl, dem 1831/32 der Neubau des dreigeschossigen östlichen Burgstocks nach Plänen Georg Friedrich Zieblands folgte. Unter Herzog Sigismund, der ab 1463 zusammen mit seinem jüngeren Bruder Albrecht IV. regierte und sich 1467 nach Blutenburg zurückzog, war ein Jahr zuvor der Neuausbau des Zwinger- und des Burgstocks erfolgt, wo der hölzerne Erker an die Sage erinnert, dass ein Affe aus der herzoglichen Menagerie den kleinen Ludwig den Bayern entführt und erst nach langem Zureden wieder in die Burg zurückgebracht habe.

Albrechts Sohn Wilhelm IV. verlegte im 16. Jahrhundert seinen Regierungssitz in die Neuveste im Bereich der heutigen Residenz, so dass der Alte Hof nurmehr Verwaltungszwecken diente. Heute ist im Burgstock der „infopoint museen & schlösser in bayern" untergebracht. Außerdem bietet seit Mai 2007 die Multimedia-Ausstellung Informationen zum Alten Hof und seiner Bedeutung für München und Bayern.

An der Schnittstelle zwischen dem Alten Hof im Süden und der Neuveste im Norden (heute Residenz) ließ Herzog Albrecht V. 1563–1567 das Marstall- und Kunstkammergebäude (Alte Münze) errichten. Mit beiden war das wohl nach Plänen des Augsburger Stadtwerkmeisters Bernhard Zwitzel entstandene und durch Wilhelm Egkl aufgeführte Gebäude durch gedeckte Gänge verbunden. Die vier Flügel umschließen einen rund 35 × 12 Meter großen dreigeschossigen Arkadenhof, der neben dem des Stuttgarter Alten Schlosses zu den schönsten der deutschen Renaissance zählt. Während im Erdgeschoss der Marstall untergebracht war, fanden sich im zweiten Obergeschoss die Kunstsammlungen Albrechts V. in der typischen Art der „Kunst- und Wunderkammern" der Renaissance. Als Ort der Kunstsammlung ist die Alte Münze damit das älteste „Museum" Bayerns und eines der ältesten nördlich der Alpen. Zwischen 1807 und 1809 wurde das Gebäude durch den Hofbauintendanten Andreas Gärtner (1744–1826), den Vater Friedrich von Gärtners, für die Königliche Münze als Hauptmünzamt umgebaut. Dabei entstand auch die klassizistische Fassade zum Hofgraben mit Ludwig von Schwanthalers (1802–1848) Allegorie der Prägekunst.

Straubing, Blick zum Herzogsschloss – Illustration aus der Zeitschrift „Die Gartenlaube", 1873

BAYERN-STRAUBING

STRAUBING, HERZOGSSCHLOSS

Das älteste Herzogsschloss von Straubing wird in der Nähe der Jakobskirche vermutet. Unter Herzog Albrecht I. von Bayern-Straubing (1336–1404) entstand ab 1356 die bestehende Anlage in der nordöstlichen Ecke der Stadt und unmittelbar am Donauübergang. Der donauseitige Flügel mit den beiden Türmen ist der älteste Teil des Schlosses. 1358 übernahm Albrecht als Graf von Holland, Seeland und Hennegau sowie Herr von Friesland auch die Herrschaft in den Niederlanden. Dorthin holte er 1360 seine Familie und residierte überwiegend in Den Haag. Straubing wurde zur Nebenresidenz.

Dort wurde 1393 die ab 1373 entstandene Hofkapelle geweiht, aus der nach dem Neubau des Kirchenschiffes in der zweiten Hälfte des 15. Jahrhunderts die heutige Schlosskapelle St. Sigmund und St. Georg hervorging. Aus der ersten Bauphase ist bis heute das dreiseitige Altarchörlein erhalten. Der donauseitige Fürstenbau, zugleich Haupttrakt der Schlossanlage,

wurde 1422 aufgestockt. Im Erdgeschoss befindet sich die Dürnitz, ein Geschoss darüber ist der Rittersaal und jeweils seitlich finden sich die herzoglichen Wohnräume mit den beiden Ecktürmen. Sie geben als Herzogs- und Kemenatenturm bis heute über die einstige Funktion Aufschluss. Ebenfalls an der Donau befindet sich der ehemalige Salzstadel, und an der Südwestecke ist das vormalige Rentamt. Es wurde 1739 von Joseph Effner (1687–1745) und Johann Baptist Gunetzrhainer (1692–1763) umgebaut.

Das herzogliche Schloss nahm von Beginn an neben den fürstlichen Wohnräumen auch die Verwaltung auf und diente als Verteidigungsbollwerk etwa gegen die Hussiten. 1755 wurden die fürstlichen Wohnräume in eine Kaserne verwandelt, und der einstmals prächtige, nach holländischen Vorbildern gestaltete spätgotische Festsaal wurde in einzelne Räume aufgeteilt. Im 15. Jahrhundert gehörte dieser prachtvolle Festsaal zu den größten seiner Art in Deutschland. Erst 1906 waren die Zeiten des Schlosses als Kaserne zu Ende. In den 1990er Jahren gelang es, die Decke des Rittersaales wieder freizulegen. Erst infolge einer Sanierung des Gebäudes in dieser Zeit sind weite Teile auch als Veranstaltungsort wieder zugänglich.

Heute bietet das als Finanzamt, Stadtarchiv und Stadtbibliothek genutzte Schlossensemble den Rahmen der alle vier Jahre stattfindenden Agnes-Bernauer-Festspiele. Die Augsburger Baderstochter Agnes Bernauer († 1435) hatte hier einstmals als bayerische Herzogin und Gemahlin Herzog Albrechts III., des Frommen, von Bayern-München (1401–1460) gelebt, war jedoch im Oktober 1435 auf Geheiß ihres Schwiegervaters Herzog Ernst von Bayern-München (1373–1438) in der Donau ertränkt worden. Der Mord, begangen aus Gründen der Staatsräson, führte dazu, dass der Herzog eine tägliche Messe stiftete. Die Festspiele fanden anlässlich des 500. Todesjahres 1935 erstmals statt.

Straubing, Herzogsschloss an der Donau (Foto: Ludwig Lanzinger)

München, Herzog-Max-Burg, um 1900

GEEINTES HERZOGTUM UND KURBAYERN

MÜNCHEN, HERZOG-MAX-BURG

Die Herzog-Max-Burg entstand als so genannte „Wilhelminische Veste" unter Herzog Wilhelm V., dem Frommen, zwischen 1593 und 1596 und sollte ursprünglich an Stelle der Neuveste die Residenz des Herzogs aufnehmen. Der etwa gleichzeitig mit der St. Michaelskirche und dem Jesuitenkolleg entstandene weitläufige Bau gruppierte sich um drei Höfe und war durch den Wilhelmsbogen mit dem Jesuitenkolleg und der Michaelskirche verbunden. Am Ende diente sie Wilhelm nur als Alterssitz. Im 17. Jahrhundert erhielt die ursprünglich von Heinrich Schön d. Ä. errichtete Renaissanceanlage unter Herzog Maximilian Philipp den Namen Maxburg. Nach ihrer Kriegszerstörung erinnert heute nurmehr der 1953–1955 renovierte und freigestellte Turm an der Pacellistraße an den Ursprungsbau.

München, ehemalige Neuveste, Georgssaal. Hochzeitsbankett Erbherzog Wilhelms V. mit Renata von Lothringen am 22. Februar 1568, Radierung von Nicolaus Solis, 1568 (Ausschnitt)

MÜNCHEN, NEUVESTE UND RESIDENZ

Keimzelle der Münchner Residenz war die ab 1385 von den Herzögen Stephan III., dem Kneißl, und seinen Brüdern Friedrich und Johann im Nordostwinkel der erweiterten Stadtmauer errichtete Neuveste, die vor allem als Fluchtburg für den nahe gelegenen „Alten Hof" dienen sollte. Zwischen 1470 und 1500 wurde diese Fluchtburg zu einer vierflügeligen Wasserburg erweitert. Mit dem Aufstieg Münchens zur Hauptstadt Gesamtbayerns 1505 und der Einführung der Primogenitur 1506 unter Herzog Albrecht IV. verlor die Neuveste zunehmend ihren wehrhaften Charakter und wandelte sich unter ihrem Baumeister Leonhard Halder zum neuen festen Regierungssitz. Während der folgenden Regierungszeit Albrechts V. erlebte die Neuveste ihre letzte prunkvolle Ausgestaltung mit dem St. Georgssaal Wilhelm Egkls, der seinerzeit zu den größten und prächtigsten Prunksälen ganz Süddeutschlands gehörte, jedoch beim Residenzbrand von 1750 vollständig zerstört wurde. Ein anderes Gebäude aus Albrechts Regierungszeit hat überdauert: das 1568 bis 1571 südlich der Neuveste entstandene Antiquarium zur Aufnahme des Antikensaales und der Hofbibliothek darüber. Dieser größte profane Renaissancesaal nördlich der Alpen wurde unter Wilhelm V. und Maximilian I. prunkvoll ausgestattet. Als „Geheimes Lust- und Residenzgärtlein" hatte sich Herzog Wilhelm V. im Anschluss an den Antiquariumstrakt 1581–1586 durch Friedrich Sustris den Binnengarten des Grottenhofs anlegen lassen. Die Arkadenarchitektur der Grottenhalle zieren schlanke toskanische Säulen aus Adneter Mar-

Residenzstraße im Jahr 1826 in Richtung des Max-Joseph-Platzes, Gemälde von Domenico Quaglio (1787–1837)

mor. Heimische Kiesel, Bergkristalle, Tropfstein, Korallenäste und teils farbig gefasste Muscheln prägen bis heute das ursprüngliche an florentinischen Vorbildern orientierte Erscheinungsbild.

Unter Maximilian I. wurde die Residenz durch Heinrich Reiffenstuel und Heinrich Schön d. Ä. weiter großzügig ausgebaut. Dabei entstanden 1612–1616 die Kaiserhoftrakte mit den Stein- und Trierzimmern, der Reichen Kapelle, der Kaiserhoftreppe und dem Hofgarten. Im Brunnenhof zieht der zentrale Wittelsbacherbrunnen die Blicke auf sich. Maximilian I. hat ihn günstig aus der Erbmasse seines Onkels Herzog Ferdinand erwerben können und widmete ihn durch die neue bekrönende Bronzestatue des ersten bayerischen Herzogs Otto von Wittelsbach erst zu einem Memorialbrunnen seines Hauses um. Hubert Gerhard hat diese Skulptur 1592/93 geschaffen. Das vierpassförmige Becken wird umsäumt von den vier Elementen (Vulkan, Juno, Neptun und Ceres), vier Flussgöttern, vier Tritonenkindern sowie vier Fabeltiergruppen und ist seit 1613 in dieser Anordnung bezeugt. Der achteckige Hof selbst ist zwischen 1612 und 1616 aus teils bestehenden und teils neu geschaffenen Bauteilen entstanden. Hinzu traten unter Maximilians Nachfolgern die nicht minder prunkvollen Raumfluchten der Kurfürsten- und Reichen Zimmer nach Entwürfen François de Cuvilliés d. Ä. Der Wallone stattete die Raumfolge der im Ost- und Südflügel des Grottenhofbaues gelegenen Reichen Zimmer nach dem Residenzbrand von 1729 bis 1733 mit großer Prachtentfaltung neu aus. Daran beteiligt waren Johann Baptist Zimmermann als Stuckateur sowie die Holzbildhauer Joachim Dietrich, Wenzeslaus Miroffsky und Adam Pichler.

Im 19. Jahrhundert traten noch Klenzes Königs- und Festsaalbau für Ludwig I. hinzu, die der Residenz vor allem nach Norden und Süden ihr heutiges Erscheinungsbild verleihen. Der Festsaalbau vereint mit seiner an oberitalienischen Vorbildern der Renaissance orientierten Fassade Teile der maximilianischen Re-

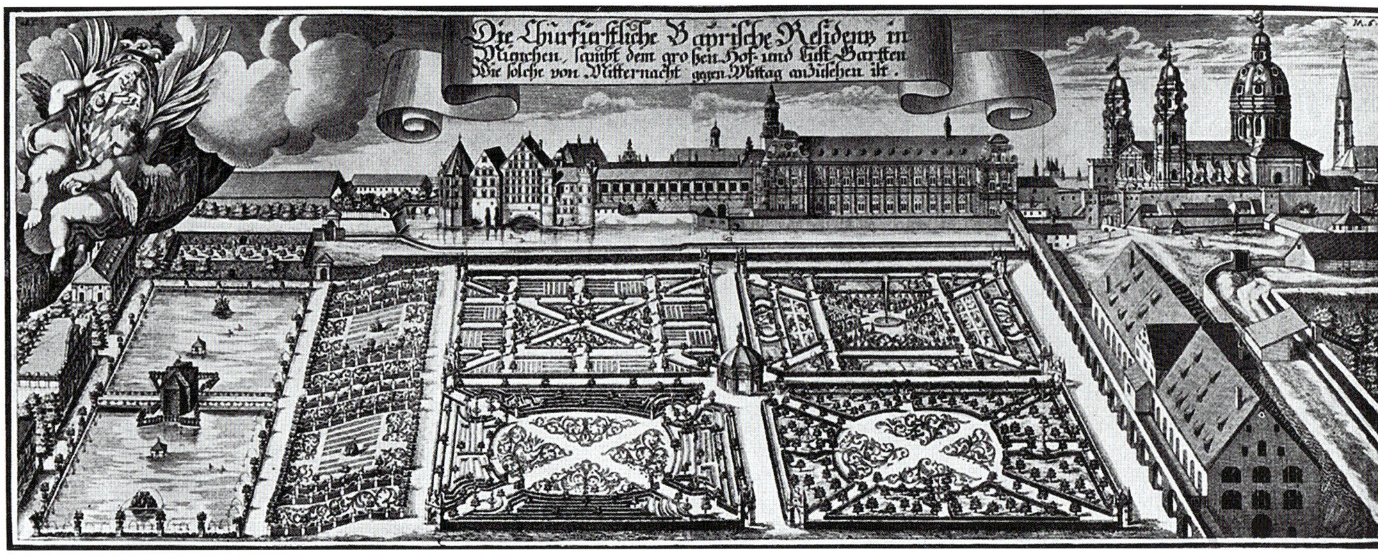

Residenz München, Blick auf den Hofgarten in der Zeit um 1700. Vorn rechts fällt der Blick auf das Turnierhaus, Kupferstich von Michael Wening

sidenz des 17. Jahrhunderts und den kompletten Neubau Leo von Klenzes von 1835 bis 1842. 57 Achsen prägen die Front zum Hofgarten, wobei der zentrale Balkon-/Arkadenvorbau, dem im Innern der Thronsaal entsprach, die Fassade besonders akzentuiert. Die Arkaden des Hauptgeschosses mit ihren zehn vorgesetzten ionischen Säulen tragen das Gebälk, das von je zwei seitlichen, von Ludwig von Schwanthaler geschaffenen Löwen und den Allegorien der damals acht Kreise Bayerns bekrönt wird. Die von Ludwig Schnorr von Carolsfeld für den Königsbau geschaffenen Wand- und Deckenmalereien der Nibelungensäle waren damals die ersten monumentalen Darstellungen des Nibelungenliedes. Ein kurzes Intermezzo bildete der wuchtige Wintergarten Ludwigs II. auf dem Festsaalbau, gleich neben dessen 1867–1869 entstandenen privaten Wohnräumen im obersten Stockwerk des nordwestlichen Eckpavillons des Festsaalbaues. Bereits 1863 hatte Ludwig als Kronprinz die von den damaligen Repräsentationsgemächern weit abgelegenen und durch eine separate Treppe erschlossenen Räume bezogen. Sie lagen direkt am Hofgarten, der ab 1613 außerhalb der damaligen Befestigungen unter Herzog Maximilian I. mit dem Bau der neuen Residenz entstanden war und in dessen Zentrum sich bis heute der 1615 von Heinrich Schön d. Ä. errichtete Pavillon erhebt. Mit seinen acht Eingangsbögen nimmt er Bezug auf die Struktur

Residenz München, Schlafzimmer der Kurfürstin Henriette Adelaide (Päpstliche Zimmer), um 1910

Residenz München, Konferenzzimmer der Reichen Zimmer von François Cuvilliés d. Ä., um 1900

aus Kreuz- und Diagonalwegen. Die Kuppel wird von Hubert Gerhards um 1590 entstandenem Bronzestandbild der „Tellus Bavarica" beherrscht. Ursprünglich prägten Maulbeergänge, Buchsornamente, Brunnen und Spaliere das Erscheinungsbild des Renaissancegartens, in dessen östlichem Teil sich bis 1796 ein Wasserbassin befand. Zu den Veränderungen des 18. Jahrhunderts zählen die großkronigen Bäume ringsum, die heute den Garten rahmen. Im Norden und Westen bilden die Hofgartenarkaden die architektonische Grenze des Grünraums. Die nördliche Bogengalerie ließ Kurfürst Carl Theodor 1780/81 durch Karl Albrecht von Lespilliez zur Aufnahme der stark gewachsenen Gemäldebestände mit einem Galeriegebäude überbauen, das zum wichtigsten Vorläufer moderner Gemäldegalerien wurde.
Zwei Jahre nach dem Ende der Monarchie öffnete 1920 das Residenzmuseum seine Pforten, das seither neben den fürstlichen Wohnräumen auch die Spezialsammlungen der Silber-, Reliquien- und Paramentenkammern und nicht zuletzt die Prunkstücke der Schatzkammer präsentiert.

MÜNCHEN, SCHLOSS NYMPHENBURG

In seiner Verbindung von Architektur und Gartengestaltung ist Schloss Nymphenburg ein Gesamtkunstwerk europäischen Ranges. Seine Entstehung verdankt es der Geburt des Thronfolgers Max Emanuel, in dessen Folge Kurfürst Ferdinand Maria den Architekten Agos-

Schloss Nymphenburg

Schlossanlage Nymphenburg mit Zirkelbauten und Nymphenburger Kanal, Luftaufnahme von Wolfgang Pehlemann

Schloss Nymphenburg von Westen, Gemälde von Bernardo Bellotto genannt Canaletto (1721–1780), 1761

tino Barelli 1664 beauftragte, neben der Theatinerkirche auch einen Schlossbau außerhalb der Haupt- und Residenzstadt zu errichten. 1663 hatte der Kurfürst dafür die gut zwei Wegstunden westlich zwischen den Orten gelegene Schwaige Kemnat erworben und seiner Frau Henriette Adelaide von Savoyen zum Geschenk gemacht. Den schlichten kubischen (Kern-)Bau Barellis im Stil einer „Villa Suburbana" ließ der Sohn und Nachfolger Max Emanuel 1701 durch Enrico Zuccalli (um 1642–1724) durch seitliche Galerien und Pavillons erweitern. Die weitere Planung lag ab 1715 in den Händen von Joseph Effner, der die Fassade des Mittelpavillons nach französischem Vorbild modernisierte und die kurfürstlichen Appartements neu gestaltete. Der Fest-, Große oder Steinerne Saal im Herzen des Mittelpavillons übt bis in die Gegenwart einen überwältigen Eindruck auf den Betrachter aus. Dazu tragen zweieinhalb Geschosse, Kolossalpilaster, Gebälk und das hohe Spiegelgewölbe sowie eine Ausstattung bei, die vom ersten Viertel des 18. Jahrhunderts unter Henrico Zuccalli und Joseph Effner bis zur Umgestaltung unter Max III. Joseph 1755/57 wuchs, als Johann Baptist Zimmermann den Saal unter Leitung von François Cuvilliés d. Ä. umgestalten ließ. Die großartig einheitliche Raumdekoration von Johann Baptist Zimmermann, ausgeführt zusammen mit

Schloss Nymphenburg, Steinerner Saal, um 1910

seinem Sohn Franz Michael sowie Martin Heigl, beherrscht mit farbenfrohen Freskogemälden an Decken und Wänden sowie üppigen Rokokostuckaturen den Raum. Unter Effner erhielt die Anlage ihre heutigen Ausmaße mit den sich an die Pavillons anschließenden Vierflügelanlagen. Zwischen 1729 und 1758 entstanden unter Max Emanuels Nachfolgern Carl Albrecht bzw. Max III. Joseph vermutlich nach Effners und Dominique Girards Ideen die im Halbrund zur Stadt hin angeordneten Rondellbauten, die den kleinen Jagd- und Sommersitz zu einer ausgedehnten absolutistischen Sommerresidenz machten.

Den zugehörigen Schlossgarten machte Kurfürst Carl Theodor neben dem Englischen Garten 1792 der Allgemeinheit zugänglich. Zwischen 1804 und 1823 erhielt der bis dahin französische Barockgarten unter Friedrich Ludwig Sckell den Charakter eines englischen Landschaftsgartens unter Wahrung der barocken Grundstrukturen des Parterres und des mittelaxialen Teiles mit Kanal und Kaskade. Eine Besonderheit des Nymphenburger Schlossgartens bilden die vier kostbar gestalteten ‚Parkburgen', darunter die 1734–1739 für die Kurfürstin Maria Amalia entstandene Amalienburg. Architekt war wiederum François Cuvilliés d. Ä., der ein eingeschossiges Gebäude auf länglichem Grundriss schuf, in dem der erhöhte zentrale Kuppelraum auf der einen Seite konvex vorspringt, während auf der anderen durch vorspringende Seitenflügel ein eingeschwungener kleiner Ehrenhof angedeutet wird.

Neues Schloss Schleißheim, Gartenseite mit barockem Parterre (Foto: Diego Delso)

SCHLEISSHEIM, SCHLOSS

Weitgesteckte politische Ambitionen, die zuletzt in Richtung der Kaiserwürde zielten, boten den Anlass zum Bau des Neuen Schlosses Schleißheim weit vor den Toren der bayerischen Haupt- und Residenzstadt. Bauherr Kurfürst Max Emanuel hatte Enrico Zuccalli mit der Planung des 1701 bis 1704 begonnenen Schlosses betraut, das nach mehrjähriger Unterbrechung zwischen 1719 und 1726 unter Joseph Effner vollendet wurde. Allerdings blieb

Schloss Lustheim (Foto: Diego Delso)

von der geplanten monumentalen Vierflügelanlage Zuccallis nur der jetzige Hauptflügel des Neuen Schlosses als selbstständiger Schlossbau übrig. An der prunkvollen Ausstattung der Innenräume wirkten bedeutende Künstler, darunter Cosmas Damian Asam, Jacopo Amigoni, François Cuvilliés d. Ä. oder Johann Baptist Zimmermann mit. Zu Effners Leistungen zählen neben den Oberflächengliederungen des Außenbaues, die im 19. Jahrhundert teilweise der Purifizierung Leo von Klenzes zum Opfer fielen, die Raumdekorationen von Weißem- und Viktoriasaal, Treppenhaus, Galerie und Maximilianskapelle sowie der fürstlichen Appartements. Zu den Besonderheiten gehört die seit der Barockzeit kaum veränderte Gartenanlage, deren Grundstrukturen Zuccalli 1684 festgelegt hatte, nach denen bis 1705 zunächst die Bosketts ausgeführt wurden. 1715 entstanden nach Plänen des Le-Nôtre-Schülers Dominique Girards Gartenparterre und Kaskade. Ihm ist die großartige Tiefenwirkung der Hauptachse zu verdanken, in deren Zentrum um 1781 der breite Kanal entstand, der Schleißheim und das Gartenschloss Lustheim miteinander verbindet.

Aus politischem Ehrgeiz und nicht zuletzt als Bau des ‚Türkensiegers' ließ Max Emanuel zwischen 1684 und 1688 das Gartenschlösschen **Lustheim** errichten. Der freistehende, zweigeschossige Bau über dem symmetrisch angelegten H-förmigen Grundriss bildete zugleich den Auftakt für die Neukonzeption der Schleißheimer Schlossanlage. Mit der Planung wurde Henrico Zuccalli beauftragt, der mit Lustheim sein erstes eigenes Projekt verwirklichte. Das kleine Schlösschen war als Festbau und Jagdschloss konzipiert, wohin sich der Kurfürst mit ausgewähltem Gefolge zurückziehen konnte. Die Deckenfresken, im Übrigen der erste große Zyklus barocker Deckenmalereien in Bayern, verherrlichen sämtlich Diana als Göttin der Jagd. Im Sinne der barocken Metaphorik ist Diana als mythologische Allegorie auf Kurfürstin Maria Antonia zu verstehen, die Max Emanuel 1685 geheiratet hatte. Das Bildprogramm huldigt beiden und zugleich der Allianz Bayern-Österreich, die mit der Hochzeit herbeigeführt worden war. Die Fresken wurden von Francesco Rosa, Antonio Bernardi, dem mit Zuccalli verwandten Giovanni Trubillio und Johann Anton Gumpp geschaffen. Ein Vorbild des nach 1700 von einem ringförmigen Kanal umgebenen Schlosses wird im Jagdschloss von Max Emanuels Großeltern bei Turin gesehen. *Venaria Reale* verfügte mit dem *Tempio di Diana* ebenfalls über einen Inselpalast mit ähnlichem Dianaprogramm wie Lustheim. Die geniale Anlage einer Orangerie im Halbkreis um das Schloss war um die Mitte des 18. Jahrhundert derart baufällig, dass heute nurmehr die Pavillons der Renatuskapelle und der Stallung daran erinnern.

KÖNIGREICH BAYERN

EDENKOBEN, SCHLOSS VILLA LUDWIGSHÖHE

Steingewordene Manifestation von Herrschaft – damit lässt sich der Bau von Schloss Villa Ludwigshöhe oberhalb von Edenkoben umschreiben. Die Neuordnung Europas nach den Befreiungskriegen (1813–1815) brachte dem jungen Königreich Bayern neben den säkularisierten unterfränkischen Gebieten mit Würzburg und Aschaffenburg (1814) im Zweiten Pariser Frieden (1815) den Wiedergewinn der linksrheinischen Pfalz. Die Rheinpfalz war altes wittelsbachisches Stammland, aus dem seit der Trennung der bayerischen und der Pfälzer Linie im Hausvertrag von Pavia 1329 die „Pfalzgrafen bei Rhein" hervorgingen. Was lag nun näher, als die beiden gewonnenen Gebiete mit Königsbauten auszustatten, um darüber den Herrschaftsanspruch zu dokumentieren und die Präsenz des Landesvaters zu verbürgen? Ludwig I. setzte die Pläne in die Tat um und ließ neben dem Aschaffenburger Pompejanum (1840–1847/48) auch das Schloss Villa Ludwigshöhe bei Edenkoben errichten. Doch anders als in Aschaffenburg hatte in der Pfalz bereits Ludwigs Vater Maximilian I. als Kronprinz Pläne entwickelt, das symbolträchtige Hambacher Schloss als neugotische „Maxburg" wiederaufzubauen. Ein Teil der historischen Ruine wurde dabei überbaut, und das Projekt wurde erst 1846 zu Gunsten der Ludwigshöhe verworfen. Im Falle einer Vollendung

Schloss Villa Ludwigshöhe bei Edenkoben

des Projektes wäre jede Erinnerung an die Ruine und das Hambacher Fest von 1832 ausgelöscht worden.

Ludwig I. trug sich ohnehin mit anderen Plänen. Bereits 1826 äußerte sich der junge König in einem Brief aus Colombella an Johann Martin Wagner: „Sie können Gutensohn und Thürmer [Architekten – d. Verfasser] und wem Sie sonst Lust haben sagen, daß ich einst [...] vorhabe [...] aufzuführen, desgleichen eine Villa italienischer Art, nur für die schöne Jahreszeit bestimmt, und das in des Königreichs mildestem Teile [...]". Noch ist der Ort unbestimmt. Erst 1843 hört man von der Entscheidung, diese Villa bei Edenkoben bauen zu lassen, wobei die Ortswahl auf die Schwiegertochter Ludwigs, Prinzessin Marie von Preußen, zurückgehen soll, die die Gegend um Edenkoben anlässlich einer gemeinsamen Reise Ludwigs und des Kronprinzenpaares besonders gelobt haben soll.

Im Juni 1845 bestimmte Ludwig I. den konkreten Bauplatz: ein Vorsprung, genannt der Breitenbühl, zwischen Tiefen- und Modenbach. Im gleichen Jahr wurden die benötigten Grundstücke zu Füßen der Rietburg von den Gemeinden Edenkoben und Rhodt erworben. Die Bezeich-

Schloss Villa Ludwigshöhe bei Edenkoben

Schloss Villa Ludwigshöhe bei Edenkoben, Fassade

nung der bislang namenlosen Villa trug Ludwig erstmals im Dezember 1845 in sein „Kabinetts-Kassa-Buch" ein. Er vermerkte: „Ludwigshöhen Villa in der Pfalz auf der Hardt bei Roth über Edenkoben". Am 18. Mai 1846 wurde der Grundstein gelegt. Die Planung zur Villa lag dabei in den Händen des Hofarchitekten Friedrich von Gärtner (1792–1847), der jedoch schon am 21. April 1847 verstarb. Gärtner folgte Leo von Klenze (1784–1864), Leiter der königlichen Hofbau-Intendanz und Chef der obersten Baubehörde in München, nach, wobei Gärtners Pläne beibehalten wurden. Eine Unterbrechung der Bauarbeiten brachte allerdings das Jahr 1848, als der König nach der Affäre mit Lola Montez abdanken musste und sich revolutionäre Unruhe ausgebreitet hatte. Erst im Herbst desselben Jahres ging der Bau voran. Beinahe hätte Ludwig 1850 die unfertige Villa jedoch verkauft, als die Gemeinde Edenkoben beabsichtigte, das nahegelegene Kastanienwäldchen zu roden, um Weinberge anzulegen und größere Gewinne zu erwirtschaften. Ludwig wollte die entsprechenden Grundstücke kaufen, um das Wäldchen zu erhalten, doch schienen ihm das Zögern des Gemeinderats und der geforderte Preis zu hoch. 1850 wandte er sich an den Regierungspräsidenten der Pfalz, Gustav von Hohe, mit dem Auftrag die Veräußerung der Villa samt Nebengebäuden zu prüfen. Jetzt erst lenkte die Gemeinde Edenkoben ein und veräußerte den Kastanienwald am 31. Juli 1850 für 12 000 Gulden an den König. Am 6. Juli 1852 konnte Ludwig seine Villa erstmals beziehen. Er kam mit seiner Frau Therese und Tochter Mathilde, Großherzogin von Hessen-Darmstadt. Von 1852 an kam Ludwig jedes zweite Jahr bis zu seinem Tod 1868 auf die Ludwigshöhe, um hier am 25. August seinen Geburtstag zu feiern. Nach dem Tode Ludwigs I. fiel die Villa an seinen Enkel Prinz Ludwig Ferdinand und verblieb bis 1975 in Familienbesitz, verwaltet durch den Wittelsbacher Ausgleichsfonds. Besonders eng zeigte sich der letzte bayerische Kronprinz Rupprecht (1869–1955) mit der Ludwigshöhe verbunden. 1910 und zuletzt 1953 weilte er hier. Rupprecht war es auch, der die 1943 durch eine Luftmine beschädigte Villa instand setzen und möblieren ließ, um sie der Öffentlichkeit zugänglich zu machen. Mit dem Erwerb durch das Land Rheinland-Pfalz 1975 und die anschließende Restaurierung öffnete 1980 neben den historischen Räumen auch die Max-Slevogt-Galerie als Außenstelle des Rheinischen Landesmuseums Mainz hier ihre Pforten. Der gebürtige Bayer Max Slevogt (1868–1932), der neben Liebermann und Corinth zu den großen deutschen Impressionisten zählt, fand in der Pfalz seine eigentliche Heimat. Im nahen Leinsweiler-Neukastel liegt der Sommersitz des Künstlers – der Slevogthof. 121 Gemälde seines Nachlasses vereint die Galerie auf der Ludwigshöhe.

Schloss Villa Ludwigshöhe bei Edenkoben, Luftbild von Roland Hauck

Eine besondere Kostbarkeit stellen die ‚pompejanischen' Wand- und Deckenmalereien im Erdgeschoss der Villa dar. Während die Decken mit Leimfarben bemalt wurden, bestehen die Wandmalereien aus Harzölfarben über einem mit Schellack abgesperrtem Kalkputz. Nach der Wiederentdeckung der vom Vesuv verschütteten

Städte Herculaneum (1738) und Pompeji (1748) war das Interesse an antiken Wandmalereien stark gestiegen. Als Ludwig I. und Friedrich von Gärtner 1839 Pompeji besuchten, zeichnete Gärtner Fußböden und Wandmalereien. Die Dekorationen der Ludwigshöhe folgen dem so genannten „Vierten Stil", der vermutlich in der Zeit um 50 n. Chr. einsetzte. Auch bei den Deckenmalereien fand eine Orientierung an pompejanischen Vorbildern statt. Frei kombiniert wurden hier auch die den antiken Vorbildern entliehenen Dekorationen der Fußböden. Anders als dort verwendete man in der Villa dünne Plättchen verschiedenfarbiger Edelhölzer wie Eiche, Rosenholz oder Palisander.

Ein Raum vereint all diese Besonderheiten: der Speisesaal. Es ist zugleich der größte und prächtigste Raum im Schloss Villa Ludwigshöhe. Bereits der Fußboden des in der Mittelachse gelegenen Raumes ist aufwändig gestaltet und besteht aus kostbaren Hölzern, die in Feldern mit Sternenmuster aufgeteilt und mit kunstvoll verschlungenen Mäandern eingefasst sind. Die Decke, die durch Unterzüge in längsrechteckige Felder unterteilt wird, ist mit Ornamenten kunstvoll bemalt. Sie sind bauzeitlichen Ursprungs und stammen von der Hand Joseph Anton Schwarzmanns, der seinerzeit auch im Speyerer Dom, in Bad Kissingen und der Münchner Ludwigskirche tätig war. Die drei Kronleuchter stammen aus dem Koblenzer Schloss. Dort hatte sie der preußische König Friedrich Wilhelm IV., Schwager Ludwigs I., in Auftrag gegeben. Die Wirkung des Raumes wird jedoch ganz maßgeblich durch die erst 1899 vom Aschaffenburger Maler Adalbert Hock hier angebrachte Wanddekoration bestimmt, die zugleich die typischen Merkmale pompejanischer Wandgestaltung aufweist: die Gliederung der Wände in die Sockel, Mittel- und Oberzone sowie das charakteristische „pompejanische Rot". Die malerische Qualität ist dabei von einer fast porzellanmalereihaften Feinheit, die enkaustische Prinzipien antiker Wachsmalerei übernimmt. Der ganze Raum ist illusionistisch angelegt. Die Mittelzone zeigt schwebende Figuren aus dem Umkreis des Weingottes Dionysos, Szenen mit Bacchantinnen und Jahreszeitendarstellungen. Die Gestaltung setzt sich an der Wand der dem Raum vorgelagerten doppelgeschossigen Loggia fort. Die Oberzone zeigt leichte phantastische Architekturen auf weißem Grund, dazwischen Girlanden, Vögel und Zweige, die die vermeintliche Offenheit des Raumes unterstreichen. Fünf kleine Bilder zeigen antik wirkende elysische Landschaften. Die Ausstattung komplettieren weiße, teils vergoldete Stühle, die auf rotem Leder das Monogramm Ludwigs I. zeigen. Sie entstanden um 1830 nach Entwürfen Leo von Klenzes und gehören zu den besten Werken von dessen Möbelkunst.

Hambacher Schloss (Foto: Steffen)

NEUSTADT/WEINSTRASSE, MAXBURG – HAMBACHER SCHLOSS

Rund 200 Meter oberhalb des Dorfes Hambach und weithin sichtbar liegt auf dem Gipfel eines der Haardt vorgelagerten Berges das Hambacher Schloss. Es wechselte im Laufe der Jahrhunderte mehrfach seinen Namen. Im Mittelalter hieß es „Kästenburg" nach den hier wachsenden Esskastanien, die im Volksmund bis heute einfach „Keschde" genannt werden. Als „Hambacher Schloss" erlangte es mit dem gleichnamigen „Hambacher Fest" 1832 die größte Bekanntheit, bis der bayerische König Maximilian II. in den Besitz der Burg gelangte und sie ab 1842 „Maxburg“ nannte.

Auf den Resten einer spätkarolingischen Fluchtburg des 9./10. Jahrhunderts entstand in der ersten Hälfte des 11. Jahrhunderts eine salische Burganlage, die in der zweiten Hälfte desselben Jahrhunderts in den Besitz des Ardennengrafen Wolfram gelangte. Dessen zweiter Sohn Graf Johann vom Kraichgau vermachte diese Burganlage neben weiteren Burgen nach seiner Wahl zum Bischof (Johann I.) von Speyer zwischen 1090 und 1104 dem Speyerer Hochstift. Die Kästenburg wurde einer der zentralen Verwaltungsmittelpunkte des Hochstifts, worauf zahlreiche Aufenthalte der Bischöfe seit 1180 hinweisen, und blieb bis zum späten 17. Jahrhundert bevorzugter Aufenthaltsort der Speyerer Bischöfe. Die militärische Sicherung der Burg übernahmen die Burgmannen. Dabei sind die ersten Burgmannen vordringlich als Reichsministerialen und weniger als Dienstleute des Hochstifts bekannt geworden. So ist insbesondere der erste Vertreter, Burkhard von Kästenburg, von 1154 bis 1186 im Reichsdienst nachweisbar. Sein Bruder Trushard machte am Hof Heinrichs VI. eine glänzende Karriere, bevor er schließlich in Speyer das Hofamt des Kämmerers ausübte. Die Nachkommen Trushards hatten mit der Kästenburg keine Verbindung mehr; auf der Anlage fanden sich andere Burgmannengeschlechter, darunter insbesondere seit 1256 die speyerische Ministerialenfamilie Schnittlauch von Kästenburg. Unter den Vertretern dieser ‚politischen‘ Burgmannschaften finden sich so angesehene Familien wie etwa die Herren von Lichtenstein, Heppenheim, Wunnenberg und Erfenstein, die Grafen von Veldenz und Zweibrücken sowie die Herzöge von Pfalz-Zweibrücken. Zwischen der Mitte des 13. und dem Ende des 14. Jahrhundert sind umfangreiche Baumaßnahmen und häufige Aufenthalte der Bischöfe auf der Kästenburg nachgewiesen. Die Einrichtung eines bischöflichen Urkundenarchivs und die Tatsache, dass Nikolaus von Wiesbaden am 12. Juli 1388 in der Burgkapelle zum Speyerer Bischof gewählt wurde, untermauern die Bedeutung des Ortes. In der zweiten Hälfte des 15. Jahrhunderts begann die Bedeutung der Kästenburg zu schwinden, nachdem die Speyerer Bischöfe zwischen 1467 und 1471 die in der Nähe von Speyer gelegene Wasserburg bei Hanhofen (die spätere Anlage Marientraut) errichtet hatten. Im Bauernkrieg 1525 wurde die Kästenburg besetzt und geplündert. Bei einer weiteren Eroberung im Jahr 1552 durch Truppen des Markgrafen Albrecht Alkibiades von Brandenburg-Kulmbach (1522–1557) im „Zweiten Markgrafenkrieg“ wurde die Kästenburg in Brand gesetzt. Unter Bischof Marquard von Speyer (1560–1581) wurden die Schäden behoben. Genauer gesagt, wurden die Wohngebäude notdürftig instand gesetzt, und die Teilruine wurde zum Sitz eines Försters. Die endgültige Zerstörung erfolgte durch die Franzosen im Pfälzischen Erbfolgekrieg. Zwar wurde die Burganlage zwischen 1701–1703 teilweise neu befestigt, doch als französische Truppen Ende des 18. Jahrhunderts die Rheinlande besetzten, verlor das Speyerer Hochstift seine Burg, die 1797 zu französischem Nationalgut erklärt wurde. Nach dem

Hambacher Schloss – Wiege der deutschen Demokratie

Wiener Kongress fiel die Ruine 1816 an das Königreich Bayern, das die Kästenburg für 625 Gulden an eine Gruppe von 16 wohlhabenden Bürgern aus Neustadt, Mußbach und Winzingen versteigerte. Statt „Kästenburg" hieß die Anlage fortan „Hambacher Schloss". Sie wurde in der Folgezeit mehrfach zum Schauplatz politischer Kundgebungen. 1814 feierten hier deutsche Patrioten den ersten Jahrestag der „Völkerschlacht bei Leipzig". 1831 begingen Neustädter Bürger den Jahrestag der französischen Julirevolution, und 1832 fand hier zwischen dem 27. und 30. Mai 1832 das „Hambacher Fest" statt.
Anlass dafür war die Unzufriedenheit der pfälzischen Bevölkerung über Repressionsmaßnahmen der bayerischen Verwaltung. Diese hatte nach 1816 wichtige Errungenschaften zurückgenommen, die den Pfälzern in der Zeit der Besatzung durch Frankreich gewährt worden waren. Nachdem die bayerische Obrigkeit eine strenge Zensur eingeführt und politische Kundgebungen verboten hatte, konnten die Organisatoren die Veranstaltung nur als „Volksfest" ausgeben.
Die Organisatoren bestanden aus einer bürgerlich-liberalen Bewegung, die nicht nur in der Pfalz, sondern im gesamten Deutschen Bund eine öffentliche Meinungsbildung über Fragen des staatlichen und gesellschaftlichen Lebens herbeizuführen suchten, um dadurch eine allmähliche Veränderung der vorhandenen Macht- und Herrschaftsstrukturen innerhalb der gesetzlichen Möglichkeiten zu erzielen. Zum Fest selbst hatten 32 Neustädter Pressvereinsmitglieder aufgerufen, nachdem ein Neustädter Geschäftsmann in der zweiten Aprilhälfte für den 26. Mai als dem Jahrestag der Bayerischen Verfassung zu einer Huldigungs- und Dankesfeier für das bayerische Königshaus eingeladen hatte. In Absetzung und als Reaktion dazu wählten die Pressvereinsmitglieder bewusst den Folgetag und drei weitere Tage und erreichten, dass ihr Aufruf wenige Tage später in vielen liberalen Zeitungen auch außerhalb Rheinbayerns abgedruckt bzw. als Flugblatt verteilt wurde. Zwar verbot der Regierungspräsident des bayerischen Rheinkreises, Freiherr von Andrian-Werbung, am 8. Mai 1832 dieses zweite Fest und verhängte eine Art Ausnahmezustand über das Gebiet des Hambacher Schlosses, doch wirkte dieses Verbot wie eine Provokation für die gesamte liberale Öffentlichkeit. Zwar erfolgte seitens des Regierungspräsidenten eine Zurücknahme des Verbotes, doch dämpfte dies die Unruhe in der Bevölkerung nicht mehr, und rund 30 000 Menschen aus allen Teilen Deutschlands zogen in den vier Tagen zum Hambacher Schloss, das seitdem ein Schauplatz früher Demokratiebewegungen auf deutschem Boden ist. Mehr Freiheit und die nationale Einheit waren Forderungen, die auf dem Hambacher Fest laut wurden. Mit Siebenpfeiffer und Johann Georg August Wirth (1798–1848) traten unter den zahlreichen Festrednern zwei hervor, deren Zeitungen in den Wochen zuvor der bayerischen Pressezensur zum Opfer gefallen waren und die nun neben der Forderung nach Pressefreiheit auch die der freien Rede, der freien politischen Vereinigung und des freien Handels und Verkehrs einforderten. Ihre Forderung nach der deutschen Einheit brachten sie erstmals durch die schwarz-rot-goldene Fahne zum Ausdruck. Verhaftungen und politische Prozesse gegen die führenden Teilnehmer und Redner standen am Ende des Festes, die zwar nicht auf Hochverrat lauteten – trotz

Hambacher Schloss (Foto: Steffen)

des Vorwurfes –, dennoch in der Folge zu zahllosen Verurteilungen führten. Die Mehrzahl begab sich später ins angrenzende Ausland nach Frankreich und die Schweiz.

Wohl nicht zuletzt wegen des nach dem Hambacher Fest gespannten Verhältnisses zum bayerischen Königshaus erwarb 1842 ein von pfälzischen Abgeordneten gewähltes „Zentral-Komitee“ die Ruine des Hambacher Schlosses für 3 125 Gulden und machte sie samt dem umliegenden Land dem bayerischen Kronprinzen, dem späteren König Maximilian II. von Bayern, zum Hochzeitgeschenk. Maximilian gab 1845 den Wiederaufbau der nun „Maxburg“ genannten Ruine in Auftrag. Doch die zugesagten Gelder in Höhe von 94 300 Gulden wurden von der königlichen Kasse nur zur Hälfte bereitgestellt. So konnte der Münchner Architekt August von Voit seinen Plan, die Maxburg zu einem „pfälzischen Hohenschwangau“ auszubauen, nicht vollenden. Bereits Ende 1846 mussten die Arbeiten eingestellt werden. Dabei war Voit mit der Ruine sehr behutsam umgegangen und hatte bei den neugotisch anmutenden Erkern der Fassade vorhandene Elemente in den Umbau miteinbezogen. So gehörte der linke Erker tatsächlich noch zur mittelalterlichen Burg. In den Revolutionsjahren 1848/49 kamen die Bauarbeiten vollends zum Erliegen, und in der Folgezeit konzentrierte sich König Ludwig I. auf seine Villa Ludwigshöhe bei Edenkoben. Ausgeführt wurde lediglich die Hauptfassade des Wohnbaus sowie als Torso der seitlich und rückwärtig vom Hauptbau gelegene Altan. Über mehr als ein Jahrhundert blieb das Hambacher Schloss eine offene Bauruine. Als Torso ist die Anlage in dieser Form bis heute wahrnehmbar. Erst 1952 gelangte sie aus dem Besitz des Wittelsbachischen Ausgleichsfonds in den Besitz des damaligen Landkreises Neustadt, 1969 dann an den neu geschaffenen Landkreis Bad Dürkheim. Anlässlich des 150. Jahrestags des „Hambacher Festes“ 1982 wurde das Hambacher Schloss grundlegend renoviert und zur Gedenkstätte ausgebaut. Die Kosten in Höhe von rund 6 Millionen Euro teilten sich der Kreis Bad Dürkheim, das Land Rheinland-Pfalz und die Bundesrepublik Deutschland. Im Jahr 2002 wurde das Hambacher Schloss in eine neu gegründete Stiftung eingebracht, deren Träger das Land Rheinland-Pfalz, der Bezirksverband Pfalz, der Landkreis Bad Dürkheim und die Stadt Neustadt an der Weinstraße sind. Der Bund unterstützt die Stiftung finanziell. Im Rahmen des vorerst letzten Umbaues 2007/08 wurde auch die Dauerausstellung neu konzipiert. Sie trägt den Titel „Hinauf, hinauf zum Schloss“ und wurde im Oktober 2008 eröffnet. Das Hambacher Schloss ist heute eine Station der 2007 eingerichteten „Straße der Demokratie“, die von Frankfurt am Main bis nach Lörrach reicht.

Schloss Hohenschwangau

DIE SCHLÖSSER KÖNIG LUDWIGS II.

„Die ‚Königsschlösser‘ in den bayerischen Bergen leisten einen bedeutenden Beitrag zum Psychogramm Ludwigs II. Sie entstanden nach dem Machtverlust Bayerns im Gefolge des ‚Deutschen Krieges‘ 1866, wo sie dem König die Gelegenheit boten, wie ein mittelalterlicher Herrscher – in Neuschwanstein – oder wie ein absolutistischer König –

in Herrenchiemsee –und Linderhof – zu leben.“ (Schatz 2011, S. 94) Dennoch sind sie weniger als Zeugnisse des Historismus zu verstehen, sondern mehr als solche des Symbolismus. „In ihrem tieferen Sinn liefern sie nämlich Aussagen, die ganz auf Ludwigs Person zugeschnitten sind. In seinen Schlössern zeigen sich also symbolistische Programme“ (Rauch 2011, S. 172), bemerkte Alexander Rauch in seinem Beitrag anlässlich der Bayerischen Landesausstellung „Götterdämmerung – König Ludwig II.“ 2011.

SCHLOSS NEUSCHWANSTEIN

‚Neue Burg Hohenschwangau‘ – unter diesem Namen erschien das heutige Schloss Neuschwanstein nahezu ein Vierteljahrhundert in den offiziellen Bauakten. Erst fünf Jahre nach dem Tod König Ludwigs II. 1891 wird der Bau als ‚Neuschwanstein‘ geführt und weltbekannt. „Ich habe die Absicht, die alte Burgruine Hohenschwangau bei der Pöllatschlucht neu aufbauen zu lassen im echten Styl der alten deutschen Ritterburgen. [...] Der Punkt ist einer der

Schloss Neuschwanstein, Blick von der Marienbrücke

schönsten, die zu finden sind, heilig und unnahbar, ein würdiger Tempel für den göttlichen Freund, durch den einzig Heil und wahrer Segen der Welt erblühte. Auch Reminiscenzen aus Tannhäuser (Sängersaal mit Aussicht auf die Burg im Hintergrunde) und Lohengrin (Burghof, offener Gang, Weg zur Kapelle) werden Sie dort finden; in jeder Beziehung schöner und wohnlicher wird diese Burg werden als das untere Hohenschwangau" (zit. nach Schatz; Ulrichs 2009, S. 7), berichtete der noch junge König Ludwig II. am 13. Mai 1868 an den von ihm verehrten Freund und Komponisten Richard Wagner (1813–1883).

Zwei Jahre zuvor hatte das Bayern Ludwigs II. im so genannten „Bruderkrieg" durch ein Bündnis mit Österreich gegen das aufstrebende Preußen seine Souveränität verloren. Bayern wurde daraufhin ein „Schutz- und Trutzbündnis" aufgezwungen, das Ludwig II. im Kriegsfall die Verfügung über seine Armee nahm. Im Folgejahr zog sich der König in die Welt seiner Schlösser zurück, in der er den Geist einer untergegangen Welt jenseits der herrschenden konstitutionellen Monarchie beschwor. Mehr noch: „Ludwig II. [...] entwickelte im Verlauf seiner Regentschaft ein übersteigertes Majestätsbewußtsein, das auch architektonisch in allen Schlössern und Bauprojekten des Bayernkönigs seinen Ausdruck finden sollte." (Spangenberg 1999, S. 5)

Den Auftakt bildete das heutige Schloss Neuschwanstein, wobei Ludwig 1867 anlässlich der Pariser Weltausstellung auch Versailles besucht hatte, um Studien für sein eigenes Versailles-Projekt zu betreiben, die 1868 ebenfalls in erste Pläne mündeten. Die Grundsteinlegung zur ‚Neuen Burg' Hohenschwangau – wie die Burg seit 1884 in der Presse und offiziell seit 1891 genannt wurde, erfolgte in Abwesenheit des Königs am 5. September 1869 – im Übrigen in Sichtweite der elterlichen Burg von Hohenschwangau. Gemäß der ursprünglichen Konzeption sollte das neue Hohenschwangau „ein ‚Tempel' Richard Wagners werden. [...] Dann aber befahl der Bauherr, dass man sich bei der Ausgestaltung der Räume nicht an den Opern, sondern an den ursprünglichen Sagen zu orientieren habe. Er wollte so vermeiden, dass die Räume lediglich wie Illustrationen zu den Opern des väterlichen Freundes wirken würden." (Krückmann 2001, S. 13). Mit Schloss Neuschwanstein wollte Ludwig II. eine Gralsburg errichten und dieser mit dem Thronsaal ein Zentrum geben.

Im Jahr 1873 wurde der Torbau vollendet, in dem Ludwig II. wohnte, bis er 1884 die Räume

Neuschwanstein, Sängersaal als Mischung des Wartburg-Fest- und Sängersaales (Laube), um 1890

Neuschwanstein, Thronsaal, um 1890

im Palas beziehen konnte. Mit dem dort verwirklichten, allerdings erst nachträglich in den Palas eingefügten Thronsaal manifestierte er seine Ansprüche an das Königtum, indem er Elemente eines Kirchenraumes und eines Thronsaales miteinander verband. „Kein Raum in den Schlössern König Ludwigs II. von Bayern könnte das Schicksal und die Intentionen dieses bayerischen Monarchen besser widerspiegeln als der Thronsaal von Schloss Neuschwanstein." (Spangenberg 1999, S. 5) Vorbild war die Allerheiligenhofkirche seines Großvaters Ludwigs I. in der Münchner Residenz, doch statt eines Altars sollte in Neuschwanstein ein Thron die Apsis schmücken. Ausgeführt wurde der Thronsaal mit damals modernster Technik in Form einer ummantelten Eisenkonstruktion, die Beheizung des Raumes und der gesamten Königswohnung erfolgte durch eine zentrale Warmluftheizung im Erdgeschoss des Palas.

Das Vorbild des zweiten zentralen Festsaales der Neuen Burg Hohenschwangau hatte Ludwig 1867 in Gestalt des Wartburg-Festsaales und des Sängersaales kennengelernt, vermeintlich der Ort des legendären ‚Sängerkrieges'. So wurde die Wartburg mit ihren Sälen zu einem Leitmotiv für Ludwigs ‚Neuschwanstein'. Hinzu kam die Idee einer neuen Burg des Schwanenritters Lohengrin. „Dessen Wappentier, der Schwan, kehrt schon in der die Kunst Ludwigs in vieler Hinsicht vorbereitenden Burg des Vaters, Hohenschwangau ständig wieder." (Schatz; Ulrichs 2009, S. 9f.) Dort hatte Maximilian II. noch als Kronprinz das baufällige Schloss Hohenschwangau ab 1832 im ‚gothischen Styl' restaurieren und mit Szenen aus mittelalterlichen Legenden und Dichtungen ausmalen lassen, darunter die vom Schwanenritter Lohengrin. Ludwig identifizierte sich schon in seiner Jugend mit jenem Lohengrin, dem Richard Wagner 1850 eine romantische Oper gewidmet hatte.

Der Schwan war zugleich das Wappentier der Grafen von Schwangau. Ludwig sah sich als deren Nachfolger. Zeitlebens hat Ludwig II. sein Neuschwanstein nur als Baustelle erlebt. Kemenate und Viereckturm wurden erst 1892 in vereinfachter Gestalt fertiggestellt. Reine Planung indes blieb der große Bergfried mit der heute in Umrissen erkennbaren Burgkapelle am Ostrand des oberen Hofes gegenüber dem Palas.

SCHLOSS LINDERHOF

Unweit des Klosters Ettal fand Ludwig in der Nähe des ländlichen Königshäuschens seines Vaters im Graswangtal den geeigneten Baugrund für sein Versailles, dessen Original er 1867 besucht hatte. „Meicost Ettal" sollte das neue Objekt heißen. In „Meicost Ettal" verbirgt sich ein Anagramm, das auf die Devise des Sonnenkönigs Ludwigs XIV. von Frankreich zurückgeführt werden kann: „L'Etat c'est moi" (Der Staat bin ich). Auch kann man aus „Meicost Ettal" „My castle" herauslesen. 1868/69 entwarf der Architekt Georg Dollmann sieben Projekte eines neuen Versailles bzw. eines byzantinischen Palastes. Keines wurde ausgeführt. Stattdessen entstand jene

König Ludwig II. in Schloss Linderhof vor dem versenkten und im Erdgeschoss bedienten „Tischlein-deck-dich", Kupferdruck aus dem „König Ludwig-Album" von 1887 nach einem Aquarell von Heinrich Breling

Schloss Linderhof, Ansicht um 1900

einzigartige „Königliche Villa", die heute als Schloss Linderhof bekannt ist. Wer ein Gebäude aus einem Guss vermutet, liegt falsch. Zunächst plante Ludwig lediglich eine Ergänzung des väterlichen Königshäuschens, die in mehren Phasen erfolgte und bis 1872 als hölzerner Ständerbau ausgeführt wurde. Am Ende war das alte Königshäuschen überflüssig, blieb jedoch zunächst Bestandteil der Villa. Erst 1873 wurde die heutige Gestalt des Baues festgelegt und das Holzständerwerk mit festem Mauerwerk ummantelt. Im Folgejahr ließ Ludwig II. das Königshaus abtragen und rund 200 Meter entfernt wiedererrichten. Mit dem heutigen Südtrakt (Eingangsfront) erhielt die Villa ihr charakteristisches Erscheinungsbild sowie den zentralen Zugang durch ein Vestibül und mittig angelegtes Treppenhaus. Die Transporte des Baumaterials gestalteten sich schwierig, da die Eisenbahn seinerzeit in Weilheim endete und alle Baumaterialien in langwierigen Transporten ins Graswangtal gebracht werden mussten. Der oftmals zitierte *Petit Trianon* in Versailles hatte für Linderhof allenfalls typologische Bedeutung. Allerdings scheint insbesondere die Villa Berg in Stuttgart für die Anlage von Linderhof vorbildhaft gewesen zu sein. Diese Villa war 1845 bis 1853 für Königin Olga von Württemberg errichtet worden. Auch die Raumdekoration des ‚Style Louis XV.' war schon 1842 im Stadtpalais Liechtenstein in Wien verwirklicht worden; Leon Feuchère publizierte im selben Jahr sein Buch ‚L'art Industriel' mit gestochenen Wandaufrissen des ‚Style Pompadour'. Dieses Werk befand sich in der Bibliothek König Ludwigs II." (Schmid; Hojer 2006, S. 12)

Schloss Linderhof, Wasserparterre, Königslinde (rechts), Terrassengärten und Venustempel (Foto: Wolfgang Manousek)

Anders als in Neuschwanstein und später in Herrenchiemsee findet man an der Fassade und mehrfach im Gebäudeinneren das Wappen des Königreichs Bayern. Doch auch in Linderhof fühlte sich Ludwig II. den Bourbonen verbunden, ob in Gestalt der Reiterstatuette Ludwigs XIV. von Frankreich im Vestibül oder dem stuckierten, vergoldeten Strahlenkranz der Decke darüber mit der bourbonischen Devise „Nec pluribus impar" (Auch vielen gewachsen). Unbeirrt des Deutsch-Französischen Krieges von 1870/71 gelangten kostbare Seiden, Stoffe für Wandbespannungen oder Möbelbezüge aus Lyon nach Bayern. 1878 war der Bau vollendet. Dennoch ließ Ludwig II. das Schlafzimmer vergrößern. Es war bei seinem Tod 1886 unvollendet und wurde erst 1887 vereinfacht fertiggestellt.

Umgeben ist Schloss Linderhof von einem unter der Leitung Carl von Effners (1831–1884) bis um 1880 außerordentlich kunstvoll gestalteten Schlossgarten. Die 58 Hektar des Gartens „stehen in einer Entwicklungslinie mit den bürgerlichen Villengärten der Gründerzeit, wenngleich sie diese in Größe und Ausstattung – den finanziellen Möglichkeiten eines königlichen Bauherren entsprechend – natürlich weit übertreffen." (Schmid; Hojer 2006, S. 54) Der Garten vereint einem Baukasten gleich Zitate aus Marly-le-Roi bei Paris sowie mit Blick auf die Ildenfonso-Vasen aus La Granja bei Madrid. Besonders das von einem Enkel Ludwigs XIV. errichtete Le Granja „zeigt eine bemerkenswerte Ähnlichkeit mit Linderhof hin-

Schloss Linderhof, Hauptfassade (Foto: Guido Radig)

sichtlich der Lage in einem hoch gelegenen Gebirgstal." (Schmid; Hojer 2006, S. 55) Außerdem vereint der Garten von Linderhof auch italienische und englische Elemente im Sinne einer Weiterentwicklung der großen englischen Landschaftsgärten von Friedrich Ludwig Sckell und Peter Joseph Lenné (1789–1866). Für seine großartige Kaskade in der axialen Verlängerung von Ludwigs Schlafzimmer auf der Nordseite nutzte Effner einen steil ansteigenden Hügel. Unten strömt das Wasser in ein Bassin, aus dem sich die Figurengruppe des Neptun erhebt. Davor erinnert ein großes Blumenbeet in Gestalt einer Lilie an das geistige Vorbild.

Die Bauten im Linderhofer Park wie Marokkanisches Haus oder Maurischer Kiosk gehen weit über die einstigen Staffagebauten der englischen Landschaftsgärten hinaus und sind vielmehr weitere eigenständige Fluchtorte und ‚Nebenresidenzen'. So erhielt das 1878/79 ursprünglich auf der Stockalpe aufgestellte Marokkanische Haus eine eigene Straßenzufahrt, Arbeiterhütte, Kochgelegenheiten sowie eine Stallung. Hinzu kamen gebaute Theaterszenerien, die Wagners Werken entlehnt wurden, darunter die 1876/77 entstandene Venusgrotte (Tannhäuser), die Hundinghütte (Walküre) und die Einsiedlerhütte des Gurnemanz (Parsifal).

SCHLOSS HERRENCHIEMSEE

„Kein anderer Schloßbau König Ludwig II. hat eine solche Ausreifung, solche Durchbildung erfahren wie [...] Schloß Herrenchiemsee. Bei Neuschwanstein fand eineinhalb Jahre nach der ersten Bauidee (Frühjahr 1868) die Grundsteinlegung statt [...]. Die kgl. Villa Linderhof hatte gar überhaupt keine ‚normale' Planungsgeschichte, sondern entwickelte sich [...] gleichsam Raum für Raum" (Baumgartner 1981, S. 136), während für das heutige Schloss Herrenchiemsee zwischen Dezember 1868 und September 1883 nicht weniger als 18 allerdings aufeinander aufbauende Grundrissideen, Aufrisse und Innenansichten angefertigt wurden. Trotz der Reduktion der Proportionen, die neben den Kernräumen des Corps de Logis mit dem Schlafzimmer Ludwigs XIV. und der Spiegelgalerie auch die Seitenflügel samt Kapelle und den Zirkelbauten der beiden Marställe vorsahen, erwies sich das Graswangtal als zu klein. Erst der Erwerb der Insel Herrenwörth im Chiemsee im September 1873 bot den Ausweg, um das Projekt in seiner Gänze realisieren zu können. Es wurde das wohl wichtigste Projekt König Ludwigs II. Zudem bot die Insellage die bewusste Abgeschiedenheit. Die Konzeption, die ursprünglich vorsah, die zentralen Räume um das Schlafzimmer Ludwigs XIV. selbst zu nutzen, orientierten sich nun an der Funktion von Versailles unter Ludwig XV. So wie der französische Monarch ließ sich Ludwig im nördlichen, privaten Teil des Appartement du Roi – dem so genannten ‚Petit Appartement' – seine eigene Wohnung einrichten, während das Schlafzimmer Ludwigs XIV. wie auch in Versailles als reines ‚Sanctuarium' galt.

Allerdings stellt Herrenchiemsee keine völlige Kopie von Versailles dar. Es wurde stattdessen nur in den charakteristischen Teilen zitiert: Hauptfassade (ergänzt um die schon im 19. Jahrhundert in Versailles fehlenden Trophäenbekrönungen) Gesandtentreppe und Staatsgemächer Ludwigs XIV. [...] Die (in Versailles schon 1752 abgerissene) Gesandtentreppe wurde anhand von Stichen rekonstruiert und in beiden Schlossflügeln symmetrisch angebracht. Der Ehrenhof erhielt Fassaden im Geist Ludwigs XV. Die Hauptfassade ist größer als die des Vorbildes, ebenso die Spiegelgalerie und die Proportionen der übrigen Räume. Anders als in Versailles wurde Herrenchiemsee voll möbliert – nach Entwürfen des Architekten Georg Dollmann und seines Nachfolgers Julius Hofmann.

Bereits 1876 hatte Hofgärtendirektor Carl von Effner die endgültige Planung für einen großen Garten nach Versailler Vorbild vorgelegt. Beim Tod des Königs waren nur die Gartenteile entlang der Hauptachse mit ihren berühmten Brunnen und Wasserspielen fertiggestellt. Effner schuf analog zu Versailles nach Westen hin das *Parterre d'eau* mit den beiden Wasserbassins – allerdings in Herrenchiemsee auf königlichen

Schloss Versailles, Gartenfassade

Wunsch hin durch die Figuren der Fama und Fortuna mythologisch überhöht. Es folgten das Blumenparterre mit dem Latonabrunnen sowie der *Grand Canal* mit dem unrealisiert gebliebenen Apollobassin. Vor dem Schlafzimmer erstreckte sich Richtung Osten die auf eine Länge von 900 Metern projektierte Auffahrtsallee, an deren seeseitigem Ende eine Schiffsanlegestelle geplant war. Die Arbeiten erfolgten zwischen 1882 und 1886, wobei die Schiffsanlegestelle ebenso unvollendet blieb wie die teils im Rohbau errichteten, teils fundamentierten Seitenflügel. Doch wäre es falsch, Schloss Herrenchiemsee als unvollendet zu bezeichnen. Der Betriebsplan von 1878 sah für die Beschwörung des absoluten Königtums nur die Kernräume vor. Diese hat Alexander Rauch jüngsthin als „architektonische, dreidimensio-

Herrenchiemsee, nördliches Bassin mit Fama-Brunnen und Gartenfassade (Foto: Guido Radig)

Herrenchiemsee, Spiegelgalerie. Sie ist mit 98 Metern länger als das barocke Vorbild.

Versailles, Spiegelgalerie Ludwigs XIV.

Höchstädt, Schloss
(Fotos: Szeder László und Manfi.B.)

nale ‚begehbare Bilder'" gedeutet, „die in eine ‚Gralsburg' führen oder in die Vergangenheit von Versailles. In die Raumprogramme sind Themen, der Geschichte, der Poesie und des Theaters, ja auch der Dichtung und Philosophie, in hundertfachen Szenen intelligibel eingewoben, allerdings versteckt, verheimlicht, verrätselt." (Rauch 2011, S. 172) Nicht anders als am Ort der ehemaligen Gralskirche in Ettal, womit Ludwig II. auf die von seinem Vorfahren Kaiser Ludwig dem Bayern gegründete Benediktinerabtei anspielte, habe der Gralsgedanke neben Linderhof auch in Herrenchiemsee eine große Rolle gespielt, so Rauch. „Dies zeigt sich etwa darin, dass Ludwig sich den Namen ‚Lohengrin' mit ‚Sonnenantlitz' übersetzen ließ, jenes Sonnen- oder Apolloantlitz, das in den beiden Schlössern in den Dekorationsmotiven allgegenwärtig ist." (Rauch 2011, S. 173)

PFALZ-NEUBURG
HÖCHSTÄDT, SCHLOSS

Zu den herausragenden architektonischen Zeugnissen des einstigen Fürstentums Pfalz-Neuburg gehört Schloss Höchstädt. Es verdankt seine Existenz der Eheschließung des Pfalzgrafen Philipp Ludwig von Pfalz-Neuburg mit der Herzogstochter Anna von Jülich-Kleve-Berg-Mark im Jahr 1574. Im Heiratsvertrag verpflichtete sich der Pfalzgraf, seiner Frau einen angemessenen Witwensitz zu errichten. Zwischen 1589 und 1602/03 ließ er in Höchstädt an Stelle eines mittelalterlichen Vorgängerbaues nach Entwürfen des Hofbaumeisters Sigmund Doctor durch Graubündner Maurer unter der Leitung von Gilg Vältin eine regelmäßige Vierflügelanlage in den Formen der Spätrenaissance errichten. An den Vorgängerbau erinnert noch der gotische Turm des einstigen staufischen Bergfrieds, der um ein Geschoss erhöht als Glockenturm eine zeitgemäße Verwendung fand.

Während der Bauzeit änderten sich die Pläne des Hofbaumeisters Sigmund Doctor. So sind die Treppentürme noch traditionellen Motiven verpflichtet, während Raumdispositionen und Stuckdecken modernen Tendenzen folgten. Die Ausmalung der Schlosskapelle belegt die Qualität der einstigen Ausstattung. Davon zeugt noch die Ausmalung des Gewölbes der einstigen Schlosskapelle im südlichen Teil des Westflügels. Die fragmentarisch erhaltenen Deckenfresken des Neuburger Hofmalers Mang Kilian aus dem

Jahre 1601 erzählen Szenen aus dem Alten und Neuen Testament, beginnend mit der Erschaffung der Welt bis zum Jüngsten Gericht. Kilian griff dabei unter anderem auf Michelangelos Gemälde der Sixtinischen Kapelle in Rom zurück. Die Höchstädter Ausmalung gehört zu den schönsten Zeugnissen des süddeutschen Protestantismus vor der Gegenreformation. Herzogin Anna lebte von 1615 bis 1632 als Witwe in Höchstädt. Während ihr Sohn Wolfgang Wilhelm das Fürstentum Pfalz-Neuburg aus politischen Gründen rekatholisierte, hielt sie hier am evangelischen Glauben fest.

Danach diente das Schloss nur noch untergeordneten Zwecken, etwa als Amtsgericht und während des Zweiten Weltkrieges als Depot des Einsatzstabs Reichsleiter Rosenberg (ERR), der 1944 über 550 000 Kunstobjekte und wissenschaftliches Material aus den Beutekunstzügen durch Europa einlagerte.

In den 1980er Jahren gelang es, das Schloss als künftiges Museum zu gewinnen. Unter der Obhut der Verwaltung der Bayerischen Schlösser, Gärten und Seen begann die Restaurierung des Objektes, die 2004 weitgehend abgeschlossen wurde. Seit April 2005 ist im Schloss eine Dauerausstellung zum Thema „‚Brennpunkt Europa' – Die Schlacht von Höchstädt – The Battle of Blenheim" zu sehen. Am 13. August 1704 unterlagen hier bei Höchstädt-Blindheim die verbündeten Bayern und Franzosen britischen und kaiserlichen Truppen unter der Führung des Herzogs von Marlborough und des Prinzen Eugen von Savoyen. Der Sieg von Höchstädt wurde zum Wendepunkt im Spanischen Erbfolgekrieg als erster umfassender Auseinandersetzung zwischen den europäischen Mächten: Frankreich geriet in die Defensive, der Aufstieg Großbritanniens zur Weltmacht begann. Mit ihm trat das Prinzip des „Europäischen Gleichgewichts" ins Leben, das fortan die Politik der europäischen Großmächte prägte.

Außerdem beherbergt Schloss Höchstädt seit April 2010 das Museum Deutscher Fayencen mit der Dauerausstellung „Über den Tellerrand ...".

LAUINGEN, EHEMALIGES HERZOGLICHES SCHLOSS

Im Jahr 1472 ließ Herzog Ludwig IX., der Reiche, von Bayern-Landshut (1417–1479) an der Südwestecke der Stadt ein Schloss errichten. Dazu beauftragte er den städtischen Rat zum Aufkauf der entsprechenden Grundstücke. Auf ihnen entstand an Stelle eines Wehrbaues aus dem zehnten Jahrhundert zwischen 1474 und 1482 das Schloss, dessen Baukosten sich auf über 16 000 Pfund beliefen. Die Fertigstellung erfolgte unter Ludwigs Sohn und Nachfolger Herzog Georg von Bayern-Landshut (1455–1503). 1505 wurde das Schloss zur Nebenresidenz der Herzöge von Pfalz-Neuburg, zwischen 1559 und 1563 diente es als Witwensitz der Pfalzgräfin und Herzogin Elisabeth von Pfalz-Zweibrücken und Pfalz-Neuburg (1503–1563). Elisabeth, jüngste Tochter des Landgrafen Wilhelm I. von Hessen (1466–1515), starb hier und erhielt ih-

oben und unten: Lauingen, ehemaliges Herzogliches Schloss (Foto: Tilman2007 und Dr. Eugen Lehle)

re letzte Ruhe in der Lauinger Stadtpfarrkirche St. Martin. Sie war die Witwe des seit 1514 regierenden Pfalzgrafen Ludwig II. von Zweibrücken (1502–1532) und hatte nach der Übernahme des Herzogtums Pfalz-Neuburg durch ihren Sohn Pfalzgraf Wolfgang (1526–1569) ihre Wohnung im Schloss. 1563 wurde sie als Erste des pfalzgräflichen Hauses Neuburg in der Stadtpfarrkirche bestattet.

Unter den Neuburgern war die Schlossanlage öfter umgebaut worden, verfiel jedoch im 18. und 19. Jahrhundert mehr und mehr. Heute ist von der einstigen Ausstattung nichts mehr erhalten. Mit Ausnahme des Stadels als Wirtschaftsgebäude, das man zur Einlagerung von Salz und Getreide verwendete, fehlte für das Schloss eine adäquate Nutzung. 1868 wurde es von der Stadt Lauingen erworben, die es unter anderem als Museum nutzte. 1889 wurde in einem anderen Teil das Distriktskrankenhaus eingerichtet, dessen Führung man im Folgejahr den Elisabetherinnen von Neuburg übertrug. Diese errichteten mit Hilfe des Neuburger Benefiziaten Kasimir Stammel eine „Elisabethenstiftung“ und erwarben zum Zweck der Errichtung einer „Anstalt für weibliche Unheilbare“ 1890 den freien Teil des Gebäudekomplexes. Nach dem Bezug des neu errichteten Distriktkrankenhauses 1909 übernahm die Elisabethenstiftung das gesamte Schlossareal. Heute ist die Elisabethenstiftung ein Psychiatrie- und Pflegezentrum mit sozialtherapeutischem Wohnheim, Pflegeheim sowie Kurzzeit- und Tagespflege.

Neuburg an der Donau, Schloss, Hoffassade des Westflügels mit Treppenturm und Sgraffito-Dekoration (Foto: Dr. Stephan Hoppe)

NEUBURG, SCHLOSS

Das mächtige Renaissanceschloss von Neuburg an der Donau erhebt sich, weithin sichtbar und steil über der Donau auf dem Stadtberg, nordöstlich der Altstadt. Es entstand ab 1527 an Stelle der mittelalterlichen Burg Herzog Ludwigs des Gebarteten von Bayern-Ingolstadt als neue Residenz des 1505 gegründeten Fürstentums Pfalz-Neuburg. Auftraggeber war der Pfalzgraf und nachmalige Kurfürst Ottheinreich, der 1522 die Herrschaft der so genannten ‚jungen Pfalz‘ gemeinsam mit seinem Bruder Philipp angetreten hatte. Im Rahmen des Umbaues ließ Ottheinrich unter der Leitung von Hans Knotz zunächst den dreigeschossigen Rundstubenbau errichten, der in der so genannten ‚Runden Stube‘ eine Porträtgalerie mit 20 Familienbildnissen beherbergte, die von Hofmaler Peter Gertner (um 1495/1500 – nach 1541) nach einem einheitlichen Konzept gestaltet wurden. Dieser Rundstubenbau ist heute noch Bestandteil des südöstlichen Schlossturms. Den prächtigen Ausbau des Schlosses hemmten die Gräben und Befestigungsmauern, so dass die spätmittelalterlichen Wohngebäude auf der Ostseite bis 1660 bestehen blieben und weiterhin genutzt wurden.

Neben dem 1532/33 an Stelle eines hochmittelalterlichen Wirtschaftsgebäudes erbauten

Südflügel mit dem Küchenbau ließ Ottheinrich den Nordflügel des Neuen Baues (1534–1538) errichten. Der viergeschossige Neue Bau wurde einstmals durch eine große Dachaltane mit einem Brüstungsgitter von Leonhard Schmelcher abgeschlossen. Sie war mit Pflanzgefäßen und Wasserspielen als Dachgarten gestaltet. Im Erdgeschoss fanden sich ehedem ein Gewölbesaal und die Badestube Ottheinrichs, während die drei Obergeschosse einen großen Saal sowie ein Stubenappartement aus Stube und Schlafkammer aufnahmen.

Von 1537 an entstand mit dem Ottheinrichbau des Westflügels der anspruchsvollste Bautrakt der neuen Residenz. Er nahm die neue Formensprache der italienischen Renaissance auf. 1538 wurde der Grundstein gelegt, 1541 der Rohbau vollendet. Die Einführung der Reformation 1542 beherrscht hier sowohl die hofseitige Front samt Treppenturm als auch das Innere der Schlosskapelle (1537–1543), die sich im Erdgeschoss befindet. Die Fassade zeigt Sgraffito-Malerei mit alttestamentarischen Szenen, die Hans Schroer d. Ä. für Ottheinrichs Nachfolger Herzog Wolfgang ausführte, während der Salzburger Kirchenmaler Hans Bocksberger d. Ä. (um 1510–1561) im Inneren der Schlosskapelle wirkte. Sie ist neben der 1544 eingeweihten Schlosskapelle von Torgau der älteste für den evangelischen Gottesdienst geschaffene hohe zweigeschossige Kirchenraum mit trapezförmigem Grundriss und nahezu allseitig umlaufender Fürstenempore (Ausnahme: Altarnische). Er weist den ältesten erhaltenen protestantischen Gemäldezyklus auf. Das im italienisch-antikisierenden Stil gemalte Bildprogramm stellt die wohl bedeutendste Ausmalung jener Zeit in Deutschland dar und basiert in seiner Gestalt vermutlich auf einer Idee des Nürnberger Theologen Andreas Osiander (1498–1552) mit dem Thema: Gerechtwerden des Menschen vor Gott durch Christi Erlösungswerk im Sinne Martin Luthers. Das zentrale Bild zeigt die Himmelfahrt Christi. Mit ihrer Darstellung gelang Hans Bocksberger womöglich das großartigste Deckengemälde des 16. Jahrhunderts in Süddeutschland. Es darf zweifelsohne als eine Inkunabel auf dem Weg zur barocken illusionistischen Deckenmalerei in Süddeutschland angesehen werden." (Langer 2007, S. 35) Wie der Landshuter Stadtresidenz des Schwagers Ottheinrichs, an der Bocksberger zuvor gewirkt hatte, so blieb auch der Neuburger Schlosskapelle wegen ihrer Fremdartigkeit jede Nachfolge versagt.

Neuburg an der Donau, Schloss, Ansicht von der Donau

Über der Schlosskapelle finden sich vier große Räume, wohl ehemals zwei Wohneinheiten aus Stube und Kammer. Das größere dieser Appartements ist mit der Fürstenempore der Schlosskapelle verbunden.

Der jüngste Teil des Philipp-Wilhelm-Baues bestimmt mit seinen mächtigen Kuppelrisaliten die Fernwirkung des Schlosses. Mit seinem Namen verbindet sich 126 Jahre nach Ottheinrichs Tod die zweite glanzvolle Epoche Neuburgs. Wenn auch die Wohnorte der Familie zwischen den Residenzen in Neuburg und Düsseldorf wechselten, so galt dem Neuburger Schloss doch große Aufmerksamkeit. So ließ Philipp Wilhelm 1664–1668 den mächtigen barocken Osttrakt für die Wohn- und Staatsräume der fürstlichen Familie errichten und die Schlossgrotten anlegen. „Die Grottenanlage [...] umfasst eine kleine Terrasse mit Loggia und Brunnenbassin, die Große Grottenhalle, die dem Nordturm vorgelagert ist und ehemals auch mit einem Brunnenbassin versehen war sowie drei unterschiedlich große Grottenräume im Erdgeschoss des nördlichen Rundturms. Alle Räume öffnen sich in Arkaden zur großen Schlossterrasse." (Langer 2007, S. 47f.) Infolge der Residenzverlegung nach Düsseldorf diente Schloss Neuburg als Nebenresidenz und Witwensitz.

OBERPFALZ UND KURPFALZ

AMBERG, EHEMALIGES PFALZGRAFENSCHLOSS / KURFÜRSTLICHES SCHLOSS

Amberg erhielt als zweite Hauptstadt der Pfalz und Residenz der Kurprinzen nach 1333 auch ein eigenes Residenzschloss. Dieses alte Pfalzgrafenschloss – der ‚Aichenforst' – entstand als schlichter, gotischer Bau. 1416/17 ließ Kurfürst Ludwig III. an der südlichen Stadtmauer einen Neubau errichten: das Neue oder Kurfürstliche Schloss, das das alte Pfalzgrafenschloss ersetzte. Unter Kurfürst Friedrich I., dem Siegreichen, (1425–1476) wurde das Neue Schloss weiter ausgebaut. 1474 entstand anlässlich der „Amberger Hochzeit" die nachmalige „Große Kemenate". Unter dem Pfalzgrafen und späteren Kurfürsten Friedrich II. (1482–1556) erlebte Amberg als Residenzstadt seine Blütezeit. Zweimal wurde das Schloss indessen durch Blitzschlag beschädigt: 1557 und 1644. Am Ende blieb von der umwehrten und durch Wall und Graben geschützten Vierflügelanlage nur der Südtrakt der Großen Kemenate übrig – ein dreigeschossiges Gebäude mit Torbau. Hier richtete sich im 18. Jahrhundert der kurfürstliche Statthalter Franz Ludwig Graf von Holnstein (1723–1780) eine Wohnung ein. 1768 ließ Holnstein, durch den Titel Graf von Holnstein aus Bayern und Familienwappen le-

Amberg, kurfürstliches Schloss (Foto: Tilman 2007)

Neumarkt/Oberpfalz, Pfalzgrafenschloss (Residenz) am Residenzplatz (Foto: DALIBRI)

gitimierter Sohn des Kurfürsten Carl Albrecht und nachmaligen Kaisers Karl VII. (1697–1745) und Carlotta Freiin von Ingenheim (1704–1749), mit der so genannten Vorderen Kemenate den ältesten Teil des Schlosses abbrechen, um einen Barockgarten anzulegen. An Franz Ludwig Graf von Holnstein erinnert das gleichnamige, von François Cuvilliés d. Ä. (1695–1768) 1733 bis 1737 errichtete Palais in München.

Im Jahr 1800 hielt sich kurzzeitig der bayerische Kurfürst Max IV. Joseph auf seiner Flucht vor den französischen Truppen im Amberger Schloss auf. Heute dient die Anlage als Verwaltungsgebäude des Landratsamtes Amberg-Sulzbach.

NEUMARKT, PFALZGRAFENSCHLOSS

Unter den vier Söhnen des Kurfürsten Rupprecht III. von der Pfalz war Johann der zweitälteste. Der 1383 in Neunburg vorm Wald geborene Johann ist heute durch seine Beinamen bekannt: ‚der Oberpfälzer', ‚der Neunburger' oder auch ‚der Neumarkter'. Nach dem Tod des Vaters 1410 erhielt er die Oberpfalz, die er bereits seit 1407 als Statthalter verwaltet hatte. Von seiner Residenz in Neunburg vorm Wald aus veranlasste er den Bau eines zweiten Residenzschlosses am nordöstlichen Stadtrand von Neumarkt sowie den Ausbau Neumarkts zur Residenzstadt. Neben der Schlossanlage gehen auf Johann auch die aus der Marienkapelle hervorgegangene Hofkirche, das Rathaus und die St.-Johannes-Kirche zurück. Die Residenz komplettierte das Zeughaus im so genannten Reitstadel. 1434 ließ Johann die nahe gelegene Haimburg zu einem Jagdschloss ausbauen.

In seiner neuen Residenz wurde 1416 sein einziger Sohn Christoph geboren, der von 1441 bis zu seinem Tod 1448 als König von Schweden, Dänemark und Norwegen regierte. Bereits 1443 war Johann als Begründer der Linie Pfalz-Neumarkt in Kastl im Lauterachtal gestorben. Sein Erbe fiel an seinen Sohn Christoph, der einen Statthalter einsetzte. Nach seinem frühen Tod – ohne Erben – fiel Neumarkt an seinen Onkel, Johanns Bruder Otto I. von Neumarkt-Mosbach, den jüngsten Sohn des Kurfürsten Rupprecht III., Otto I. (1390–1461), der die Linie Pfalz-Mosbach begründet hatte. Ottos gleichnamiger Sohn Otto II. (1435–1499) erhielt infolge seiner Begeisterung für Naturwissenschaften, insbesondere für Astronomie und Mathematik, den Beinamen ‚Mathematicus'. Er ließ am Ostflügel einen rund 30 Meter hohen Turm errichten, in dessen Spitze er eine Sternwarte einrichtete. Der so genannte Mathematikerturm ist nicht erhalten. 1490 übergab Otto II. die Amtsgeschäfte an Kurfürst Philipp (1448–1508) und widmete sich verstärkt seiner astronomischen Leidenschaft. 1499 starb er.

Bei einem Großbrand im Schlossviertel brannte 1520 auch das Residenzschloss von Neumarkt nieder, es wurde jedoch von Pfalzgraf Friedrich II. (1482–1556) wiedererrichtet. Er regierte von 1520 an von Neumarkt aus die Oberpfalz. 1539 waren die Arbeiten an dem dreigeschossigen, hochgiebeligen Gebäude abgeschlossen. Der Eichstätter Baumeister Erhard Reich hatte sie geleitet und dabei den vormals gotischen Bau in ein prächtiges vierflügeliges Renaissanceschloss um einen Innenhof verwandelt. In der Gestalt eines Wasserschlosses errichtet verfügte die Neumarkter Residenz über einen großzügigen Garten mit Springbrunnen. An die Neugestaltung erinnert im Innenhof des Schlosses bis heute der Neptunbrunnen.

Heidelberg, Schlossgarten, „Vater Rhein" und Große Grotte als Teile des ehemaligen „Hortus Palatinus"

Mit der Verlegung der Residenz nach Amberg 1543 büßte Neumarkt seine Vorrangstellung ein und diente ab 1556 als Witwensitz von Friedrichs Ehefrau Dorothea von Dänemark und Norwegen (1520–1580). Die fast vierzig Jahre jüngere Dorothea starb hier am 31. Mai 1580 und erhielt ihre letzte Ruhestätte an der Seite ihres Ehemannes Kurfürst Friedrich II. in der Heidelberger Heiliggeistkirche.

Im 19. Jahrhundert eroberten die Landesbehörden die Anlage. Teilabrisse folgten, doch blieben weite Bereiche bis heute erhalten. Neben dem Amtsgericht werden die Säle des Schlosses heute vielfach auch kulturell genutzt.

HEIDELBERG, SCHLOSS

Die erste Erwähnung einer Burg in Heidelberg findet sich im Jahr 1225 („castrum in Heidelberg cum burgo ipsius castri"). Konrad von Hohenstaufen, der Bruder Kaiser Friedrich Barbarossas, hatte zuvor die rheinfränkischen Gebiete aus dem Erbe seines Onkels Hermann von Stahleck und seiner Tante Gertrud von Schwaben erhalten und Heidelberg vermutlich mit einer ersten Burg ausgebaut. Die aus dem Hause Wittelsbach stammenden Pfalzgrafen bei Rhein beerbten die Staufer. Ihr erster Vertreter war Pfalzgraf Ludwig I.

1303 verzeichnet eine Urkunde gleich zwei Burgen, von den sich die obere auf dem Kleinen Gaisberg und heutigen Molkenkur und die untere auf dem Jettenbühl befand. Die untere Burg wurde zur Keimzelle des Heidelberger Schlosses. Diese Burg entstand – der jüngeren Forschung zufolge – in der ersten Hälfte des 13. Jahrhunderts und blieb als Wehranlage mit Bergfried und Schildmauer im Kern bis heute erhalten. Der Bergfried wird im Bereich des Gesprengten Turmes vermutet.

Zu den frühen Darstellungen des Schlosses gehört die Ansicht Sebastian Münsters aus dem „Kalendarium hebraicum" von 1527. Sie liefert einen Eindruck von dem 205 Meter hoch gelegenen Stammsitz der pfälzischen Wittelsba-

Heidelberg, Schlossgarten und Schloss nach Westen

cher. Ihr Stammvater Rudolf I. (1274/94–1319) hatte am 1. September 1294 die Tochter des deutschen Königs Adolf von Nassau (reg. 1292–1298) geheiratet, sein Bruder stieg 1328 zum deutschen Kaiser Ludwig der Bayer (reg. 1314–1347) auf, und Rudolfs gleichnamiger Sohn wurde als Rudolf II. (1306/29–1353) erster pfälzischer Kurfürst. Dem neuen Rang gemäß verlangte die Stellung nach einem geeigneten Repräsentations- und Wohnbau. So entstand ein fast quadratischer Innenbereich mit zwei umgebenden Mauerringen, die an der Ost-, Süd- und Westseite von einem tiefen Graben (Zwinger) getrennt waren. Sowohl im Ruprechts-, Ludwigs-, Gläsernen Saal- und Frauenzimmerbau finden sich noch Bauteile dieser Zeit. Mit Ruprecht III. (1352/1400–1410) erlangte ein Kurpfälzer erstmals kurzzeitig die Königswürde. Zu Beginn des 16. Jahrhunderts vollzog sich unter den Kurfürsten Friedrich dem Siegreichen (1427/51–1476) und Ludwig V. (1478/1508–1544) der Wandel der Burg zur Festung. Dabei entstanden der „Dicke Turm", der Torturm sowie der „Seltenleer" genannte Turm in der Südwestecke. Die Kurfürsten Friedrich II. (1482/1544–1556) und Ottheinrich (1502/56–1559) widmeten sich mehr und mehr der dekorativen Aufwertung der sich zum Schloss wandelnden Anlage. Friedrich IV. (1574/83–1610) suchte sich mit dem nach ihm benannten Friedrichsbau ein Denkmal für die Ahnen und ein Demonstrationsobjekt seiner Herkunft zu schaffen. Unter seinem Sohn Friedrich V. (1596/1610–1632) endete der Aufstieg jäh, als dieser 1619 die Wahl zum böhmischen König annahm. Heidelberg verdankt ihm neben dem Englischen Bau vor allem den berühmten „Hortus Palatinus". In der Folge geriet das Schloss mehrfach in die Mühlen der Geschichte, erlebte Zerstörungen im Dreißigjährigen und im Orléanschen Krieg und geriet durch Blitzschlag 1764 vollends zur Ruine. Als

Darstellung des Heidelberger Schlosses von Sebastian Münster, 1527

im 19. Jahrhundert allzu eifrige „Restauratoren" versuchten, die Anlage als Nationaldenkmal komplett wiederzuerrichten, stellte der berühmte Kunsthistoriker Georg Dehio dem Ansinnen seinen später vielzitierten Satz „Konservieren, nicht restaurieren" entgegen.

Der nach Kurfürst Ruprecht III./König Ruprecht I. (reg. 1400–1410) benannte ***Ruprechtsbau*** gehört zu den ältesten Bauteilen des Schlosses. Ruprechts Wappen – der Reichsadler mit pfälzischem Löwen und bayerischen Rauten –z iert die lang gestreckte Fassade zum Torturm. Das Wappen wird dem berühmten Frankfurter Baumeister Madern Gerthener (um 1360–1430) zugeschrieben, der vermutlich auch den Ruprechtsbau selbst errichtet hat. Von seiner Funktion her diente der Bau Repräsentationszwecken. Ludwig V. ließ das Gebäude 1543 durch Moritz Lechler massiv aufstocken und einen Treppenturm an der Westseite anfügen. Das Mauerwerk führte Lechler in Bruchstein mit teilweiser Verwendung von Backstein aus, das anschließend verputzt wurde. Eine einfache Spitzbogentür führt ins Innere. Sie bekrönt ein ebenfalls Gerthener zugeschriebener Bogenschlussstein. Dieser zeigt zwei einen Rosenkranz mit eingeschlossenem Zirkel haltende Engel. Das Innere ist teilweise erhalten, darunter der von Gerthener geschaffene so genannte Rittersaal samt seinem tief heruntergezogenen Kreuzgratgewölbe. Die Schlusssteine zeigen die Wappen von Kurpfalz, Scheyern/Wittelsbach, von England und der Burggrafen von Nürnberg. Erhalten blieb ferner ein Prunkkamin von 1546 mit reichem ornamentalen und figürlichen Dekor, den Friedrich II. während seiner Umbauarbeiten einbauen ließ. Der prachtvolle Renaissancekamin wird Conrad Forster zugeschrieben und befand sich ehedem wohl im Speisesaal des zerstörten ersten Obergeschosses.

Heidelberg, Schloss, Schlossmodell von 1932 im Ruprechtsbau

Mit dem zwischen 1556 und 1566 unter Kurfürst Otto Heinrich errichteten ***Ottheinrichsbau*** entstand der größte Palastbau des Schlosses und zugleich eines der wichtigstes profanen Zeugnisse der Architektur der deutschen Renaissance. Das dreigeschossige Gebäude wird durch eine zweiläufige Rampentreppenanlage sowie ein zentrales triumphbogenartiges Portal erschlossen. Als der Kurfürst 1559 verstarb, war der Bau noch nicht unter Dach. Erst 1562–1566 erfolgte der Innenausbau. Als Architekt wird Hans Engelhard vermutet. Den reichen ornamentalen und skulpturalen Schmuck der aus rotem Sandstein errichteten Fassade schuf der aus Mecheln stammende Alexander Colin. Der Bauherr nahm großen Einfluss auf den Entwurf und das umfangreiche figürliche Programm. In der unteren Reihe sind links vom Hauptportal Josua und Simson, rechts davon Herkules und David dargestellt. Die vier Standbilder des Erdgeschosses werden durch Konsoleninschriften – Verse in gotischen Buchstaben – erklärt. Die Figuren des ersten Obergeschosses symbolisieren Stärke, Glaube, Liebe, Hoffnung und Gerechtigkeit und stehen stellvertretend für die Tugenden eines christlichen Herrschers. Nicht zufällig ist die Liebe (Caritas) ins Zentrum gerückt, gilt sie doch der Liebe des Herrschers zu seinen Untertanen. Unter der Caritas findet sich das Relief des Bauherrn mit der Wappentafel und der darunter befindlicher Inschrift: „Ott Hainrich von Gottes gnaden Pfaltzgraf bei Rhein. Des heyligen

Römischen Reichs Ertzdruchseß und Churfürst. Hertzog in Nidern und Obern Baiern." Die Figurenreihe des zweiten Obergeschosses zeigt die antiken Götter Saturn, Mars, Venus, Merkur und Luna. Hinzu gesellen sich Sol und Jupiter auf dem Dach, die die einstigen Zwerchgiebel zierten. Typisch für die Gestalt des Ottheinrichsbaus ist die Überlagerung von Einflüssen aus Nord- und Südeuropa. Pläne Karl Schaefers, den Ottheinrichsbau Ende des 19. Jahrhunderts ähnlich dem Friedrichsbau wiederaufzubauen, führten zu einer heftigen Diskussion in der Fachwelt. Im Jahr 1900 fand der heute wohl prominenteste Vater der modernen Denkmalpflege, Georg Dehio, deutliche Worte: „Wir wollen unsere Ehre darin suchen, die Schätze der Vergangenheit möglichst unverkürzt der Zukunft zu überliefern, nicht ihnen den Stempel irgendeiner heutigen, dem Irrtum unterworfenen Deutung aufzudrücken". 1901 fasste er seine Argumente in der Denkschrift „Was wird aus dem Heidelberger Schloss werden?" zusammen. Am Ende setzte er sich durch.

Zu den markantesten Gebäuden des Schlosses gehört neben dem Ottheinrichsbau der ***Friedrichsbau***. Seinen Namen erhielt er nach Kurfürst Friedrich IV., unter dessen Herrschaft der prächtige Renaissancepalast zwischen 1601 und 1607 durch Johannes Schoch entstanden war. Schoch, der aus Königsbach bei Pforzheim stammte, hatte 1588 bereits das Schloss Gottesaue (Karlsruhe) erbaut. In Heidelberg verwirklichte er, offenbar unter Zuhilfenahme des kurpfälzischen Hofhistoriografen Marquard Freher, ein umfangreiches Figurenprogramm an der zum Schlosshof gewandten Hauptfassade, das die Ahnen des Bauherrn darstellte. Sebastian Götz vollendete den Figurenschmuck. Dieser hatte nicht nur programmatischen Charakter für die eigene Familie und die Untertanen, sondern wirkte zielgerichtet gegen das Haus Habsburg. Durch die mit Karl dem Großen beginnende und bis zu Friedrich IV. reichende Ahnenreihe suchten die pfälzischen Wittelsbacher ihre älteren

Schloss Heidelberg, Ottheinrichsbau, Fassade (oben) und Portal (unten)

ren. In vier Ebenen übereinander bot Schoch nahezu alle kurfürstlichen Vorfahren auf, indem er sie von oben nach unten wie folgt gliederte: Ahnen, gekrönte Häupter, Mitglieder der älteren Kurlinie sowie Mitglieder des Hauses Simmern. Rechts unten ließ sich Friedrich IV. selbst darstellen. Nicht von ungefähr „ruhen" sämtliche Ahnen über der Schlosskapelle, die das unterste Geschoss des Friedrichsbaues einnimmt. Die 23 Meter lange, über 11 Meter breite und gut 10 Meter hohe Schlosskapelle nimmt das komplette Erdgeschoss des Friedrichsbaues ein. Ihre Fundamente reichen bis in 14. Jahrhundert zurück. Als sie vom Einsturz bedroht schien, wurde sie unter Ludwig VI. abgebrochen und neu errichtet, wobei das östlich anschließende Haupttor des Schlosses entfernt wurde. Den zweigeschossigen beidseitig von Galerien gesäumten Raum überspannen flache gotische Sterngewölbe. Die Holzbalustraden der Emporen entstanden mit den beiden Fürstenlogen, der Kanzel und dem Hochaltar unter Kurfürst Johann Wilhelm. Das Altarbild mit einer Darstellung der Taufe Christi stammt von dem Niederländer Jans Anton Schoon. Über der Schlosskapelle befanden sich die Wohnräume. Nach den verheerenden Bränden im Orléanschen Krieg wurde der Friedrichsbau als einziger Teil des Schlosses wiederaufgebaut. Nach dem Brand von 1764 erhielt er ein Notdach. Zwischen 1897 und 1903 wurde er nach Entwürfen des Karlsruher Professors Karl Schaefer (1844–1908) im Stil des Historismus erneuert. Die neuen Prunkräume bestehen aus den beiden zum Schlosshof hin gelegenen Galerien/Korridoren des ersten und zweiten Obergeschosses und jeweils vier Sälen, die allesamt im Stil der Neorenaissance

Heidelberg, Schloss, Friedrichsbau

gestaltet sind. Es handelte sich durchweg um Neuschöpfungen von Räumen, nicht um eine Wiederherstellung der ursprünglichen Raumdisposition. Dazu gehörte, dass man noch vorhandene Architekturdetails wie etwa einen erhaltenen Türrahmen aus dem Ottheinrichsbau als schmückendes Ornament am östlichen Ende des Korridors einbaute. An der Ausstattung wirkten namhafte Künstler und Kunsthandwerker wie die Brüder Himmelheber oder Karl Dauber mit. Nach ihrer Fertigstellung dienten die Räume als kulturgeschichtliches Schlossmuseum, eines der frühesten in Baden.

Das ***Große Fass im Fasskeller*** ist wohl eine der größten Attraktionen des Heidelberger Schlosses. Das Ur-Fass war unter Johann Kasimir dem Vormund des späteren Kurfürsten Friedrich IV. entstanden. Geschaffen hat es 1591 Michael Werner aus Landau. Dieses erste Fass hatte ein Fassungsvermögen von 130 000 Litern. Unter Kurfürst Carl Ludwig, dem Vater Liselottes von der Pfalz, wurde dieses erste Fass von Hofkellermeister Meyer durch ein größeres mit 200 000 Litern Inhalt ersetzt. Kurfürst Carl Philipp ließ es 1728 ausbessern und anlässlich seines Namenstages am 1. Mai 1728 wieder mit Pfälzischem Landwein füllen.

Das heute noch vorhandene historische Fass ließ Kurfürst Carl Theodor herstellen, dessen Wappenkartusche mit seinen Initialen „CT“ samt bekrönendem Kurhut die Stirnseite schmückt. Fassbauer Engler hat es 1750/51 mit einem noch größeren Inhalt von 221 726 Litern hergestellt. Der umgebende Fassbau war mit dem ersten Fass 1591 unter Johann Kasimir über den Resten eines einstigen Eckturmes geschaffen worden und vom Hof aus nicht sichtbar. Die gotischen Maßwerkfenster, die infolge der Errichtung des Altan- und Englischen Baues wieder zugemauert wurden, ließen den dreigeschossigen Fasskeller auffallend altertümlich erscheinen, zumal bereits die Renaissance Einzug gehalten hatte. Das 9,67 Meter hohe Mittelgeschoss nahm nach seiner Fertigstellung das Große Fass auf. Dieses Fass wird noch immer vom kurfürstliche Hofnarren Clemens Perkeo (Pankert) bewacht, dessen Holzfigur zum festen Inventar des Fasskellers gehört. Kurfürst Carl Philipp hatte den einstigen Tiroler Knopfmacher zum „Ritter und Kammerherrn des Fasskönigs“ geschlagen.

Der unter Kurfürst Friedrich V. angelegte ***„Hortus Palatinus“ (Pfälzischer Garten)*** genoss bereits während seiner Entstehung 1613 bis 1619 europäischen Ruf, er galt als „achtes Weltwunder“ und als bedeutendste Gartenschöpfung im Deutschland des frühen 17. Jahrhunderts. Nurmehr Reste künden heute von der aufwändigen, an italienischen Vorbildern orientierten Anlage, die sich ehedem über das Hanggelände östlich des Schlosses ausbreitete und bereits im Dreißigjährigen Krieg unterging. Die Idee zu dem wohl niemals vollkommen vollendeten Garten hatte Salomon de Caus von Dieppe (1576–1626). Er galt als einer der größten Physiker seiner Zeit, der mit seinen Erfindungen unter anderem versuchte, Wasser mittels Dampfdruck zu heben. An Stelle des vergleichsweise winzigen Hasengärtleins ließ de Caus die das Schloss deckenden Steilhänge des Friesenberges teilweise sprengen und das Tal bis zu einer Höhe von 70 Fuß auffüllen, um ebenes Terrain zu gewinnen. Damit schwächte er natürlich die Verteidigungsfähigkeit des Schlosses. Das Tal selbst bezog er in den Garten mit ein, indem er dort einen Tiergarten für Rehe und Hirsche anlegte. Statt militärischer Stärke sollte der Garten Friedrichs Gegnern durch seine künstlerische Gestaltungskraft und sein herrschaftliches Selbstverständnis Respekt einflößen. Jacques Fouquières (um 1590/91–1659) berühmtes Ölgemälde von 1620 hielt den sich über drei Terrassen erstreckenden Garten ebenso für die Nachwelt fest wie Matthäus Merians 1620 entstandenes Panorama von Heidelberg. Beide zeigen die ganze spielerische Vielfalt eines manieristischen Gartens mit seinen Terrassen, Grotten und Weihern, Teppichbeeten, Wasserkünsten und Bildwerken. Zu den Besonderheiten des „Hortus Palatinus“ gehörten die Grotten, die

Heidelberg, Schloss, Friedrichsbau, Detail der Ahnengalerie

ebenfalls der Ingenieur Salomon de Caus entworfen hatte und mit dem gesamten Garten in seinem 1620 erschienenen und dem „Winterkönig" Friedrich V., Kurfürst von der Pfalz, gewidmeten Stichwerk „Hortus Palatinus a Friderico Rege Boemiae Electore Palatino Heidelbergiae Exstructus" festhielt. Teile der Großen Grotte samt dem Wasserparterre „Vater Rhein" in der Südostecke des Gartens sind heute ebenso erhalten wie Bereiche der Grotten-Galerie und der Bäder- und Musikautomatengrotte, beide auf der schmalen oberen Terrasse.

Das erste von drei aufwändigen Parterres auf der großen, rechtwinklig angelegten Hauptterrasse war als Knotenparterre gestaltet, das sich aus vier Beeten an einem Wegekreuz zusammensetzte, deren individuelles Muster aus sich überschneidenden Bändern bestand. Diese Bänder bestanden aus einer Mischung von Gewürzkräutern und Halbsträuchern wie Thymian, Majoran, Rosmarin oder Lavendel. Ihren Ursprung hatten diese Knotenparterres in der islamischen Kunst. Als Zwerghecken gestaltet wirkten sie effektvoll durch verschiedene Grüntöne, während die Zwischenräume vermutlich mit toten Materialien farblich kontrastierten. Am Schnittpunkt des Wegekreuzes fand sich ein achteckiger Brunnen mit einer Säule, die „rings umb von sich Wasser [gibt] / welches uff die daran aus Tauchstein gemachte Runde Boßquadern herab tropft". Das folgende gleichgroße Parterre wies vier Zierbeete auf, die „uff die art eines Laubwercks zugerichtet" (zit. nach Hansmann 1983, S. 83) waren, das heißt, die vermutlich aus Buchs und gleichfalls totem Material bestanden. Dieses Parterre war den neun Musen gewidmet, von denen acht am Eingang der Wegeachsen standen, die neunte (Urania) jedoch in deren Schnittpunkt und in der Funktion einer Sonnenuhr. Das dritte große Parterre bestand aus steingefassten Hochbeeten, die zusammen ein Sternmuster ergaben. Die Beete umstanden junge Pomeranzenbäume, „die man in Kästen versetzen kan / wann sie aus dem Pomerantzenhaus kommen". Ringsum breiteten sich Melonen aus.

Heidelberg, Schlossgarten

Auf dem lang gestreckten Terrain hinter den Parterres ordnete de Caus Wasserbecken und ein kunstvoll aus Kreisen komponiertes Wasserparterre an. Zu den Gestaltungselementen gehörten ferner Laubengänge und blumengeschmückte Zierbeete. Diese waren teils mit Grotesken, Knotenornamenten und Eckpavillons eingefasst. Dabei spielte die Symbolik bis ins Detail eine besondere Rolle: „Das Runde Feld oder Grund / so in der mitten stehet / ist in Vier theil underschieden / nach den Vier zeiten des Jahrs. Und hatt jedes theil Neun Doppel Länder. Welche / wann mann sie in Drei theil wider abtheilt / kommen jedem Monat im Jahr / Drey Doppel Länder / so ihre besondere Blumen tragen sollen. Dann es gar gewiß ist / daß alle zeiten des Jahrs uber / Blumen herfür wachsen". (zit. nach Hansmann 1983, S. 85) So rückten jeden Monat die Blüten – dem Zeiger der Uhr gleich – um drei Felder vor.

Zu den raffiniertesten Anlagen des „Hortus Palatinus" gehörte indes die hangaufwärts an der großen Allee gelegene „Galery". Ihren architektonischen Ausdruck in der Terrassenmauer erhielt sie durch korbbogige, mit Rustikahalbsäulen geschmückte Arkaden sowie durch eine bekrönende Attika mit den Reliefs der zwölf Taten des Herkules und abschließender Balustrade. Im Innern der Halle verzauberten zahlreiche Nischen mit Brunnen den Eintretenden und führten ihn

in eine Grotte, die reich mit „Felsenwerck / Muschelln/ und Corallenzincken" geschmückt und vom Wasser beherrscht war, das „der lenge nach uber die Stein herab" (zit. nach Hansmann 1983, S. 83) floss. Getreu dem manieristischen Garten stand der „Hortus Palatinus" als irdisches Paradies unvermittelt neben der Natur.

1620, in dem Jahr, als Matthäus Merian den berühmten Kupferstich von Heidelberg schuf, befand sich der Schöpfer des „Hortus Palatinus", der „Winterkönig" Friedrich V. auf der Flucht vor den kaiserlichen Truppen, die ihn am 8. November 1620 in der Schlacht am Weißen Berg besiegt hatten. Friedrich wurde aus der Pfalz vertrieben, verlor Pfälzer Kur- und böhmische Königswürde.

Kurfürst Karl Philipp begann 1719, Teile der Gartenanlage Friedrichs V. in eine barocke Form zu bringen und ließ unter anderem van den Brandens Kolossalgruppe des „Fliegenden Merkur" aufstellen. Anders als seine Vorgänger widmete Kurfürst Carl Theodor dann sein Interesse ganz dem Ausbau des Schwetzinger Schlossgartens. So ließ er viele der Heidelberger Kunstwerke und Dekorationen in seine Sommerresidenz nach Schwetzingen bringen, darunter auch die Innenverkleidung der Großen Grotte. Im Jahr 1764 veranlasste er die Rodung und teilweise Verpachtung des Gartens. Erst unter Großherzog Carl Friedrich von Baden erwachte der Schlossgarten zu neuem Leben: als vom Schwetzinger Gartendirektor Johann Michael Zeyher (1770–1843) gestalteter forstbotanischer Garten der Universität. Den dort gepflanzten Gingko Biloba pries Goethe bei seinen Besuchen.

MANNHEIM, SCHLOSS

„Man mag Mannheim betrachten, von welcher Seite man will, so muß man allezeit einräumen, daß es eine von den schönsten und merkwürdigsten Städten sey [...] Unter allen Gebäuden bleibt freylich die Residenz das vornehmste" stellte Johann Friedrich Carl Grimm 1775 in seinen „Bemerkungen eines Reisenden durch Deutschland, Frankreich, England und Holland" fest. Detailreich beschreibt er in der Folge das Schloss, das damals als politisches, administratives und vor allem auch kulturelles Zentrum auf keiner *Grand Tour* fehlen durfte.

Barockschloss Mannheim, Ehrenhof, Corps de Logis nach der Neugestaltung von 2007

Die an der höchsten Stelle der Stadt bei 97 Metern über Normalnull errichtete barocke Dreiflügelanlage beeindruckt als eine der größten Schlossanlagen Europas durch ihre Superlative noch heute. So fasst die 440 Meter lange Stadtfront nicht weniger als sieben Parallelstraßen zusammen. Bis ins späte 19. Jahrhundert verbanden das Jesuitenkolleg im Westen und der Kosakenstall im Osten das Schloss mit der Stadt. Die umsäumten Schlossplanken samt dem zentralen Schlossplatz sind heute nur noch in historischen Ansichten wahrnehmbar. Lange schon haben moderne Verkehrsadern vom Schloss Besitz ergriffen und dieses von allen Seiten eingeschnürt. Und doch kehrte mit der Rekonstruktion des barocken Mansarddaches und der Neuschaffung eines Schlossmuseums im Corps de Logis bis zum 400-jährigen Stadtjubiläum Mannheims 2007 das Schloss als „Krone der Kurpfalz" ins öffentliche Bewusstsein zurück.

Barockschloss Mannheim, Mittelrisalit

Dort, wo sich von 1606 bis zu ihrer Zerstörung im Pfälzischen Erbfolgekrieg (1689–1697) die unter Kurfürst Friedrich IV. von der Pfalz (1574/92–1610) gegründete Zitadelle Friedrichsburg erhob, ließ Kurfürst Carl Philipp (1661/1716–1742) ab 1720 ein Schloss errichten, das unter seinem Nachfolger Kurfürst Carl Theodor (1724/43–1799) 1760 vollendet wurde. Mannheim gilt als „erfolgreichste Residenzgründung im Reich des 18. Jahrhunderts". Hier wurde mit der Schlosskirche samt eigener Grablege, dem ‚Hofkloster' der Jesuiten samt zugehöriger großer Hofkirche (St. Ignatius und Franz Xaver), Opernhaus, Hofbibliothek, Gemäldegalerie, Münzkabinett, Naturaliensammlung, Akademie der Künste, Antikensammlung, der 1763 gegründeten Akademie der Wissenschaften, dem Botanischen Garten und der Sternwarte, dem Ballhaus und der Reitschule „eines der vollständigsten Residenzprogramme im [Heiligen Römischen] Reich realisiert". Tatsächlich konnten „andere Residenzen größerer Territorien [...] in ihren kulturellen Einrichtungen nicht mit Mannheim konkurrieren." Zumeist blieben sie, wie in Bonn oder Koblenz, auf Theater und Oper, eine größere Hofbibliothek oder eine Kunstsammlung beschränkt. Während erste Planungen zur Gesamtanlage wohl auf Louis Remy de la Fosse (um 1659–1726) zurückgehen, bestimmte der Mainzer Architekt Johann Caspar Herwarthel (1675–1720) dessen innere und äußere Aufteilung. Nach Herwarthels Tod folgte ihm 1720 Johann Clemens Froimon (um 1686–1741), der 1726 in Ungnade fiel und durch Guillaume d'Hauberat († 1749), einen Schüler Robert de Cottes, abgelöst wurde und unter dessen Leitung die zentralen Räume von Haupttreppenhaus und Rittersaal im turmartig bekrönten Mittelbau

Barockschloss Mannheim, erstes Kaiserliches Vorzimmer

vollendet werden konnten. Drei Jahre zuvor hatte Balthasar Neumann die Räume in Augenschein genommen und Froimons Pläne seinem Pariser Kollegen de Cotte vorgelegt, der darüber nur den Kopf schüttelte, so sehr verstießen sie gegen damals herrschende Architekturregeln. Das bunte Leben und Treiben im Ehrenhof und all den höfischen Räumen, des Musenhofes, das zahllose Künstler und Literaten wie Mozart oder Voltaire angezogen hatte, endete bereits 1778 mit Carl Theodors Übersiedlung nach München. 1795 brannten erste Teile des Schlosses, darunter das Hofopern- und das Ballhaus, nieder, als die Österreicher von der linken Rheinseite das von französischen Militärs besetzte Mannheim beschossen. Erst mit dem badischen Erbgroßherzogspaar Carl von Baden (1786–1818) und seiner Frau Stephanie de Beauharnais (1789–1816), Adoptivtochter Kaiser Napoleons I., kehrte Anfang des 19. Jahrhunderts bescheidener Glanz nach Mannheim zurück. Zunächst entstand der englische Landschaftsgarten um das Schloss, in dessen Innern Stephanie einige Räume im Stil des Empire umgestalten ließ. Von 1819 bis 1860 lebte sie schließlich als Witwe mit kleinem Hofstaat im Schloss, dessen Räume sich mehr und mehr mit Verwaltungsbehörden füllten. Der ehedem gepflasterte Ehrenhof wurde in eine Grünanlage verwandelt, und das prächtige Ehrenhofgitter wurde mit Büschen und Sträuchern bepflanzt. Das Schloss lag abseits, schwand mehr und mehr aus dem allgemeinen Bewusstsein. Von 1926 bis zu seiner Zerstörung im Zweiten Weltkrieg wurde es teilweise als Städtisches Schlossmuseum genutzt und nach langer Diskussion um seine Zukunft – man

Barockschloss Mannheim, Bibliotheks- und Gartenkabinett der Kurfürstin

dachte an Abriss eines Verkehrshindernisses im Zuge einer ‚autogerechten Stadt' – ab 1947 für Behördenzwecke wiederaufgebaut. Einen Glücksfall bot die Unterbringung der Wirtschaftshochschule (heute: Universität Mannheim). Die zentralen Räume des Mittelbaues und der Schlosskirche wurden bis 1973 in Anlehnung an die ursprüngliche Gestalt wiedererrichtet. Vom Ehrenhof aus, der mit seiner Pflasterung jüngst wieder sein barockes Ursprungsbild zurückerhielt, führt der Weg ins neue Schlossmuseum im Corps de Logis, wo im März 2007 auf einer Fläche von rund 3 200 Quadratmetern die Prunkräume der Beletage und die Ausstellung „Kunst und Kultur am Mannheimer Hof" eröffnet wurden.

Barockschloss Mannheim, Großer Bibliothekssaal (kriegszerstört), heute Aula der Universität Mannheim

Im östlichen Bereich des Corps de Logis betritt man das neue Schlossmuseum. Von hier aus führt der Weg zurück ins zentrale, in der Mittelachse zum Ehrenhof hin gelegene Haupttreppenhaus. Der Raum spielte für das Empfangszeremoniell vor allem im 18. Jahrhundert eine wesentliche Rolle. Mit ihrer Größe gehört die Mannheimer Prunkstiege zu den größten Treppenanlagen des deutschen Schlossbaues. Über eine der beiden breiten Sandsteintreppen gelangt man vorbei an den um 1728 entstandenen Stuckaturen von Hofbildhauer Paul Egell (1691–1752) in die Antisala. Ihre dreiteilige Gliederung setzt sich konsequent durch alle Geschosse fort. Drei Deckenfresken, ursprünglich von der Hand Cosmas Damian Asams (1686–1739), stellen Szenen aus der griechischen Mythologie, darunter das Urteil des Paris (Antisala), Juno und Aeolus (Westseite) und Venus und Vulkan (Ostseite), dar. Mit dem zweigeschossigen, etwa 24 × 15 Meter großen, zentralen Rittersaal, der seinen Namen den hier abgehaltenen Ordenskapiteln des pfälzischen Hubertusritterordens verdankt, folgt das „Herz der Residenz". Sein leicht gerundeter Rechteckgrundriss wird durch die Wandpfeiler, so genannte Kolossalpilaster, aus Lahn- und Stuckmarmor gegliedert, die dem Raum eine monumentale Wirkung verleihen. Dazwischen finden sich wieder Stuckaturen von Paul Egell, entstanden um 1728. Das zentrale Deckenfresko zeigt die Hochzeit des Peleus und der Thetis, zu deren Hochzeitsmahl die Götter des Olymp geladen sind. Der Herrschaftsanspruch wird durch eine Ahnengalerie unterstrichen, die mit Ruprecht III. beginnt und mit Philipp Wilhelm in der oberen Reihe endet sowie durch zwei Porträts von Johann Wilhelm und seinem Bruder und Residenzgründer Carl Philipp über den Kaminen ergänzt wird. An den Rittersaal schließen zur „Gartenseite" hin in östlicher und westlicher Richtung das Kaiserliche und Kurfürstliche Quartier an. Wie in jedem Kurfürstenschloss war die Kaiserwohnung besonders prachtvoll gestaltet. Die Mannheimer Kaiserzimmer verdanken ihren Namen dem Aufenthalt Kurfürst Karl Albrechts von Bayern, der auf dem Weg zu seiner Kaiserkrönung in Frankfurt 1742 im Mannheimer Schloss Quartier nahm. Heute bildet das Erste Vorzimmer, das auch als Speisezimmer genutzt wurde, mit dem großen badischen Hof(silber)service den glanzvollen Auftakt zu diesen Räumen, die vor allem durch ihre kunstvollen Tapisserien bestechen. An das Vorzimmer schließen sich der Cour- und der Thronsaal sowie das Große Kabinett an. Den Auftakt zum Kurfürstlichen Quartier bildet das westlich an den Rittersaal angrenzende Erste Vorzimmer. Der als Trabantensaal bekannte Raum diente in kurpfälzischer Zeit als Aufenthaltsraum für die Leibgarde. Die 1969/70 rekonstruierte Stuckdecke wird Carlo Maria Pozzi zugeschrieben. Mit dem Blauen und Gelben Salon sowie dem Musikzimmer folgen drei Räume, die unter Großherzogin Stephanie neu ausgestattet wurden. Der Gelbe Saal diente nach Stephanies Tod als Sitzungssaal der Rheinschifffahrtskommission. Eine Besonderheit befindet sich im Erdgeschoss, wo das annähernd original erhaltene Bibliotheks- und Gartenkabinett der Kurfürstin Elisabeth Augusta – inzwischen selbst ein Exponat – durch ein Zeitfenster besichtigt werden kann. 1755 hatte Oberbaudirektor Nicolas de Pigage (1723–1796) den dreiachsigen 5,7 × 9 Meter kleinen Raum geschaffen. Paul Egells Sohn Augustin (1731–1785) und Philipp Matthäus van den Branden (1716–1788) schufen die Schnitzarbeiten, Giuseppe Antonio Albuccio den Stuck und Philipp Hieronymus Brinckmann die Malereien. Hier findet sich auch die Ausstellung „Kunst und Kultur am Mannheimer Hof", die Ausstattungs- und Sammlungsstücke aus den verschiedenen Phasen der Schlossgeschichte vereint. Durch zwei Ferngläser gelingt der Blick in den barocken Schlossgarten ebenso wie in den Sckell-Zeyherschen englischen Landschaftsgarten. Neben der kurfürstlichen Ausstattung etwa des kurfürstlichen Naturalienkabinetts und den Gründungen des Kurfürsten Carl Theodor, wie der Porzellanmanufaktur Frankenthal, finden sich hier weitere Zeugnisse aus badischer Zeit zum Thema „Huldigung und Fürstenverehrung" sowie zu Hofbediensteten und Gesandten. Im neu geschaffenen Untergeschoss thematisiert eine eigene Ausstellung im Korridor unter dem Haupttreppenhaus die Geschichte der Mannheimer Festungsanlage bis zu deren Schleifung, wobei Teile eines alten Entwässerungsgrabens aus dem 18. Jahrhundert zu sehen sind.

Oggersheim, Schloss- und Wallfahrtskirche Mariä Himmelfahrt

OGGERSHEIM, SCHLOSS UND SCHLOSSKIRCHE

Pfalzgraf Joseph Carl Emanuel von Pfalz-Sulzbach, der Vater Kurfürstin Elisabeth Augustas, legte 1720 den Grundstein des von seiner Tochter vollendeten Schlosses. Er ließ ein kleines Lustschloss und 1729 eine Loretokapelle errichten. Als Schwiegersohn des regierenden Kurfürsten Carl Philipp und Kurprinz sollte er dessen Nachfolge antreten. Doch er starb 1729, und das Schloss verwaiste für 22 Jahre. Pfalzgraf Friedrich Michael von Pfalz-Birkenfeld, der Schwager Kurfürst Carl Theodors, ließ das Schloss 1751–1757 von Nicolas

Oggersheim, Schloss

de Pigage zu seinem Sommersitz ausbauen. Er wirkte seit 1751 als Gouverneur der Stadt Mannheim und seit 1754 als Generalfeldmarschall des oberrheinischen Kreises. An der Ausstattung waren unter anderem der Bildhauer Augustin Egell, der Maler Philipp Hieronymus Brinckmann und die Stuckateure Antonio Albuzzio und Giuseppe Pozzi beteiligt. Unter Friedrich Michael entstand durch Johann Ludwig Petri auch der weiträumige Schlossgarten mit Badhaus, Chinoise, Orangerie und Menagerie. Nach seinem Tod 1767 gelangte es durch Verkauf an Kurfürst Carl Theodor, der es 1768 seiner Frau schenkte. Elisabeth Augusta nutzte Oggersheim zunächst als Sommerresidenz und bewohnte es nach dem Wegzug des Hofes nach München 1778 ganzjährig. Das Schloss in Oggersheim ließ sie von Nicolas de Pigage im französischen Geschmack auf das Feinste ausstatten. Vergleichbar war es mit dem damals bei Düsseldorf gelegenen Schloss Benrath, das als Witwensitz für Elisabeth Augusta gebaut wurde. Zwischen 1774 und 1777 ließ sie die Loretokapelle mit dem bis heute einzigen Kirchenbau des Mannheimer Hofbildhauers Peter Anton von Verschaffelt als Schloss- und Wallfahrtskirche überbauen. „Die Hofkapelle zu Oggersheim macht ihrem Ruf, eines von den fehlerfreiesten Architekturwerken der Pfalz zu sein, alle nur mögliche Ehre", bemerkte der Dichter Friedrich Matthison über das neue, am 18. Oktober 1777 in Gegenwart des gesamten Hofes geweihte Gotteshaus. Verschaffelt, der als bedeutendster Bildhauer des Frühklassizismus im Rheingebiet gilt, schuf einen hohen fünfachsigen Saalbau an der Schwelle vom Spätbarock zum Frühklassizismus.

Oggersheim, ehemaliges Wirtschaftsgebäude des kurfürstlichen Schlosses in der Mannheimer Straße

Von Anfang an war der Kirchenbau mehr als eine reine Schlosskirche. 1729 hatte Elisabeth Augustas Vater, Pfalzgraf Joseph Carl, Erbprinz von Sulzbach, mit dem Bau einer Loretokapelle begonnen. Der Oggersheimer Kapellenbau entstand als eine getreue Nachbildung der „Santa Casa" im italienischen Loreto, die einer mittelalterlichen Legende nach das Wohnhaus der Heiligen Familie war. Über die Motivation von Pfalzgraf Joseph Carl bemerkte der Jesuitenpater Matthäus Vogel als erster Betreuer der Oggersheimer Wallfahrt: „Das schöne Beispiel so vieler christlicher Länder [...], die Begierde, Gott den Herrn in seiner hl. Mutter zu loben und die Ehre der wertesten Himmelskönigin in diesen Landen zu erweitern wie auch ihrer Fürbitte verschiedene Gnaden vom Himmel zu erhalten hat Pfalzgraf Joseph Carl, Erbprinz des Herzogtums Sulzbach, bewogen, auch in kurpfälzischen Landen eine nach Form des hl. Hauses zu Loreto gestaltete Kapelle aufzurichten" (zit. nach Jöckle 1988, S. 4). Der frühe Tod seiner Frau 1728 und Joseph Carls eigener Tod 1729 verhinderten die Stiftung einer lauretanischen Andacht, so dass das Kirchlein zunächst verwaist dalag und erst 1733 vollendet wurde.

Die Fassade von Verschaffelts einzigem Kirchenbau ist monumental und tempelartig gestaltet

und hat ihr Vorbild in Carlo Rainaldis *Chiesa di Gesù e Maria* in Rom. Auf hohen Werksteinsockeln stehen beiderseits zwei kräftige Pilaster mit korinthischen Kapitellen. Ein Architrav, Fries und mächtiges, an den Längsseiten eingezogenes Gesims schließen den Bau nach oben ab. Die Fassade krönt ein Dreiecksgiebel, bekrönt vom Hemmerschen Fünfspitz. Seine figürliche Ausschmückung unterblieb. Das Innere der Kirche ist durch Wandnischen und eine Pilasterordnung gegliedert, worüber sich ein kräftiges Gebälk befindet, das ein kassettiertes Tonnengewölbe mit Stuckkassetten und Stichkappen trägt. Die Nordostwand der Loretokapelle wurde mit dem Hochaltar ummantelt, wobei das Retabel wieder das architektonische Konzept der (äußeren) Tempelfassade aufgreift. Über einem breiten, marmorverkleideten Sockel erhebt sich die von korinthischen Halbsäulen und flachen Pilastern an den zurückspringenden Ecken gegliederte Fassade. Die Säulen tragen den zentralen Dreiecksgiebel. Der Mittelrisalit wird über der Mensa von einem rechteckigen Fenster durchbrochen. Während das Antependium ein Marmorrelief mit der Szene von Christi Geburt enthält, ist über dem Fenster ein Medaillon mit dem Brustbild der Jungfrau angebracht, umsäumt von einer Strahlenglorie mit der Darstellung des Heiligen Geistes sowie geflügelter Putten.

1793 floh Elisabeth Augusta vor den französischen Revolutionstruppen nach Weinheim, wo sie im Sommer 1794 starb. Ihr Schloss war bereits 1793 in Flammen aufgegangen. 1797 wurde das Terrain versteigert und parzelliert. Einzig die Wallfahrtskirche Mariä Himmelfahrt blieb bis heute erhalten.

SCHWETZINGEN, SCHLOSS UND GARTEN

Im Jahre 1350 wird in Schwetzingen erstmals urkundlich ein ritterliches Wasserschloss erwähnt. Es bestand aus einer kleinen ummauerten Anlage mit Bergfried auf einer Insel des Leimbachs. Die Besitzer, die Familie von Schomberg, hatten dem Pfalzgrafen Ruprecht ihr „feste Haus zu Schwetzingen" zur Verfügung gestellt. Zu Beginn des 15. Jahrhunderts fand sich dieses „feste Haus" im alleinigen Be-

Schwetzingen, Schloss und Garten

sitz der Pfälzer Kurfürsten. Um 1470 ließen die Kurfürsten hier eine gotische „steinerne Kemenate“ errichten, die als Aufenthaltsort zu den Jagdgebieten im Haardtwald diente. Der mehrgeschossige Bau maß nur rund 5 × 5 Meter und eignete sich kaum für längere Aufenthalte. So plante man um 1500 einen Neubau (1508–1541), der bis zum Dreißigjährigen Krieg Bestand hatte, 1635 aber durch General Gallas niedergebrannt wurde. Kurfürst Carl Ludwig ließ das Schloss zwischen 1655 und 1658 für seine morganatisch angetraute zweite Frau Luise von Degenfeld wiederaufbauen. In dieser Zeit entstand auch der Schlossgarten, der aus einem Lust- und Nutzgarten bestand. Hier ließ der Kurfürst den ersten Pfälzer Spargel kultivieren. Seine Tochter Liselotte von der Pfalz berichtet in ihren berühmten Briefen: „in der lebendigen Hecken, so lengst dem Graben war, wahren [sic!] eine grosse Menge von Nachtigallen, so die gantze Nacht sungen im Frühling“. Im Pfälzischen Erbfolgekrieg ging Liselottes Paradies 1689 erneut in Flammen auf. 1698–1701 ließ Kurfürst Johann Wilhelm (1658/90–1716) das Schloss wiederaufbauen und erweitern. Dabei entstanden 1710 die beiden Ehrenhofflügel nach Plänen Johann Adam Breunigs (um 1660–1727). Johann Wilhelms Bruder und Nachfolger Kurfürst Carl Philipp (1661/1716–1742) wollte „den hieselbst anzulegen verordneten Garten baldmöglichst in stand gebracht zu sein wissen“ (Büche 2000, S. 3). Carl Philipp ließ als westlichen Abschluss dieses Gartens 1720 die alte, 1750 wieder abgebrochene Orangerie nach Plänen Alessandro Galli da Bibienas (1687–1748) errichten. Sie lag in etwa in Höhe des heutigen Arionbrunnens und bestand aus einem Mittelbau, an den zwei Seitenflügel anschlossen, die sich segmentbogenförmig zum Schloss hin öffneten. Das Innere war prächtig mit Fayencen ausgekleidet. Reste davon finden sich im Porzellanhäuschen beim Badhaus. Zur Ausstattung des Neubaus ließ Carl Philipp die Düsseldorfer Orangerie aus 700 wertvollen Bäumen nach Schwetzingen bringen, so dass ein Zeitgenosse 1731 schrieb: „das Vornehmste allhier ist wohl die Menge der italienischen Gewächse und Bäume womit der Garten schier wie ein kleiner Wald bestellet ist“ (Büche 2000, S. 4). Bibiena

Schwetzingen, Schloss und Garten

zu verdanken ist jedoch vor allem die Ausrichtung des Schlosses auf zwei wichtige topographische Punkte. So weisen die Alleen seitdem nach Osten zum Königstuhl und nach Westen zum Kalmit. Nach dem Tod Carl Philipps sollte das glanzvollste Kapitel für Schwetzingen beginnen. Die Pläne für ein neues Schloss zerschlugen sich am Ende, doch der Gedanke eines Schlosses im Jagdstern, in Höhe des Arionbrunnens, war genial. Er stammte von Nicolas de Pigage (1723–1796), den der Kurfürst alsbald zum Intendanten über die Gärten und Wasserkünste ernannte. Nun wurde der Gedanke eines neuen Jagdschlosses zugunsten einer Sommerresidenz mit großzügiger Gartenanlage verworfen. Dieser Schlossneubau, zu dem Pigage 1749/50 Pläne vorlegte, sollte westlich des nördlichen Zirkelhauses entstehen. Deshalb war westlich ein weiteres Zirkelhaus vorgesehen, so dass sich der Garten nach Süden erstreckt hätte. Am Ende sollte der Neubau an die Stelle des bestehenden Schlosses treten.

1753 legte der Pfalz-Zweibrückische Hofgärtner Johann Ludwig Petri den Entwurf vor, der die Zukunft des Schlossgartens bestimmen sollte: das Kreisparterre aus den beiden Zirkelhäusern, die ihre Entsprechungen in den beiden Laubengängen finden sollten. Bei den Details folgte Petri dem berühmten Gartentheoretiker Dezallier d'Argenville und dessen Werk „Theorie et Pratique der Jardinage" (Theorie und Gebrauch der Gartenkunst). Um 1758 scheint die Entwicklung des Kreisparterres abgeschlossen gewesen zu sein. 1762 übernahm der zum Gartendirektor ernannte Nicolas de Pigage die weitere Planung. 1762 begann auch der Bau des Naturtheaters, des Apollotempels samt Belvedere und der dortigen neuen Angloise. Ab 1766 folgte verstärkt die skulpturale Ausstattung, bei der Pigage durch den Hofbildhauer Peter Anton von Verschaffelt unterstützt wurde. Dabei erhielt der Park 130 Skulpturen aus Marmor, Sandstein oder Blei, Arbeiten aus Düsseldorf und Ankäufe etwa aus Lunéville. Zwischen 1766 und 1773 entstand der Minervatempel, und 1768 begannen die Arbeiten zum Badhaus. Es gehört, als privater Rückzugsort des Kurfürsten, zu den besonderen Kostbarkeiten des Schlossgartens. In seiner äußeren Form folgte Pigage bei der Gestaltung Palladios Villen des Veneto und ihrer englischen Nachfolge-

Schwetzingen, Schlossgarten Orangerie

Schwetzingen, Schloss, gemauerter Herd mit Rauchabzug im dritten Obergeschoss des Corps de Logis

Schwetzingen, Schlossgarten, Moschee (oben) und Moscheehof (unten)

bauten, während er den Nutzen an der „Maison de Plaisance" (Landhaus) getreu dem Standardwerk des französischen Architekten Jacques-Francois Blondel (1705–1774) orientierte. Innovativ und bedeutsam gestaltete Pigage den Eingangsbereich mit den von toskanischen Säulen gesäumten halbrunden Eingangshallen. Hier flossen Vorbilder antiker Thermenarchitektur ein, die zuerst in England aufgenommen wurden. Die Vorhallen erschließen den zentralen Ovalsaal, dessen Deckenfresko das Thema des Raumes bildet: Aurora, die Göttin der Morgenröte, vertreibt die Nacht. Nicolaus Guibal (1725–1784) hat es geschaffen. In vier Wandnischen stehen als vergoldete Skulpturen die Begleiterinnen der Aurora. Darüber finden sich die Allegorien der Jahreszeiten in vergoldeten Stuckmedaillons von Giuseppe Antonio Pozzi (1732–1811). Die Verherrlichung von Macht und Würde des Bauherrn sucht man indes vergeblich. Noch während die Arbeiten zum französischen Garten liefen, setzten Überlegungen zur teilweisen Umgestaltung im Sinne des englischen Landschaftsgartens ein. Die Arbeiten begannen 1777 an der Nordwestecke unter der Oberleitung Pigages durch Friedrich Ludwig Sckell. Dieser hatte bei mehreren Aufenthalten in England den neuen Gartenstil kennengelernt. Durch die kurfürstliche Verfügung zur Beibehaltung der Boskettzonen schuf Sckell das heute bekannte Gesamtkunstwerk, in dem er beide Teile geschickt miteinander verknüpfte. Zu den außergewöhnlichsten Parkarchitekturen zählt ohne Zweifel die Moschee mit dem sie umgebenden Türkischen Garten. Auch hier kamen Anregungen aus England, wo Pigage 1776 Kew Gardens besucht hat und William Chambers islamisches Bauwerk als Anregung empfand. Die 1779 bis 1781 errichtete Schwetzinger Moschee bildet kein islamisches Gebäude nach, dennoch hat man der Mode folgend versucht, eine ausgewogene Gesamtkomposition aus eigentlichem Moscheeraum und Moscheehof zu schaffen.

Während das Schloss den Besuchern durch seine detailreiche Möblierung im Stil des Rokoko und frühen Klassizismus einen Einblick in die höfische Welt am kurpfälzischen Hof vermittelt, gehört der Schwetzinger Schlossgarten zu den bedeutendsten Zeugnissen der europäischen Gartenkunst.

WEINHEIM, SCHLOSS

Das Gelände des heutigen Weinheimer Schlossbezirks gehörte bis zum Jahr 1423 dem Geschlecht der Swende. Damals gelangte der nördlich vom Obertor gelegene Teil, der heutige nordwestliche Flügel des Rathauses an Kurpfalz, wo in der Folge eine Kellerei entstand. Zwischen 1546 und 1552 diente das Weinheimer Schloss dem Pfalzgrafen Ottheinrich, der zwischenzeitlich nach Einführung der Reformation in Pfalz-Neuburg Land und Thron verloren hatte, als Wohnsitz. Unter Pfalzgraf Ottheinrich entstand auch ein erster Lustgarten in Weinheim, wobei der Pfalzgraf den würt-

tembergischen Herzog um Zeichnungen und Pläne zu dessen berühmtem Stuttgarter Lusthaus ersuchte. In den Weinheimer Lustgarten ließ Ottheinrich viele wohlriechende Kräuter pflanzen, ferner Limonen, Oliven, Granatäpfel, Pfeffer, Melonen, Gurken, Feigen, Mandeln und Trauben. Auch ließ er einen Platz mit Pomeranzenbäumen anlegen. Ein neuer Brunnen diente der Bewässerung. Die durchaus kälteempfindlichen Gewächse mussten natürlich vor den Unbilden der Witterung geschützt werden, weshalb der Pfalzgraf den gesamten Garten im Herbst mit einer „Stube", also einer Art Orangerie, überziehen ließ, die mit zwei Öfen geheizt und im Frühjahr wieder abgebrochen werden konnte. Dieser Lustgarten blieb Episode. Die kostbaren Pflanzen wurden nach dem Wegzug Ottheinrichs nach Heidelberg gebracht.

Eine kurze Episode bildete der Aufenthalt des Kurfürsten Johann Wilhelm (Jan Wellem) in Weinheim, der sich nach der Zerstörung des Heidelberger Schlosses im Pfälzischen Erbfolgekrieg 1698 nach Weinheim zurückgezogen hatte. Zwei Jahre später entstanden erste Teile einer Parkanlage. Als Bauherren wirkten die Kurfürsten von der Pfalz, die im südlichen Teil der heutigen Anlage einen französischen Garten mit kunstvoll geschnittenen Gehölzwänden und vermutlich ornamentalen Blumenbeet-Arabesken anlegen ließen. Vermutlich zwischen 1785 und 1795 wurde diese Anlage nach Plänen des kurpfälzischen Gartenarchitekten Friedrich Ludwig Sckell zu einem Englischen Landschaftsgarten umgestaltet. Sckell schuf weite Wiesentäler und führte die Blicke aus dem Garten auf die Burg Windeck und die freie Landschaft. Einige der damals gepflanzten Solitärbäume sind heute noch vorhanden, darunter die große Libanon-Zeder im Kleinen Schlosspark, die als älteste Zeder in Deutschland gilt. Zu Beginn des 19. Jahrhunderts wurde das Kurfürstliche Schloss verkauft. Mitte des 19. Jahrhunderts gehörte die Unternehmerfamilie Johann Carl Freudenberg zu den Mietern des Schlosses. Der

Weinheim, Schloss und Garten

Schlosspark in seiner heutigen Form geht vor allem auf Gräfin Auguste Elisabeth Amalie von Waldner-Freundstein zurück, Tochter des Freiherrn von Stumm aus Neunkirchen im Saarland, die 1837 durch Kauf den angrenzenden Ulnerschen Adelshof mit dem Südflügel des Schlosses erworben hatte. Bestandteil des Kaufvertrages waren auch sieben Morgen Land, die „der Lustgarten" genannt wurden. Für Gräfin Auguste war es die zweite Ehe. Zuvor war sie mit Christian Friedrich Freiherr von Berckheim verheiratet, dem das dritte Weinheimer Schloss – das Berckheimsche Schloss – gehörte. Graf Christian, einer der beiden Söhne, ließ ab 1872 die meisten der Exoten im Schlosspark pflanzen. Er war auch der Begründer des angrenzenden Exotenwaldes. Beeindruckend sind die großen Rhododendron- und Eibenbüsche um den großen Weiher. Dieser entstand im Zweiten Weltkrieg als Feuerlöschteich und wurde erst später in seine heutige Form gebracht und mit Fontänen besetzt. Große Rasenflächen mit Baum- und Strauchgruppen gliedern den nach oben leicht ansteigenden Park. Zu den Besonderheiten gehören ein Gingko, Japanische Schurbäume, Stileiche und Atlaszeder sowie der Küstenmammutbaum. In der Südostecke des Schlossparks findet sich das zwischen 1908 und 1913 nach Plänen des Mainzer Dombaumeisters L. Becker in Jugendstilformen mit byzantinisierenden Stilzitaten errichtete Mausoleum der Familie von Berckheim.

DÜSSELDORF, SCHLOSS

„Die erste Stadt zu der ich kam, war Düsseldorf [...] Sie ist bemerkenswert durch zwei Dinge: Das eine ist ein großartiger Palast, der dem Herzog gehört und dann ist dort eine Residenz des herzoglichen Hofes [...]", bemerkte der englische Reisende und Schriftsteller Thomas Coryat[e] (1577–1617) im Jahr 1611 in seinem Werk „Coryat's Crudities hastily gobbled up in Five Months Travels in France, Italy, &c."

Heute erinnert einzig der Schlossturm am Burgplatz als ein Wahrzeichen der Landeshauptstadt Düsseldorf an die stattliche Anlage, die 1872 ausbrannte und aus dem Stadtbild verschwand. Er ist der letzte bauliche Rest des Schlosses der Herzöge von Berg. Diese hatten als Grafen von Berg in der zweiten Hälfte des 14. Jahrhunderts oder bereits früher ein festes Haus am Rheinufer, an der nordwestlichen Ecke der Stadt errichten lassen, aus dem sich eine Burg entwickelte. Nach Feuersbrünsten um 1490 und 1510 war die Burg baufällig.

Im 16. Jahrhundert wandelte sich die Burg zum Schloss. Nach der Vereinigung der Länder Jülich-Kleve-Mark 1521 setzte 1549 unter dem neuen Landesbaumeister Alessandro Pasqualini (1493–1559) ein Um- und Ausbau der Anlage ein, der nach dessen Tod 1559 durch Pasqualinis Sohn Maximilian (1534–1572) fortgesetzt und durch Domenico Martinelli

Düsseldorf, das Schloss nach dem Brand von 1872

Düsseldorf, ehemaliger Standort der Gemäldegalerie – heute Teil des Rathauskomplexes zwischen Markt- und Burgplatz

(1650–1719) teilweise modernisiert wurde. Alessandro Pasqualini war es auch, der um 1551 den heute noch bestehenden runden Schlossturm vollendete, indem er ein viertes, polygonales und mit toskanischen Halbsäulen gegliedertes Geschoss hinzufügte.

1585 war das Düsseldorfer Residenzschloss Schauplatz eines glanzvollen Festes: der Vermählung des Herzogs Johann Wilhelm von Jülich-Kleve-Berg (1562–1609) mit der Markgräfin Jakobe von Baden (1558–1597). Die prunkvolle Hochzeit am 16. Juni 1585 wurde vom bergischen Landschreiber Dietrich Graminäus in dessen Prachtband „Beschreibung derer Fürstlicher Güligscher ec. Hochzeit“ dokumentiert.

Von 1609 bis 1799 residierten insgesamt sechs Wittelsbacher als Herzöge von Jülich und Berg in Düsseldorf. Der prominenteste war Kurfürst Johann Wilhelm (Jan Wellem), der 1702 die Residenz aus dem zerstörten Heidelberg hierher verlegte.

Seiner Sammelleidenschaft folgend ließ Jan Wellem zwischen 1709 und 1714 durch seinen Oberbaudirektor Matteo Alberti (um 1646/48–1735) ein schlichtes dreiflügeliges, zweigeschossiges Galeriegebäude errichten und mit dem Schloss verbinden. Das zunächst im Hinblick auf den geplanten Schlossneubau eigentlich nur als Provisorium gedachte Gebäude gilt als einer der frühesten selbstständigen Museumsbauten in Europa. Dort und im Schloss trug Jan Wellem in Düsseldorf den wohl umfangreichsten und qualitätvollsten fürstlichen Kunstbesitz der Zeit um 1700 zusammen und schuf damit eine besondere Form fürstlicher Selbstdarstellung. Dazu gehörte auch das vermutlich 1714 auf dem Düsseldorfer Marktplatz aufgestellte Reiterstandbild von Gabriel de Grupello. Zu den höfischen Bauten im Umfeld des Schlosses gehörten auch ein kurfürstliches Theater, das Opern- und das Ballspielhaus. In der Nähe des Schlossturmes befand sich das Edelknaben- und Pagenhaus.

Unter Kurfürst Carl Theodor folgte 1743 die Instandsetzung des Residenzschlosses durch den Düsseldorfer Hofbaumeister Johann Heinrich Nosthoffen. Durch Nicolas de Pigage erhielt der Bau nach 1752 ein viertes Geschoss und ein hohes Dach, das drei Etagen mit Dienerschaftsräumen aufnahm.

Düsseldorf, Schlossturm, Ansicht vom Rhein

1794 bombardierten französische Truppen das Schloss, das daraufhin ausbrannte und bis in die 1820er Jahre als Ruine fortbestand. Eine neue Zweckbestimmung erhielt es als Sitz der neu gegründeten Kunstakademie, die am historischen Ort an die Traditionen Johann Wilhelms anzuknüpfen versuchte. 1872 brannte der gesamte Komplex aus und verschwand mit Ausnahme des Schlossturms bis 1881 aus dem Stadtbild.

BENRATH, SCHLOSS

Im Süden Düsseldorfs, einstmals weit vor den Toren der Stadt, befindet sich der Stadtteil Benrath (seit 1929 Teil von Düsseldorf) mit dem gleichnamigen Schloss. Der Ursprungsbau war zwischen 1650 und 1657 unter Herzog Philipp Wilhelm (1615–1690) als Sommersitz mit zugehörigem Hirsch-Tiergarten entstanden. Von 1661 an wurde die Schloss- und Gartenanlage erweitert. Es entstanden ein Inselgarten vor dem Schloss, ein nördlich des Schlosses gelegener Parterregarten sowie ein Obstbaumgarten, außerdem neue Wehre und ein Wasserwerk. Es war fester Bestandteil der Düsseldorfer Residenzlandschaft. „Es gehörte zwar als Wittum der Mutter Johann Wilhelms, da dieser sich aber meistens in Neuburg aufhielt, nutzten es auch Johann Wilhelm und seine Frau für Sommeraufenthalte. Zu diesem Zweck ist es modernisiert und ausgebaut worden. Die heute noch vorhandene Orangerie stammt aus der Zeit Johann Wilhelms." (Looz-Corswarem 2008, S. 37). Der zweiten Frau Johann Wilhelms, Anna Maria Luisa de' Medici (1667–1742), die im Sommer für einige Wochen in Benrath weilte, bereitete besonders das Angeln aus den Fenstern des Schlosses ein besonderes Vergnügen. Nach dem Tod Johann Wilhelms ließ sein Bruder und Nachfolger Kurfürst Carl Philipp (1661–1742) neben dem Mobiliar des Stadtschlosses auch die Möbel aus Benrath nach Mannheim in seine neue Residenz verbringen.

1746/47 besuchte Kurfürst Carl Theodor Düsseldorf und Benrath erstmalig. Schon damals war der Vorgängerbau des Wasserschlosses infolge eines Brandes und von Wasserschäden kaum noch bewohnbar. Dennoch fanden erste Instandsetzungsarbeiten statt. Allerdings entsprach das Wasserschloss nicht mehr den höfischen Anforderungen an Bequemlichkeit und Zweckmäßigkeit eines barocken Jagd- und Lustschlosses des 18. Jahrhunderts. An Stelle des Alten Schlosses ließ Carl Theodor durch seinen Architekten und Oberbaudirektor Nicolas de Pigage anlässlich seines zweiten Aufenthaltes 1755 ein neues Jagd- und Lustschloss errichten. Die Arbeiten am Bau begannen 1756 und wurden infolge des Siebenjährigen Krieges erst 1770 abgeschlossen. Vom Alten Schloss blieben der Nordflügel (seit 1761 als Orangerie genutzt), der Treppenturm des Südflügels und die Torbauten erhalten.

Düsseldorf, Schloss Benrath

Düsseldorf, Schloss Benrath, Gartenanlage

Pigage wählte einen neuen Bauplatz und verwirklichte das neue Schloss als *Maison de Plaisance*, ein Lust- und Jagdschloss mit eingeschränkter Repräsentationsfunktion und reduziertem Raumprogramm. Architektur und umgebende Landschaft verschmolzen zu einer Einheit, beginnend mit dem dem Schloss vorgelagerten Schlossweiher und endend im lang gezogenen Spiegelweiher bzw. Ulmenkopf als axialer Verlängerung der Schlossmittelachse.

Architektonischer Höhepunkt der Anlage ist das Corps de Logis. Es wird zur Stadtseite hin durch je einen Kavaliersflügel und ein Torhaus gesäumt. Die Kavalierhäuser schmiegen sich dabei viertelkreisförmig um den Schlossweiher. Schloss Benrath markiert sowohl den Höhe- als auch den Endpunkt eines seit dem 17. Jahrhundert in Frankreich entwickelten Bautyps, des hochadeligen bzw. herrschaftlichen Lustschlosses auf dem Lande.

Ein genialer Coup gelang Pigage mit dem Corps de Logis, in dem er 80 Räume auf vier Etagen über einem Souterrainsockel unterbrachte. Dank unterirdischer Gänge sind die separaten Kavalierflügel mit den Räumen der Ökonomie an das Hauptgebäude angebunden.

Die Nutzung beschränkte sich auf wenige kurze Besuche. Eigentlich sollte Benrath ohnehin als Wittum für Kurfürstin Elisabeth Augusta dienen, die anlässlich der Einweihung 1771 hier ein Diner gab. Kurfürst Carl Theodor besuchte Benrath erst 1785 und auch nur auf Stippvisite. So berichteten die Jülich-Bergischen Wöchentlichen Nachrichten Anfang Juni 1785, dass sich Seine Kurfürstliche Durchlaucht mitsamt Hofstaat am Morgen des Vortages nach Benrath begeben hatte und am gleichen Nachmittag wieder nach Düsseldorf zurückgekehrt sei.

Der umgebende Schlosspark Benrath umfasst mehr als 61 Hektar. Seltene nordamerikanische Gehölze prägen insbesondere den so genannten Kurfürstengarten, den Maximilian Friedrich Weyhe (1775–1846) und Peter Joseph Lenné (1789–1866) im 19. Jahrhundert neu gestalteten.

BENSBERG, NEUES SCHLOSS

Weithin sichtbar erhebt sich das Neue Schloss über Bensberg und die Höhen des umliegenden Bergischen Landes. Es ist aufs Engste mit Kurfürst Johann Wilhelm (Jan Wellem) verbunden, der es als architektonischen Ausdruck seiner neuen Würde als Kurfürst ab 1703 errichten ließ. Der anfänglich als Jagdschloss geplante Bau nahm bis 1716 mehr und mehr residenzartige Formen an, ähnlich dem Muster des von Christopher Wren (1632–1722) errichteten Schlosses von Winchester. Als Architekt wirkte der aus Venedig stammende Ingenieur und Architekt sowie Jülich-Bergische Oberbaudirektor Graf Matteo d'Alberti (um 1646/48–1735).

Am 3. März 1695 war Matteo Alberti in den pfälzischen Grafenstand erhoben worden. In seinem Adelsdiplom wird er als Generalsuperintendent der Festungen, Gewässer, Wälder, Bauten aller Art und technischen Werke bezeichnet. Alberti richtete das Neue Schloss mit seiner Hauptachse auf den Dachreiter des Kölner Domes aus, der rund 15 Kilometer westlich liegt Die alte Burg Bensberg, seit 1967 Teil von Gottfried Böhms markantem Rathaus(neu)bau, war dem Kurfürsten zu unbequem geworden. Dem Bauherrn Johann Wilhelm II. von Pfalz-Neuburg war 1685 nach dem Tode seines Vaters die Kurwürde zugefallen, 1708–1714 hatte er zudem die bayerische Kurwürde inne und war Reichsvikar. Durch die Heirat seiner Schwestern war er mit den Königshäusern von Spanien, Portugal und Polen sowie mit dem Kaiserhaus in Wien verwandtschaftlich verbunden. Johann Wilhelm neigte selbst zu politischem Ehrgeiz. So verwundert es nicht, dass er in Bensberg einen Schlossbau errichten ließ, der seinen Machtanspruch verdeutlichen sollte. Schließlich strebte der Kurfürst die Königswürde an. „Bensberg zählt zu den monumentalsten barocken Schloßbauten des Rheinlands. Die großzügige, streng symmetrische Mehrflügelanlage [...] ist eng mit Albertis Projekt für Heidelberg verwandt." (zit nach: Fimpeler-Philippen; Schürmann 1999, S. 51) Die dreiflügelige Anlage um einen Ehrenhof orientierte Alberti jedoch nicht zuletzt auch an Versailles, das er anlässlich eines Besuches am Hof des Sonnenkönigs Ludwigs XIV. (1638–1715) kennengelernt hatte. Zur Tiefenstaffelung trat eine Staffelung in der Höhe, so dass bis heute das Corps de Logis von fünf Kuppelaufsätzen bekrönt wird. „E. Ph. Ploennies bemerkte dazu: ‚[...] die Größe gedachten Schlosses ist auch solcher Gestalt inacht genommen, daß es einem König nicht zu klein würde fallen, darin zu wohnen. [...]'" (Fimpeler-Philippen; Schürmann 1999, S. 51) Das Ausführungsprojekt von 1705 überlieferte auch die Anordnung der Skulpturen von den Zufahrtsrampen, über den Innenhof und die Terrassenmauern bis hin zu den Kranzgesimsen der Gebäude. Die Aufträge dafür waren bereits ausgelöst.

Bergisch-Gladbach, Neues Schloss Bensberg (Foto: Jan Wellem)

Sowohl das Corps de Logis als auch die Seitenflügel waren 1710 weitgehend abgeschlossen, dennoch blieb die letztendliche Ausgestaltung auch im Todesjahr Johann Wilhelms 1716 unvollendet. So blieb Bensberg ein Torso, denn die Nachfolger unterhielten zwar den Bau weiter, doch eine Nutzung unterblieb, und wertvolle Sammlungen und Ausstattungsstücke wurden auf andere Schlösser verteilt.

Wie in Versailles befand sich auch in Bensberg das Paradezimmer Johann Wilhelms nach Osten hin ausgerichtet in der Mitte des Schlosses. „Die Anordnung der Appartements in Bensberg entspricht zwar der von Versailles, hat jedoch das Vorbild in der italienischen Villenarchitektur, beispielsweise der Villa Medici von Giuliano da San Gallo." (Precht-von Taboritzki 1996, S. 13) Dies kam nicht von ungefähr, denn Johann Wilhelms zweite Ehefrau war Anna Maria Luisa de' Medici.

Bis zur Einstellung der Bauarbeiten 1716 waren die Stuckdecken vollendet und die Wände teils mit kostbaren Seidentapeten bespannt. Gemälde von Antonio Bellucci (1654–1726), Giovanni Antonio Pellegrini (1675–1741) und Domenico Zanetti († nach 1712) sind ebenso überliefert wie Jagdgemälde von Jan Weenix (1642–1719). Ihnen hat Johann Wolfgang von Goethe (1749–1832) im 14. Buch seiner „Dichtung und Wahrheit" ein Denkmal gesetzt, indem er schrieb: „Deutlicher ist mir eine Fahrt nach dem Jagdschloß Bensberg, das auf der rechten Seite des Rheins gelegen, der herrlichsten Aussicht genoß. Was mich daselbst über

alle Maßen entzückte, waren die Wandverzierungen durch Weenix ...". 1774 hatte er mit dem Dichter und Publizisten Johann Georg Jacobi (1740–1814) Bensberg besucht und in seinem Tagebuch vermerkt: „Schloss und Dorf liegen auf einem hohen Berge, von dem man viele Meilen voll Wälder, Äcker und Heiden, in der Ferne eine Strecke des Rheines und die berühmten Sieben Berge sieht. [...] Ich glaube, dass die Götter dann und wann auf einer silbernen Wolke so ihren Nektar trinken und die Hälfte der Erde übersehen!" Das Mobiliar findet man heute auf Schloss Stolzenfels (Ofenplatten von Grupello), in Schloss Schleißheim und andernorts, Weenix' Gemälde werden in der Münchner Alten Pinakothek aufbewahrt. 1997 erwarb die Aachener- und Münchener-Lebensversicherung AG das ziemlich heruntergekommene Neue Schloss und ließ es für 75 Millionen Euro zu einem Grandhotel der internationalen Luxusklasse umbauen. Im August 2000 eröffnete die Kölner Althoff Hotel Collection unter Leitung von Thomas H. Althoff das heutige Grandhotel Schloss Bensberg.

Bergisch-Gladbach, Neues Schloss Bensberg (Foto: Mich.kramer)

PFALZ-ZWEIBRÜCKEN

BERGZABERN, SCHLOSS

Das Schloss von Bad Bergzabern wird 1333 als „Feste Zabern by Lantecken" erstmals erwähnt. Die damalige Wasserburg gehörte den Grafen von Saarbrücken-Zweibrücken. 1385 fiel sie an Kurpfalz und gelangte 1410 durch Erbschaft in den Besitz von Pfalz-Zweibrücken. Im Bauernkrieg wurde die Wasserburg 1525 von aufständischen lothringischen Bauern zerstört, entstand jedoch ab 1527 unter Herzog Ludwig II., dem Jüngeren (1502/14–1532), neu. Ludwig ließ den charakteristischen Südflügel

Bad Bergzabern, Schloss (Foto: Fusslkopp)

(so genannter Ludwigsstock) mit den beiden markanten Rundtürmen errichten. 1532/33 war dieser Bauteil vollendet. Er markiert gleichsam den Übergang hin zu einem wohnlicheren Burgschloss. Am 10. September 1525 hatte Ludwig II. Elisabeth (1503–1553), die Tochter des hessischen Landgrafen Wilhelm I., in Kassel geheiratet. Aus der Ehe gingen zwei Kinder, Wolfgang (1526–1569) und Christine (1528–1534), hervor. Wolfgang folgte 1544 seinem Vater als Pfalzgraf und Herzog von Pfalz-Zweibrücken. Unter seiner Herrschaft entstand schließlich zwischen 1562 und 1579 der dreiflügelige Wolfgangbau samt Marstall, so dass die Anlage am Ende einen zentralen, rechteckigen, 50 × 80 Meter großen Binnenhof umschloss. Die Pläne lieferte vermutlich der Baumeister Alberlin Tretsch, wobei die Ausführung in den Händen von Martin Berwart, Michael Henckhell und Hans Becht lag. Unter Herzog Johann I. von Zweibrücken (1569/75–1604) entstand ein hoher Glockenturm mit einer Inschrifttafel, die die Uhr erläutert und mit schönen Renaissanceornamenten verziert ist. Um 1579 war die Schlossanlage mit dem Anbau des zweiten nördlichen Flügels und zweier weiterer Rundtürme vollendet. Sie diente in der Folgezeit als Residenz und Witwensitz des Herzogshauses Zweibrücken. 1676 wurde Schloss Bergzabern durch einen Angriff von französischen Truppen weitgehend zerstört. Der barocke Wiederaufbau des erheblich beschädigten Schlosses erfolgte zwischen 1719 und 1725 unter Herzog Gustav Samuel Leopold (1670/1719–1731) durch den schwedisch-zweibrückischen Baudirektor Jonas Erikson Sundahl (1678–1762) im Geist des Barock. Dabei wurde auch der bestehende Schlossgarten erweitert. Als der Monarch 1731 starb, erhoben gleich zwei Verwandte Anspruch auf sein Territorium: zum einen Kurfürst Carl Philipp von der Pfalz, zum anderen Herzog Christian von Pfalz-Birkenfeld, Wunschkandidat des französischen Hofes. Erst der Mannheimer Sukzessionsvertrag von 1733 sicherte Christian und seinen Erben den Besitz von Zweibrücken. Nach Christians frühem Tod 1735 führte seine Witwe Caroline (1704–1774) über vier Jahre hinweg als „Ober-Vormünderin [...] des Herzogtums" (Wiege der Könige 2010, S. 182) die Regentschaft für ihren Sohn Christian (IV.). Bergzabern wurde über 34 Jahre ihr Witwensitz, den sie mit ihrer Mutter Philippine Henriette von Hohenlohe (1679–1751) und ihrer Schwester Henriette bezog. Zum engeren Hofstaat gehörten „der Hofprediger Petersen, der Oberhofmeister von Kaulbars, der Leibarzt Leuchsenring und die Hofdamen von Rousillon, von Wetzel und von Wurmser." (Volz 2009, S. 57f.) Die Hofhaltung Carolines führte zu einer Steigerung des Handels und Gewerbes in Bergzabern. Durch höfische Aufträge sollen

Matthäus Merian: Ansicht von Bergzabern in der „Topographia Palatinatus Rheni et Vicinarum Regionum", 1645

jährlich 10 000 Gulden an die heimische Wirtschaft gelangt sein. Die Herzogin unterstützte vor allem die lutherische Gemeinde und förderte den Bau der Bergkirche aus ihrer Privatschatulle. Tatsächlich erhielt das Gotteshaus einen Adelsstand sowie eine Fürstengruft, in der Mutter und Schwester beigesetzt wurden. Caroline starb in Darmstadt und erhielt ihre letzte Ruhestätte in der Fürstengruft der Stadtkirche. Ihr Hofprediger lobte in seinem Nachruf Carolines Mildtätigkeit: „Ihr Hof war eine Zuflucht für so viel Elende, die da, wenn es möglich war, eine willige und vollkommene Hülfe, allemal doch gewiß einen angenehmen Trost fanden. Wie viele Hungrige wurden da gespeiset. Wie vielen Dürftigen wurde ihre Not erleichtert" (zit. nach: Wiege der Könige 2010, S. 182). Die Monarchin betrieb eine exzellente Heiratspolitik für ihre Kinder. Tochter Christiane (1725–1816) heiratete Carl August Friedrich von Waldeck und Pyrmont, und Tochter Henriette Caroline (1721–1774) – die nachmalige „große Landgräfin" – Ludwig Landgraf von Hessen-Darmstadt. 1794 eroberten die Franzosen das Schloss von Bergzabern und versteigerten es 1803 als so genanntes Nationalgut. Damals wurde auch der Wassergraben verfüllt. Das Schloss gelangte in den Besitz der Stadt Bergzabern. Nach dem Brand von 1909 erhielt es seine heutige Gestalt. Heute dient es als Verwaltungsgebäude.

HOMBURG/SAAR, SCHLOSS CARLSBERG

Dem pfalz-zweibrückischen Hofmaler Philipp Adolf Le Clerc (1755–1826) ist die bekannte aquarellierte Federzeichnung zu verdanken, die Schloss Carlsberg oberhalb von Homburg im Jahr 1790 geradezu detailliert zeigt. Allerdings zielte er mit seiner „Vue du Chateau de Carlsberg" eher auf eine idealisierte Darstellung als auf den objektiven Zustand des ab 1777 auf einem Bergrücken über der Stadt entstandenen Schlossensembles. Noch 1984 bemerkte der „Dehio", dass der Carlsberg „nicht nur das letzte, sondern auch das weiträumigste und zu phantastischer Großartigkeit gesteigerte Residenzschloß des Alten Reiches" (zit. nach: Schneider 2008, S. 125) gewesen sei. Heute erstreckt sich an gleicher Stelle ein Forstrevier über 500 Hektar Fläche, die sich zudem über zwei Bundesländer ausdehnt (Saarland/Rheinland-Pfalz). Zwischen 1777 und 1791 ließ Herzog Carl II. August von Pfalz-Zweibrücken hier den Traum eines neuen Residenzschlosses mit weitläufigen Gartenanlagen fernab des über mehrere Generationen genutzten und daher ‚alten' Zweibrücker Schlosses in die Tat umsetzen. Die Oberleitung dafür lag in den Händen des zum Generalbaudirektor avancierten Hofmalers Johann Christian von Mannlich (1741–1822). Die Keimzelle bildete ein auf dem damaligen Buchenberg bestehender Gutshof – der seit 1760/61 bestehende Louisenhof, den der Herzog am 27. Juli 1777 von der Witwe des Freiherrn von Closen erwarb. Der alte Louisenhof wurde in die Neubauplanung miteinbezogen. Carls II. Augusts Mätresse Carolina Augusta von Esebeck (1748–1823) spielte dabei als Schwägerin der Freifrau von Cloden eine nicht unerhebliche Rolle.

„Im Jahre 1778 wurde offiziell die Residenz aus der Stadt Zweibrücken auf den Karlsberg

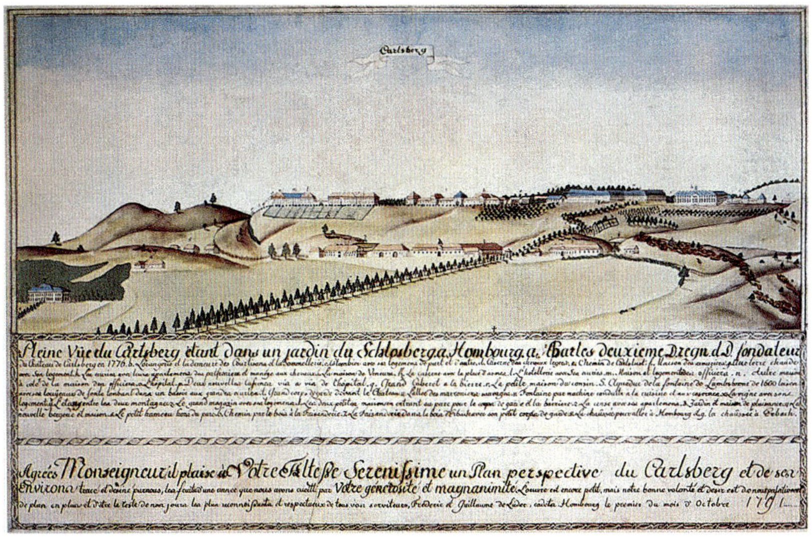

Homburg/Saar, Schlossanlage Carlsberg – „Pleine Vue du Carlsberg" von Friedrich und Wilhelm von Lüder, 1791

verlegt – genau zu dem Zeitpunkt, als sich Karl II. August als Präsumtiverbe [wahrscheinlicher Erbe, H.E.] aller Wittelsbacher Lande gegenüber Karl Theodor und dem Wiener Hof behauptet hatte. Mit der international anerkannten Festigung der dynastischen und politischen Stellung des Wittelsbacher Präsumtiverben war seine Landesresidenz auf dem Karlsberg zum repräsentativen Wahrzeichen seines gesicherten Anspruches auf die Regentschaft einer dritten deutschen Großmacht geworden." (Weber 1984, S. 17)

Als Künstler, die an dem Mammutvorhaben mitwirkten, werden der zweibrückische Gartenbaudirektor Johann Ludwig Petri (1794–1794) und dessen Neffe Hofgärtner August Bernhard Petri (1744–1809) genannt, ferner der in kurpfälzischen Diensten stehende Hofgärtner Friedrich Ludwig Sckell (1750–1823) und dessen Bruder, der pfalz-zweibrückische Hofgärtner Matthias Sckell (1760–1816). Entlang einer rund 1200 Meter langen Fluchtlinie wurden die einzelnen Bauteile nach Westen hin orientiert aufgereiht und prägten so den Bergrücken des nunmehrigen Carlsberges. Neben dem dreiflügeligen Schloss und der Orangerie gehörten dazu der Marstall mit gedeckter Reithalle, Offiziers- und Gästewohnungen, das Treibhaus, die Büchsenmacherei, das Tauben- und das Forsthaus sowie ein Lazarett. Nicht zu vergessen das Theater. Etwas unterhalb befanden sich die Ökonomiegebäude, und etwas abseits lag das Schlösschen der Herzogin mit eigenem Garten. Hinter der neuen Residenz schloss ein mehrere Quadratkilometer umfassendes Waldgebiet an, das Täler und Schluchten beinhaltete und mit Staffagebauten im Stil eines englischen Landschaftsgartens ausgestattet wurde. Die Verbindung von Architektur und Natur war einzigartig, so dass der der Garten nicht künstlich geschaffen werden musste.

„In der That ist die Pracht, welche da im Schlosse herrscht, unglaublich; Man sagt, der Kaiser Joseph selbst sey darüber erstaunt. Der Reichtum der, mit dem seltensten Geschmacke angebrachten Vergoldungen, Spiegel, Kronleuchter u. dgl. Blendet die Augen. [...] Was man sonst nur in Seltenheiten einzeln in Cabinetten aufgestellet sieht, findet man hier zu Meubles verwendet. [...] Nach diesem Verhältnisse ist alles Uebrige dort groß und prachtvoll; man rechnet die Anzahl der Pferde, welche der Herzog hält, auf funfzehnhundert [...] – kurz! es ist der Mühe werth, dies Feen-Schloß mit seinen Schätzen zu sehn" (zit. nach: Schneider 2008, S. 129), bemerkte 1792 Freiherr Adolph Franz Friedrich Ludwig von Knigge (1752–1796) anlässlich eines Besuches voller Bewunderung.

Ein Jahr später fiel das prächtige Ensemble in Schutt und Asche. Am 28. Juli 1793 brannten französische Revolutionstruppen den Carlsberg nieder. Stroh war dafür von weither in die Gebäude geschafft worden. Dank des Generalbaudirektors von Mannlich gelang es aber durch großes Geschick, Bibliothek und Gemäldesammlung sowie Möbel, Kronleuchter, Spiegel und auch teilweise Vertäfelungen zu retten, die sich heute in der Münchner Residenz bzw. in Schloss Nymphenburg befinden. Die Bibliothek gelangte trotz Versteigerung mehrerer tausend Bände in die Obhut der Staatsbibliothek Bamberg. Seit 2003 werden in Homburg-Schwarzenacker wieder 30 Gemälde als Leihgaben der Bayerischen Staatsgemäldesammlungen gezeigt, die sich bis 1793 auf dem Carlsberg befunden hatten. Das Terrain selbst ist heute ein wichtiges Kulturdenkmal und als „WaldPark Schloss Karlsberg" bekannt. Hier soll über die 18 bekannten Fundstellen-Komplexe hinaus und unter Berücksichtigung denkmalpflegerischer Belange ein Gelände im Zeichen zeitgenössischer Gartenkunst weiterentwickelt werden.

Schloss Carlsberg kurz vor seiner Zerstörung 1793, kolorierter Stich

HEIDELBERG, ROHRBACHER SCHLÖSSCHEN

Heidelberg, Rohrbacher Schlösschen

In Rohrbach – vor den Toren Heidelbergs und unweit der Haupt- und Residenzstadt Mannheim – ließ sich Erbprinz Carl August von Pfalz-Zweibrücken (1746/75–1795), der Bruder des Kurfürsten und nachmaligen ersten bayerischen Königs Max I. Joseph (1756–1825), 1770 für seine Land- und Jagdaufenthalte ein Schlösschen errichten. Carl August hatte am Kurpfälzischen Hof eine Schlüsselrolle inne, denn er galt bereits zu Lebzeiten Kurfürst Carl Theodors als dessen voraussichtlicher Erbe und Nachfolger. Als solcher wurde er von Frankreich, Österreich und Preußen gleichermaßen umworben. Zudem konnten alle territorialen Tausch- oder Veräußerungspläne Carl Theodors nur durch die agnatische Zustimmung Carls II. Augusts als Herzog von Pfalz-Zweibrücken wirksam werden. Die Nähe zum Hof und zur Macht war also geschickt gewählt. Doch „bevor mit dem Bau des Schlösschen begonnen werden konnte, musste die entsprechende Infrastruktur für die Unterbringung der Hofgesellschaft und Bediensteten geschaffen werden. Die Ortsstraße zwischen Landstraße [...] und dem Rathaus erhielt 1771 [...] ‚zum Genügen Sr. Durchlaucht' eine Pflasterung. [...] Von der Stadt Heidelberg kaufte Carl August den Bierhelderhof mit seinen 50 Morgen Ländereien ab [...]. Auf halbem Wege zwischen Rohrbach und dem Bierhelderhof ließ er einen Ruheplatz, die sog. ‚Carlslust' einrichten" (Ebert 2007, S. 48), die zum Ausgangspunkt des Friedrichspfades wurde. Dieser führte zum väterlichen Jagdhaus am Gossenbrunnen oberhalb von Leimen. Zur Schlossanlage gehörten zudem ein Kavaliershaus (das ehemalige Gasthaus Hirsch), der Thannsche Hof (Junkergasse) zur Unterbringung hochgestellter Persönlichkeiten, zwei Gebäude zur Unterbringung niederer Hofbediensteter und Stallknechte sowie eine Remise.

Im Jahr 1772 begann der eigentliche Schlossbau, wobei sich das Schlösschen als zweigeschossiger Baukörper auf niedrigem Sockel präsentiert. Seine Außenmaße von rund 22 × 14 Metern und eine Firsthöhe von 16 Metern umschreiben ein intimes Gebäude, das ganz auf die Bedürfnisse eines höfischen Rückzugsortes zugeschnitten ist. Die siebenachsige Hauptfassade weist nach Westen. Der dreiachsige Mittelrisalit wurde ursprünglich in der Traufzone des Daches durch eine balustradenartige Aufmauerung betont. 1803 wurde der Bau vom badischen Hofarchitekten Friedrich Weinbrenner (1766–1826) umgestaltet. Dabei entstanden auf der Westseite der klassizistische Säulenportikus mit seinen vier dorischen Säulen und der Giebel mit dem abgerundeten Fenster über dem Mittelrisalit. Dieser erfuhr durch den darunter liegenden reich geschmückten Fries eine besondere Akzentuierung.

Aus der ersten Ausstattungsphase blieb ein Teil der wandfesten Dekoration erhalten. Die Stuckarbeiten stammen vom Mannheimer Hofstuckateur Joseph Pozzi. Sie zeigen Akanthusfriese, Eier- und Perlstäbe oder Blattkonsolen. Besonders reich gestaltet zeigt sich der Große Salon im Erdgeschoss, der ehedem als Speisesaal genutzt wurde und von Seitenkabinetten, den *Salons de Compagnie*, gesäumt wird. Der *Grand*

Salon weist eine Felderung der Wände auf, wobei die Felder ursprünglich wohl eine textile Struktur zeigten. Den Raum umzieht ein umlaufendes Gurtgesims mit Klötzchenfries und umbändertem Stab. Die beiden schwarzen Kamingewände entstammen französischer Provenienz. Darüber sind wandfeste hohe Spiegel (Trumeaux) angebracht. Aufwändig gestaltet präsentieren sich auch die Parkettböden von *Grand Salon* und den angrenzenden *Salons de Compagnie*. Die heute abgängige Ausstattung stammte aus Pariser und Kurpfälzer Werkstätten. So etwa lieferte Franz Conrad Linck zwei marmorne Konsoltische mit reichen Verzierungen und vergoldeten Füßen für den Grand Salon.

Parallel zum Schlossbau ließ Carl August nach Plänen Friedrich Ludwig Sckells einen acht Hektar großen, der Rheinebene zugewandten englischen Landschaftsgarten anlegen. Der Garten war von einer Mauer und einem Graben umsäumt, die im Norden, Osten und Westen in Teilen bis heute erhalten geblieben ist. Die frühe englische Anlage unter Carl August ist dokumentiert. Archivalien belegen 5 850 Pflanzen, die der Erbprinz von der Kurfürstlichen Forstmeisterei bezog. Aufgeführt wurden Seidelbast, Waldkirschen, Eschen, Vogelbeeren, Säuerling, Mehldorn, Waldlinden, Schlehdorn und Forlen „in 11 Schuh Höhe" sowie je 50 Kastanien und Schlehen, je 150 Erlen und Glattrüsten, je 200 Birken, Hampelbirken, Hagenbuchen sowie verschiedene Weidensorten, je 300 Maßholder und Rotbuchen, je 400 Stechpalmen, Hartriegel und Aspen. Sechs Jahre später ließ der mittlerweile regierende Herzog Carl II. August in der Nordwestecke des Gartens den heute verschwundenen Spiegelweiher hinzufügen. Der Weiher wurde von der so genannten Traitteurschen Wasserleitung gespeist, die ihr Wasser aus mehreren gefassten Quellen zwischen dem Bierhelder Hof und dem heutigen Heidelberger Stadtteil Boxberg erhielt. Das für Mannheim bestimmte Trinkwasser speiste nicht nur den Weiher des Schlosses, sondern betrieb auch mehrere Mühlen in Rohrbach.

Nach dem Tod Herzogs Carl II. August 1795 erbte sein jüngerer Bruder Max Joseph, ab 1799 letzter Kurfürst von Pfalz-Bayern und erster König von Bayern, das Rohrbacher Anwesen. Hier fand auch die Zweibrücker Herzogsfamilie Zuflucht vor der sie hart bedrängenden französischen Revolutionsarmee. In Rohrbach starb 1796 Max Josephs erste Gemahlin Auguste Wilhelmine, Prinzessin von Hessen-Darmstadt, an Schwindsucht. Wie es mehrere Gemälde bezeugen war die Mutter des zweiten Bayernkönigs Ludwig I. eine bezaubernde Schönheit. Königin Luise von Preußen nannte sie einmal „die schöne engelhafte Prinzessin von der Pfalz". Bereits ein Jahr später heiratete Max Joseph Prinzessin Caroline von Baden, Tochter der Markgräfin Amalie. In Rohrbach gab das Brautpaar einen rauschenden Ball für den Heidelberger und Mannheimer Adel. Nach dem Übergang der Kurpfalz an Baden überließ Kurfürst Max IV. Joseph das Rohrbacher Schlösschen 1803 seiner Schwiegermutter Markgräfin Amalie Friederike von Baden. Im Schlösschen trafen sich während der Befreiungskriege gegen Napoleon Zar Alexander I. von Russland und Kaiser Franz I. von Österreich. 1832 starb Amalie. Ihre Nachkommen veräußerten das Schloss mit seinen zugehörigen Liegenschaften am 30. August 1834 an Georg Brown Stulz, der mit einer ehemaligen Hofdame Amalies verheiratet war. Brown Stulz starb 1840, seine Witwe heiratete 1847 den aus der Schweiz stammenden Ökonomie- und Garteninspektor Ulrich Schelkly. Die Ehe war nicht standesgemäß, da Schelkly in den Diensten von Amalie Stulz gestanden hatte. Ihre Verwandten gingen am Ende so weit, sie durch den Heidelberger Arzt Geheimrat Chelius für geisteskrank erklären zu lassen. Als sie 1850 starb, fiel ihr Vermögen ihrem Ehemann zu. 1898 verkauften die Schelkly-Erben den Besitz an den „Verein für Genesungsfürsorge", der hier ein Erholungsheim einrichtete. Das Haus war das erste seiner Art in Baden. In den ersten zehn Jahren wurden 2 291 Menschen behandelt bei Essstörungen (Unterernährung), bei Bronchialleiden und Er-

Ansicht von Meisenheim am Glan in der „Topographia Palatinatus Rheni et Vicinarum Regionum" von Matthäus Merian, 1645

krankungen des Nervensystems. Mit Ausbruch des Ersten Weltkrieges brachte man hier ein Reservelazarett unter, nach Kriegsende ein Tuberkulosekrankenhaus für Kriegsbeschädigte und Kriegshinterbliebene. In den Folgejahren fanden umfangreiche Umbauten statt. Im Schlösschen fanden nun die Niederbronner bzw. Bühler Schwestern Unterkunft. Ferner wurden hier die Schwesternkapelle, die Verwaltung und die Räume für die ärztliche Leitung eingerichtet. Im Rahmen der Neugestaltung des verbliebenen Parkgeländes wurde 2001 in Erinnerung an den großen Spiegelweiher ein Teich mit Bachlauf angelegt. Das zuletzt 2005 renovierte und restaurierte Rohrbacher Schlösschen wird heute als Teil der Thorax-Klinik Heidelberg für Tagungen und für festliche Veranstaltungen genutzt.

MEISENHEIM AM GLAN, SCHLOSS

Das Meisenheimer Schloss entstand im 12. Jahrhundert als Burganlage der Grafen von Veldenz. Die erste urkundliche Erwähnung der Wasserburg datiert ins Jahr 1154 und stammt aus einer Urkunde für das Kloster Disibodenberg. Das darin erwähnte „Meysinheim" wurde zum Hauptsitz des Grafengeschlechts. 1315 erhielt der Ort von König Ludwig IV., genannt der Bayer (1281/82–1347) aus dem Hause Wittelsbach die Stadtrechte. Bei Umbauarbeiten wurden während des 15. Jahrhunderts der so genannte Stephansstock (1459) und zu Beginn des 16. Jahrhunderts der Steinerne Stock (1514) errichtet. Als Bauherren fungierten Herzog Stephan von Pfalz-Zweibrücken (1410–1459) und vermutlich Herzog Alexander (1462–1514), genannt ‚der Hinkende'. 1444 war Meisenheim durch Erbschaft an das Herzogtum Pfalz-Zweibrücken gekommen und verblieb dort bis zur Französischen Revolution. Unter der Herrschaft der Zweibrücker entstanden ab 1479 die bis heute erhaltene Schlosskirche und 1614 der so genannte Magdalenenbau. Bauherr war Herzog Johann II. (1584–1635), der zwischen 1610 und 1614 als Vormund des minderjährigen Kurfürsten Friedrich (V.) von der Pfalz und 1612 kurzzeitig auch als Reichsvikar des Heiligen Römischen Reiches wirkte.

Während der Herrschaft der Herzöge von Pfalz-Zweibrücken diente Meisenheim als Residenz, Nebenresidenz und Witwensitz des Herzogtums Pfalz-Zweibrücken. Dies änderte erst die Französische Revolution von 1789 und die französische Besetzung der Stadt zwischen 1794 und 1814.

Bereits 1734 war der Stephansstock des nunmehrigen Schlosses in Flammen aufgegangen.

Meisenheim, Schlosskirche, Kanzel (Foto: Mosbach&frey)

Zweibrücken, ehemaliges Herzogliches Residenzschloss, fürstliche Initialen an einem der beiden Sockel des durch Doppelsäulen gerahmten Hauptportals

Das zuletzt nur noch sporadisch besuchte und verwaltete Schloss diente unter den Franzosen als Lazarett, bis diese damit begannen, es an die Meisenheimer Bürgerschaft zu versteigern. In den bis heute erhaltenen Magdalenenbau zogen ärmere und obdachlose Familien ein. Er war 1614 unter der Herrschaft von Herzoginwitwe Magdalena (1553–1633) – Ehefrau Herzog Johanns I. von Pfalz-Zweibrücken – durch Hans Grawlich errichtet worden und überdauerte als einziger Gebäudeteil des Schlosses die Zeiten.

Infolge des Wiener Kongresses gelangte Meisenheim an Hessen-Homburg und verblieb dort bis 1866. Ein Glücksfall für das Schloss waren Landgraf Friedrich VI. von Hessen-Homburg (1769–1829) und dessen Ehefrau Elisabeth (1770–1840) –, Tochter des britischen Königs Georg III., die Meisenheim zwischen 1820 und 1829 zum zusätzlichen Sommersitz wählten und den Magdalenenbau durch den Darmstädter Oberbaurat Georg Moller (1784–1852) im neogotischen Stil umbauen und erweitern ließen.

Die kunstsinnige Landgräfin Elisabeth ließ zudem einen Schlossgarten mit Terrassen anlegen. Sie bezog aus Großbritannien Samen und Setzlinge und versuchte damit, aktiv die Gestaltung der Landgräflichen Gärten zu unterstützen. In Meisenheim verbrachte sie bis zum Tode ihres Mannes 1829 alljährlich mehrere Monate.

Das Schloss diente später als Landratsamt, ehe es 1933 von der Evangelischen Kirche erworben wurde. Seit dieser Zeit ist das Gebäude in Meisenheim als „Herzog-Wolfgang-Haus" bekannt. Es dient heute als Einrichtung der Diakonie. Der durchaus programmatische Name erinnert dabei an Herzog Wolfgang von Pfalz-Zweibrücken (1526–1569) bzw. seit 1557 auch Herzog von Pfalz-Neuburg, der als überzeugter Protestant wirkte und als einer der wenigen evangelischen deutschen Fürsten versuchte, der Rekatholisierung Deutschlands durch das Augsburger Interim von 1548 bis 1552 Widerstand entgegenzusetzen. Er liegt in der Meisenheimer Schlosskirche begraben.

ZWEIBRÜCKEN, EHEMALIGES HERZOGLICHES RESIDENZSCHLOSS

Das Zweibrücker Schloss ist einer der größten und bedeutendsten linksrheinischen Schlossbauten des 18. Jahrhunderts. Mit einer Länge von 83 Metern und einer Tiefe von 23 Metern ist das Zweibrücker Schloss bis heute der größte profane Barockbau der Pfalz. Errichtet hat ihn zwischen 1720 und 1725 der aus Schweden stammende Geometer sowie herzoglich-zweibrückische Hofbaumeister und Hofkammerrat Jonas Erikson Sundahl (1678–1762) für Herzog Gustav Samuel Leopold von Pfalz-Zweibrücken (1670–1731) am nördlichen Rand des trapezförmigen Zweibrücker Schlossplatzes. Am 18. Juni 1720 erfolgte die Grundsteinlegung. Ursprünglich wurde der Bau von älteren Gebäuden umsäumt. Die Gestaltung des Inneren erfolgte unter Jean Henri Charles François Duchesnois, der Sundahl als Bauleiter nachfolgte. Bereits Ende 1725 war das Zweibrücker Schloss bezugsfertig. Am 15. November 1725 konnte Herzog Gustav Samuel Leopold „nebst dero hochfürstlichen Frau Gemahlin unter unterthänigst herzlichster Anwünschung alles göttlichen Segens das Schloß glücklich beziehen". (Zit. nach Weber 1990, S. 83)

In der Folge regierten hier die Herzöge Gustav Samuel Leopold, Christian III., Christian IV. und zu Beginn auch Carl II. August, ehe er sich auf dem nach ihm benannten Carlsberg oberhalb von Homburg eine eigene prachtvolle Residenz errichten ließ. Seine Blütezeit erfuhr das Schloss zwischen 1735 und 1775 unter Herzog Christian IV., der die Künste förderte. Der Hofmaler und nachmalige Generalbaudirektor Carl II. Augusts Johann Christian von Mannlich (1741–1822), profitierte ebenso davon wie der Komponist Christoph Willibald von Gluck, der hier als Gast weilte.

Die Disposition der Innenräume blieb erhalten und liefert einen Eindruck zur Situation 1734: „Im Erdgeschoss des westlichen Risalites lag die Hofkapelle, die sich in die ganze Tiefe des West-

flügels erstreckte, also etwa 10 Meter breit und 20 Meter lang war. Im Ostflügel: zum Hof hin ein Salon, zwei Gemächer sowie zwei Kabinette; dahinter zum Garten hin ein Vestibül mit größerem Raum und zwei anschließenden Räumen ‚für die Küche und Office'. In der Nordostecke ein größerer Raum, der sehr wahrscheinlich als Speisesaal diente. Beide Flügel waren durch die verhältnismäßig schmale Eingangshalle getrennt, die durch das ganze Gebäude vom Hauptportal zum Gartenportal führte. Im mittleren Stock (bel étage) nahm der ‚Große Sal' die Mitte ein. Von hier führte eine Tür in den Salon des Herzogs. Daneben ein Antichambre, das Schlafgemach und ein Kabinett (Westflügel, Hofseite). Auf diesem Flügel zur Gartenseite hin: Der Salon der Herzogin, Antichambre und Schlafgemach sowie ein Kabinett. Im Ostflügel: Sechs so genannte ‚Fürstengemächer' zum Hof und zum Garten hin. Im östlichen Seitenflügel: Der ‚lange Saal', der wie die Hofkapelle die ganze Tiefe der Etage einnahm." (Weber 1990, S. 87f.)

Am 3. August 1793 wurde das Schloss durch die Franzosen geplündert und zerstört. 1807 übergab Kaiser Napoleon I. die ausgebrannte Ruine der Stadtgemeinde mit der Maßgabe, den Bau in eine katholische Kirche umzuwandeln. 1817 bestätigte der bayerische König Max I. Joseph diesen Beschluss. Das Schloss erhielt ein steiles Walmdach und ein völlig neues äußeres Erscheinungsbild. Das Innere nahm im Zentrum die katholische Maximilianskirche, im Ostflügel die zugehörige Pfarrwohnung und im Westflügel ein Absteigequartier für den König auf.

1866 wurde das Gebäude vom bayerischen Staat übernommen, der es als Gerichtsgebäude umnutzte. Der Umbau erfolgte zwischen 1867 und 1869, dann war der Justizpalast bezugsfertig. Doch im Zweiten Weltkrieg brannte er erneut aus. Am 14. März 1945 wurde das Zweibrücker Schloss mit nahezu der gesamten Stadt Zweibrücken bei einem schweren Luftangriff zerstört. Der Wiederaufbau orientierte sich in der äußeren Gestalt am Erscheinungsbild des 18. Jahrhunderts. 1950 erfolgte zunächst die Sicherung der nördlichen Fassadenhälfte, und nach langen Auseinandersetzungen kam es schließlich zum Wiederaufbau von 1960 bis 1964. Das hohe Walmdach verschwand und wurde durch ein flachgeneigtes mit umlaufender, vasenbekrönter Balustrade ersetzt. Trophäen und Wappen der teils vollkommen zerstörten Giebelfelder wurden nach alten Vorlagen neu geschaffen. Grundlage bildeten die in Nancy aufgefundenen Originalpläne. Seit 1. Januar 1964 dient der eindrucksvolle Barockbau als Pfälzisches Oberlandesgericht.

Zweibrücken, ehemaliges Herzogliches Residenzschloss (Pfälzisches Oberlandesgericht) mit Schlossplatz

Theatinerkirche St. Kajetan, fürstliches Allianzwappen Maximilians III. Joseph (links) und Maria Anna Sophies von Sachsen (Foto: poco a poco)

RESIDENZKIRCHEN UND GRABLEGEN

HERZOGTUM BAYERN

SCHEYERN, BENEDIKTINERKLOSTER

In der Chorkapelle des Klosters Scheyern, der vormaligen Johanneskirche der Burg, findet man bis heute die erste und älteste Grablege des Hauses Wittelsbach. Sie wurde im Laufe der Jahrhunderte mehrfach umgestaltet, zuletzt zwischen 1967 und 1969 als Einzelhochgrab mit einer Grabplatte aus der Zeit des frühen 17. Jahrhunderts. Unter anderen wurden Herzog Otto I. von Bayern (1117–1183) und dessen Ehefrau Agnes von Loon (1150–1191), Otto (1169–1181), der gleichnamige Sohn Ottos I., Herzog Ludwig I. von Bayern (1173–1231), Herzog Otto II. von Bayern (1206–1253) und dessen Ehefrau Agnes von Hannover (1201–1267) hier bestattet.

Als Gründerin des Klosters gilt Gräfin Haziga. Die Witwe des Grafen Otto II. von Scheyern hatte um 1076 den Eremiten Otto und Adalprecht ein Waldgebiet beim heutigen Bayrischzell zur Gründung einer Einsiedelei überlassen. Diese Einsiedelei schenkte Gräfin Haziga wenig später dem Benediktiner-Reformkloster Hirsau. Es entsandte um 1080 zwölf Mönche und Laienbrüder zur Errichtung eines Klosters, siedelte jedoch vor 1087 in das günstiger gelegene Fischbachau. Es bestand bis zur Säkularisierung 1803 als Propstei des Klosters Scheyern fort. Das Martinsmünster gilt heute als ältester noch erhaltener Bau der Hirsauer Schule in Bayern. Um 1104 veranlasste Graf Otto III. von Scheyern die Verlegung dieses Klosters auf den Petersberg bei Eisenhofen-Dachau. 1119 wandelte Graf Otto V. von Wittelsbach seine verlassene Stammburg Scheyern in ein Kloster um, das dem Papst unterstellt wurde und über das die Wittelsbacher die Vog-

Kloster Scheyern, Kirche mit Turm und Klostergebäude (Foto: FlorianR1991)

Johann Ulrich Krauß (1655–1719): Kloster Scheyern, Kupferstich, 1705

tei ausübten. Hierher zogen die Benediktiner vom Petersberg.

FÜRSTENFELDBRUCK, EHEMALIGES ZISTERZIENSERKLOSTER

Mit seinem Namen Fürstenfeld verrät das einstige Zisterzienserkloster im heutigen Fürstenfeldbruck nahe München bereits seine Nähe zu den Wittelsbachern. Alles andere als glanzvoll ist seine Entstehung. So ließ der bayerische Herzog Ludwig II. mit dem Beinamen ‚der Strenge' 1256 seine Gemahlin Maria von Brabant wegen vermeintlicher Untreue auf Burg Mangoldstein bei Donauwörth enthaupten. Doch die Ehefrau war unschuldig, und der Herzog musste sich einer kirchlichen Strafe unterwerfen. Papst Alexander IV. stellte ihm als Sühneleistung frei, entweder als Kreuzfahrer nach Jerusalem zu ziehen oder aber ein Kartäuserkloster zu gründen. Statt der Kartäusermönche gründeten 1263 Zisterzienser aus Aldersbach in Niederbayern das Kloster auf dem „Feld des Fürsten". 1266 ließ es Ludwig großzügig mit Ländereien und Privilegien ausstatten. Mit den Zisterziensern gelang ihm die Vergrößerung seiner Landesherrschaft, und Kloster Fürstenfeld wurde eines der wittelsbachischen Hausklöster. Durch seine Lage an der Straße München–Augsburg bot Kloster Fürstenfeld gute Entwicklungschancen. Nach seinem Tod 1294 wurde der Landesherr hier als Stifter würdevoll begraben, trat jedoch aufgrund seiner Untat in der weiteren Geschichte des Klosters mehr und mehr in den Hintergrund. In der barocken Kirche Giovanni Antonio Viscardis (1645–1713) und Johann Georg Ettenhofers (1668–1741) aber erhielt

Fürstenfeldbruck, ehemalige Zisterzienserabtei, Luftbild von Bernd Hagmeier

Fürstenfeldbruck, Innenraum der ehemaligen Klosterkirche St. Mariä Himmelfahrt

er vermutlich 1763 anlässlich des 500-jährigen Bestehens des Klosters ein pathetisches Standbild von Roman Anton Boos (1733–1810) an exponierter Stelle seitlich des Chorbogens.

Ludwigs Sohn, der nachmalige Kaiser Ludwig der Bayer, war der zweite große Förderer des 1290 fertiggestellten Klosters Fürstenfeld. Seine Verbindung zur Sühnestiftung seines Vaters war so eng, dass er sie als „monumentum paternae poenitentiae" (Denkmal väterlicher Bußgesinnung) bezeichnete. Als er am 11. Oktober 1347 in der Nähe des Klosters auf der Bärenjagd starb, wurde sein Herz in Fürstenfeld bestattet. Die zweite der barocken Plastiken am Choreingang ist Ludwig dem Bayern gewidmet. „Beide Fürsten tragen weißgefaßte Prunkharnische. Die Ränder der einzelnen Rüstungsteile sowie die Würdezeichen Reichskrone, Helm, Orden sind vergoldet. Die an den Innenseiten mit Pelz besetzten Mäntel fallen in schweren Falten herab." (Schedler 1985, S. 15)

Der barocke Klosterbau wurde maßgeblich vom Landesherrn Kurfürst Max Emanuel gefördert, der mit Giovanni Antonio Viscardi den seinerzeitigen Hofbaumeister für Fürstenfeld verpflichtete. Am 16. Juli 1741 konnte die neue Kirche unter Abt Konstantin Haut durch den Regensburger und Freisinger Bischof und Kardinal Johann Theodor von Bayern (1703–1763), einen geistlichen Wittelsbacher, geweiht werden. Nach der Säkularisation von 1803 gelangte Kloster Fürstenfeld zunächst in Privatbesitz, doch erwarb der bayerische Staat 1817 den Klosterkomplex, dessen Kirchenbau von König Maximilian I. Joseph bereits ein Jahr zuvor zur königlichen Landhofkirche erklärt worden war. Täglich wurde hier fortan ein Gottesdienst zum Gedenken an Ludwig den Bayern und seine Familie abgehalten. Das Innere des barocken Gotteshauses bezeugt in Grundriss und Raumgestalt eindrucksvoll, wie stark das Raumkonzept von St. Michael in München noch bis ins 18. Jahrhundert fortgewirkt hat. Die Deckenfresken sind Spätwerke von Cosmas Damian Asam (1686–1739), den Stuckdekor schufen Niccolò Perti sowie Pietro Francesco (1670–1724) und Jacopo Appiani (1687–1742). Das der Himmelfahrt Mariens geweihte 83 Meter lange Gotteshaus gehört zu den gewaltigsten und eindrucksvollsten Kirchenbauten Süddeutschlands.

BAYERN-INGOLSTADT

INGOLSTADT, STADTPFARRKIRCHE „ZUR SCHÖNEN UNSERER LIEBEN FRAU“ / LIEBFRAUENMÜNSTER

Die Bauinschrift am Südportal der katholischen Stadtpfarrkirche „Zur Schönen Unserer lieben Frau“ nennt die städtischen Baupfleger Conrad Gläzl und Henrich Schnellmüller als Baumeister. Bereits 1407 hatte sich Herzog Stephan III., ‚der Kneißel‘ bereit erklärt, neben der 1234 geweihten St. Moritz-Kirche eine zweite Pfarrkirche zu stiften.
Den Grundstein legte Herzog Ludwig der Gebartete am 18. Mai 1425, der 1429 auch verfügte, dass der Kirchenbau das Erbbegräbnis seiner Familie aufnehmen sollte. Kriege und Geldmangel verhinderten lange Zeit die Voll-

Ingolstadt, Blick vom Scherbelberg auf die Stadtpfarrkirche (Foto: Brian Clontarf)

Ingolstadt, Stadtpfarrkirche (Frauenkirche), Hauptaltar von 1572 (Foto: Mattana)

Ingolstadt, Stadtpfarrkirche, Hauptaltar – auf dem zentralen Gemälde ließ sich Herzog Albrecht V. mit seiner Familie als Stifter verewigen

endung des Bauwerks. Erst rund einhundert Jahre nach der Grundsteinlegung konnte das Gotteshaus vollendet werden. Mit päpstlicher Unterstützung konnte der Bau 1487 beschleunigt werden, da Innozenz VIII. den Gläubigen erlaubte, auch an Fasttagen Milch, Butter und Käse zu essen, das Geld in Höhe des Lebensunterhalts eines Tages jedoch zu spenden. Noch vor der eigentlichen Weihe 1439 schenkte Herzog Ludwig der Gebartete der Kirche ein Marienbildnis (die „Gnad“). Durch eine fürstliche Urkunde des Herzogs wurde auch der Name des neuen Gotteshauses festgelegt: „Zur Schönen Unserer Lieben Frau“.

„Liebfrauen ist eine kolossale dreischiffige Pseudobasilika zu acht Achsen mit zwischen den Strebepfeilern platziertem, durchgehenden Kapellenkranz. Das auffälligste an der Kirchendisposition ist die schräge Stellung der Türme, die im Grundriss eine chorartige ‚Abrundung‘ bewirkte. Übereck gestellte Türme gab es vorher in der Kirchenarchitektur Europas nirgends. Dieser Gedanke [...] ist voller Originalität.“ (Riestra 2004, S. 59f.) Auch die Ausmaße des Kirchenbaues sind beachtenswert: 89 Meter lang, 37 Meter breit, 28 Meter (Mittelschiff) bzw. 23 Meter (Seitenschiffe) hoch.

Als Pfarr- und Universitätskirche der 1472 gegründeten Universität von Ingolstadt erlebte das Gotteshaus eine reiche Blüte. Anlässlich ihres einhundertjährigen Bestehens 1572 stiftete Herzog Albrecht V. einen gewaltigen, rund zehn Meter hohen Hochaltar, auf dem er sich mitsamt seiner Familie auf der Festtagsseite in Verehrung der Gottesmutter Maria verewigen ließ. Dieser im Stil gegenreformatorische Wandelaltar von Hans Mielich vereint Gemälde mit Darstellungen zum Leben und Wirken Christi (geschlossene Flügel), zur Passion (geöffnete Außenflügel) und zum Marienleben (ganz geöffnet). Als Ludwig der Gebartete im Mai 1447 starb, befand er sich in der Gefangenschaft seiner Landshuter Vettern in Burghausen. So erhielt er in Raitenhaslach und nicht in Ingolstadt seine letzte Ruhe. Der „Dehio" würdigt die Ingoldstädter Münsterkirche als „außergewöhnliche Lösung der Bauaufgabe [...] durch Verbindung mit dem Gedanken des fürstlichen Mausoleums mit westlichem Fürbittenchor. [...] Als Gegenpol zum herzoglichen Neuen Schloss begonnen, konnte Ludwig der Gebartete die Bauentwicklung des zweiten stadtbildprägenden Großbaues für seine dynastische Zurschaustellung beeinflussen." (Dehio Bayern IV 2006, S. 520f.)

RAITENHASLACH, EHEMALIGES ZISTERZIENSERKLOSTER

Das heute zu Burghausen gehörende Raitenhaslach verfügt mit der Pfarrkirche von St. Georg (ehemals Abteikirche Mariä Himmelfahrt) über ein barockes Kleinod. Der Ort selbst wird bereits 788 erstmals urkundlich erwähnt. Hierher verlegte Erzbischof Konrad I. von Salzburg 1146 eine Zisterziensemiederlassung, die drei Jahre zuvor in Schützing in der Gemeinde Marktl am Inn gegründet wor-

Raitenhaslach, Klosterkirche (Foto: Gruehr)

den war. Seit Mitte des 13. Jahrhunderts drängten die Wittelsbacher mit der Grafschaft Burghausen den Einfluss der Salzburger zurück. Das Gelände für das Kloster wurde 1143 durch Graf Wolfker de Tegerwac und dessen Frau Hemma gestiftet. Zwischen 1146 und 1186 entstand dann die dreischiffige romanische Basilika, in der Mönche aus Salem wirkten.

Die Wittelsbacher begannen aus Machtkalkül, die Rolle als Förderer und Pfleger des Klosters zu übernehmen. Das Kloster lag im Grenzbereich, der so genannten Hadermark, zwischen ihrem Territorium und dem Erzbistum Salzburg. Bereits 1240, so heißt es, habe Herzog Otto von Wittelsbach, genannt ‚der Erlauchte', das Kloster gegen Feinde verteidigt. Als Hofmark gelang es 1258, das Kloster noch enger an die wittelsbachische Herrschaft zu binden. Im 15. Jahrhundert diente die Klosterkirche schließlich auch als Begräbnisplatz der herzoglichen Familie aus Burghausen. Unter den hier Bestatteten ist auch Herzog Ludwig der Gebartete von Bayern-Ingolstadt. Im Kirchenschiff erinnert bis heute die Deckplatte des einstigen Wittelsbacher Hochgrabes aus rotem Marmor an die fürstlichen Beisetzungen.

Das Innere zeigt sich heute im Stil des frühen Rokoko, da der Bau anlässlich des 600. Kirchenjubiläums zwischen 1694 und 1698 bzw. 1735 und 1743 barock umgestaltet wurde. Namhafte Künstler, darunter Johann Michael Rottmayr (1654–1730), Peter Jacob Horemans (1700–1776), Johann Zick (1702–1762) sowie Johann Nepomuk della Croce (1736–1819) und dessen Sohn Clemens Evangelist (1782–1824), wirkten beim Umbau mit.

BAYERN-LANDSHUT

LANDSHUT, ZISTERZIENSERINNENKLOSTER SELIGENTHAL BEI LANDSHUT

Nördlich des Landshuter Stadtkerns findet man das Zisterzienserinnenkloster Seligenthal, das 1232 von der bayerischen Herzogin Ludmilla zum Gedenken an ihren ermordeten Ehemann Herzog Ludwig I., genannt ‚der Kelheimer' ‚gestiftet wurde. Die damals 62-jährige Herzogin wollte mit der Stiftung etwas von ihrem Erbteil in der ‚Schatzkammer des Herrn' hinterlegen, um nicht mit leeren Händen vor dem Antlitz des allmächtigen Gottes

Landshut, Zisterzienserinnenabtei Seligenthal, Hof (Foto: Gliwi)

Landshut, Zisterzienserinnenabtei Seligenthal, Abteikirche (Foto: Klaus Graf)

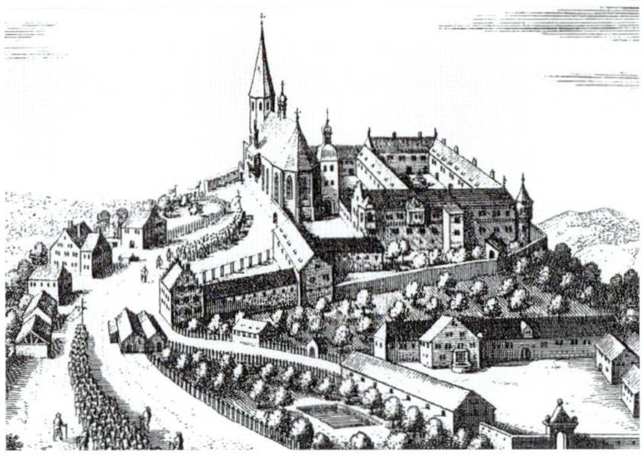

Kloster Andechs, Ansicht von Matthäus Merian aus der „Topographia Bavariae", 1665

Kloster Andechs, Kircheninnenraum mit Blick zum Gnadenbild

zu erscheinen, wie sie es in der Stiftungsurkunde erklärte. Sie erteilte den Schwestern den Auftrag, für ihre beiden Ehemänner, die Söhne und deren Nachfahren zu beten. Dies geschieht bis heute.

Als die Herzogin 1240 starb, wurde sie zunächst in der Johannis- oder Afrakapelle bestattet und nach Fertigstellung der Abteikirche 1259 dorthin überführt. In der Folge wurde das Gotteshaus zur Begräbnisstätte der meisten Landshuter Wittelsbacher. 42 Angehörige wurden hier bestattet, zuletzt Herzog Ludwig X. Allerdings wurde die Gruft im Dreißigjährigen Krieg ausgeraubt und verwüstet. Anlässlich der letzten Öffnung im Jahr 1870 stellte man fest, dass sie leer war. Einzig das Grabmal Ludwigs X. in der Mitte der Kirche blieb bis heute erhalten. Die ursprünglich spätromanische, 1259 geweihte Abteikirche wurde in den Jahren 1732–1734 unter Hofbaumeister Johann Baptist Gunetzrhainer (1692–1763) im Stil des frühen Rokoko umgestaltet, wobei Johann Baptist Zimmermann (1680–1758) Hochaltargemälde, Stuck und Deckengemälde schuf. Im Zuge der Säkularisierung wurde Seligenthal zwar zu Gunsten der 1800 von Ingolstadt nach Landshut verlegten bayerischen Landesuniversität (heute Ludwig-Maximilians-Universität München) enteignet, die Schwestern konnten allerdings vor Ort bleiben. 1835 begründete König Ludwig I. die Klostertradition in Seligenthal neu.

BAYERN-MÜNCHEN

ANDECHS, KLOSTER

Herzog Albrecht III. von Bayern gründete am 17. März 1455 das Benediktinerkloster Andechs. Der herzogliche Stifterbrief wurde indes erst 1458 ausgestellt. Der Herzog versuchte, mit Andechs ein stabiles Familienkloster zu errichten. Es sollte nicht allzu weit von seiner herzoglichen Residenz in München entfernt sein, schließlich war es sein Wille, dass hier seine Söhne erzogen werden sollten. Auch suchte er sich hier eine Grabstätte. 1458 erhielt Andechs mit Eberhard Stöcklin seinen ersten Abt und wurde unabhängig. Bereits am Georgifest 1455 wa-

Kloster Andechs, Blick zum Heiligen Berg

ren die ersten sieben Benediktiner aus Tegernsee eingetroffen, und der Münchner Johann Erdinger war zum Prior und Leiter der Kolonie gewählt. Mit dem neuen Kloster nahm auch die Wallfahrt einen großen Aufschwung mit rund 40 000 Pilgern im Gründungsjahr. Am 3. Mai 1669 wurden fast das gesamte Kloster und die Kirche durch Feuer infolge eines Blitzschlages zerstört. Der sofort einsetzende Wiederaufbau wurde 1675 abgeschlossen. Aus dieser Zeit stammt auch der markante Kirchturm.

Anlässlich des 300-jährigen Jubiläums von Kirche und Kloster ließ Abt Bernhard Schütz 1755 die Abteikirche durch Johann Baptist Zimmermann (1680–1758) neu gestalten. In ihren Mauern befinden sich die Gräber von elf Angehörigen der Wittelsbacher, darunter Herzog Albrecht III. und seine Gemahlin Anna (1420–1474) sowie die Söhne Herzog Johann IV. von Bayern-München (1437–1463) und Wolfgang (1451–1514). Im 20. Jahrhundert wurde hier noch Prinz Heinrich (1922–1958) bestattet, ein Sohn des Kronprinzen Rupprecht von Bayern. Mit der Säkularisation 1803 waren die Zeiten der alten Abtei Andechs zu Ende. König Ludwig I. kaufte jedoch 1846 230 Tagwerk des alten Klosterbesitzes aus seiner Privatschatulle zurück und übergab das Gelände den Mettener Benediktinern, um es 1850 als Versorgungsgut seiner neugestifteten Abtei St. Bonifaz in München zur wirtschaftlichen Versorgung zu überlassen.

Neben den Gräbern in der Klosterkirche findet sich in Andechs auch der Wittelsbacher Familienfriedhof mit weiteren zwölf Bestattungen, darunter Prinzessin Maria del Pilar (1891–1987) und die zuletzt beigesetzte Prinzessin Irmingard (1923–2010), Ehefrau des Prinzen Ludwig. Herzog Albrecht hatte ihn 1971 unterhalb des Kirchturms neu anlegen lassen. Er wählte den Platz, weil er der Überzeugung war, dass nicht zuletzt in Andechs die Erde bayerisch sei.

MÜNCHEN, DOMKIRCHE ZU UNSERER LIEBEN FRAU

Dom oder Stadtpfarrkirche zu Unserer Lieben Frau lautet ihr offizieller Name, doch für die Münchner ist sie schlicht die Frauenkirche und durch die beiden „welschen" Hauben in rund einhundert Metern Höhe das Stadtbild beherrschendes Wahrzeichen der Isarmetropole. 1468 wurde ihr Grundstein an der Stelle der romanischen Marienkirche aus der ersten Hälfte des 13. Jahrhunderts gelegt. Bis 1488 entstand ein dreischiffiger spätgotischer Hallenbau unter dem Stadtbaumeister Jörg von Halsbach. 1494 wurde er geweiht. 1494/95 erhielt er über den Status einer zweiten Pfarrkirche der Stadt eine Rangerhöhung durch Verlegung der Stifte Ilmmünster und Schliersee. 1502 konnte Erasmus Grassers Chorgestühl (im Zweiten Weltkrieg weitgehend verbrannt) fertiggestellt werden, und 1524/25 erhielt das Gotteshaus die charakteristischen Hauben. Die gewachsene Ausstattung der Renaissance- und Barockzeit mit dem 1604/05 entstandenen Bennobogen fiel der falsch verstandenen Stilbereinigung der zweiten Hälfte des 19. Jahrhunderts unter Matthias Berger zum Opfer. Seit 1821 hatte das Gotteshaus eine wichtige weitere Erhöhung erfahren und war durch Verlegung des Bistumssitzes von Freising nach München zur Metropolitankirche erhoben worden. Schwere Wunden fügten die Zerstörungen des Zweiten Weltkriegs dem Gebäude zu, dessen Wiederaufbau erst 1957 abgeschlossen werden konnte. Bei der letzten Restaurierung des Innenraumes 1990–1994 wurde versucht, sich an die ursprüngliche Farbigkeit und Einrichtung anzulehnen.

Bereits der Vorgängerbau des Gotteshauses hatte den Wittelsbachern als Grablege gedient,

München, Domkirche Zu Unserer lieben Frau, Kenotaph Kaiser Ludwigs IV. des Bayern, im Vordergrund eine Statue Albrechts V. (Foto: Heinz-Josef Lücking)

München, Blick vom Alten Peter (Peterskirche) zum Liebfrauendom

so dass der nachmalige Kaiser Ludwig der Bayer 1322 seine erste Ehefrau Beatrix, Tochter des Herzogs von Schlesien Glogau, hier beisetzen ließ. Das Gotteshaus war 1271 entstanden und wurde 1300 erweitert. Auch die Kinder und Kindeskinder, darunter Herzog Ludwig der Brandenburger, Herzog Stephan II. von Bayern, Herzog Johann von Bayern-München, wurden hier bestattet. Beim Neubau des Domes, zu dem Herzog Siegmund am 6. Februar 1468 den Grundstein legte, ließ dieser die Gebeine der Familienmitglieder in eine neu errichtete Gruft umbetten. Diese wurde 1492 vollendet und ist die älteste Wittelsbacher Fürstengruft in München. Im Kirchenraum erinnert das unter Kurfürst Maximilian I. entstandene Grabdenkmal des bayerischen Hofbildhauers Hans Krumpper (um 1570–1634) von 1619 an Kaiser Ludwig IV. Das Denkmal wird vorn und hinten von den Bronzefiguren Herzog Wilhelms IV. und Albrechts V. gesäumt. An den äußeren vier Ecken knien vier Ritter als Fahnenträger, die vom flämischen Bildhauer Hubert Gerhard (um 1540/50 – um 1620) ursprünglich für das Wittelsbacher Mausoleum in St. Michael geschaffen worden waren. Sie tragen auf ihren gestickt erscheinenden Panieren die Namen der Kaiser Karl der Große, Ludwigs der Fromme, Karl III. und Ludwig IV.

BAYERN-STRAUBING

STRAUBING, KARMELITENKLOSTER

Das Straubinger Karmelitenkloster wurde durch Herzog Albrecht I. von Bayern-Straubing 1368 gegründet, als die Karmeliten von Regensburg nach Straubing übersiedelten. 1386 wurde ihnen die Hofkaplanei im herzoglichen Schloss übertragen. Bis heute erinnert das Hochgrab für Herzog Albrecht II. an die Verbindung zum Herzogshaus Bayern-Straubing. Die prächtige Rotmarmortumba aus Salzburger Marmor gehört zu den Hauptwerken des so genannten ‚Weichen Stils' um 1400 und wurde von der höfischen Kunst des Prager Parler-Kreises beeinflusst. Der 1397 im Alter von 29 Jahren verstorbene Enkel Kaiser Ludwigs des Bayern ist darauf ähnlich dargestellt wie der bayerische Kurprinz Ruprecht Pipan (1375–1397) und Sohn Kurfürst Ruprechts III. von der Pfalz in der Amberger Martinskirche. Mit der Überführung des Gnadenbildes „Unsere Liebe Frau von den Nesseln" aus Heilbronn nach Straubing 1661 begann an der Karmelitenkirche eine blühende Wallfahrt. Bis in die Zeit um 1700 entstand das heutige Kloster unter Giovanni Gaspare Zuccalli (um 1667–1717), Neffe des berühmten Architekten Enrico Zuccalli (1642–1724). Damals begann Wolfgang Dientzenhofer (1648–1706) auch damit, die Klosterkirche barock umzugestalten. Nach der Säkularisierung 1803 blieb das Kloster in Straubing erhalten, wurde Zentralkloster und schließlich im 19. Jahrhundert Erneuerungsort der Oberdeutschen Ordensprovinz.

Straubing, Karmelitenkirche, Altar (Foto: Mattana)

KURBAYERN

MÜNCHEN, THEATINER HOF- UND STIFTSKIRCHE ST. KAJETAN

Die ehemalige kurfürstliche bzw. königliche Hofkirche St. Kajetan verdankt ihre Entstehung einem Gelöbnis des Kurfürstenpaares Ferdinand Maria und Henriette Adelaide von Savoyen für die Geburt des Thronfolgers Max Emanuel 1662. Noch im gleichen Jahr hatte der Bologneser Agostino Barelli von der Kurfürstin den Auftrag zum Bau erhalten, zu dem 1663 der Grundstein gelegt wurde. Die Seelsorge wurde dem Theatinerorden übertragen, dessen Mutterkirche in Rom, S. Andrea della Valle, das Vorbild lieferte. 1669 errang der Theatinerpropst Spinelli nach heftigen Differenzen mit Barelli die Bauleitung und gewann mit Enrico Zuccalli den Architekten, dem das Gotteshaus seine beherrschende Kuppel und die beiden charakteristischen Türme verdankt. Die Kirche wurde der erste monumentale italienische Kuppelbau ganz Süddeutschlands, der beispielgebend für die Entwicklung der bayerischen Barockarchitektur wurde und der neben der Frauenkirche die Münchner Stadtsilhouette dominiert. In seinem Inneren zeichnet sich das über 70 Meter lange und 15,5 Meter breite, nach Westen gerichtete Kirchenschiff durch kräftige Gliederungen und reichen Dekor aus, der im Langhaus von Carlo Brentano Moretti und in der Kuppel von Niccolò Perti und Abraham Leuthner geschaffen wurde und neben Engelsfiguren naturalistische Elemente wie Blüten, Blattwerk und Früchte zeigt. Erst 1768 vollendete François Cuvilliés d. Ä. mit der Rokokofassade den Bau. Die künstlerische Vollendung des Innenraumes 1688 hatte die Kurfürstin nicht mehr erlebt. Sie war 1676 gestorben und fand schließlich in der 1685 entstandenen Gruft unter dem Hochaltar ihre letzte Ruhestätte. Diese ist neben der Gruft in der Liebfrauen- und der St.-Michaelskirche Münchens dritte Fürstengruft. Kurfürst Max Emanuel ließ über dem Zugang eine Tafel anbringen: „Was sterblich ist an ihnen, hinterließen hier Bayerns erlauchte Fürsten" (Original in Latein, vgl. Rall: Wittelsbacher Lebensbilder, S. 79). Kurfürst Max III. Joseph ließ die Gruft erneuern, Kö-

München, Theatinerkirche St. Kajetan, Fassade (Foto: Uwe Barghaan)

München, Theatinerkirche St. Kajetan, Blick in die Kuppel (Foto: Mattana)

nig Max I. Joseph ließ sie 1824 erweitern und dabei in neun Abteilungen gruppieren. Unter Kronprinz Rupprecht erfolgte 1935 eine weitere teilweise Neugruppierung. Eine erneute Instandsetzung erfolgte 1952.

MÜNCHEN, ST. MICHAEL – HOFKIRCHE SEIT 1773 – FÜRSTLICHE GRABLEGE

Die Jesuitenkirche St. Michael an der Neuhauser Straße ist ein Hauptwerk der Gegenreformation in Deutschland. Zusammen mit dem angrenzenden Kolleg bildete sie ein entscheidendes geistiges Zentrum der katholischen Erneuerungsbewegung im 16. Jahrhundert in Deutschland. Initiator des Kirchenbaues war Herzog Wilhelm V., der 1583 den Grundstein legte. Wilhelm selbst war auch am Programm der nach Süden hin liegenden Spätrenaissancefassade beteiligt, die, einem politischen Programm gleich, die weltlichen Herrscher Bayerns von der Christianisierung bis ins 16. Jahrhundert darstellt, bekrönt von Christus mit dem Himmelsglobus. Ähnlich dem Westwerk mittelalterlicher Kirchen, die zur Abwehr der Dämonen oftmals dem hl. Michael geweiht waren, steht auch in St. Michael der Kirchenpatron im Blickpunkt: das von Hubert Gerhard 1588 geschaffene Standbild „Sieg Michaels über den Satan" thront zentral zwischen den beiden Kirchenpforten und über der Darstellung des Goldenen Vlieses', das Wilhelm V. 1585 von Erzherzog Ferdinand von Habsburg für seine Abwehr der Türken und die Zusammenarbeit im Kölner Krieg 1583/84 für den Kampf um die Rechte der Kirche erhalten hatte.

München, St. Michael, Chorraum mit Hochaltar

München, Allerheiligen-Hofkirche, Ostfassade (Foto: Philipp Hayer)

Friedrich Sustris schuf die Pläne und ein Gotteshaus, dessen 1597 geweihter Innenraum das Zeitalter des Barock in Süddeutschland einleitete. Eine mächtige kassettierte Tonne von über 20 Metern Spannweite überwölbt den gesamten Innenraum der Wandpfeilerkirche mitsamt dem Querschiff, dem ein tiefer, eingezogener Chor folgt. Die dabei erzielte Raumwirkung nahm mit Weite, Rundung und Lichtvolumen die nachfolgenden barocken Lösungen vorweg. Sechs mit Quertonnen überwölbte Kapellen leiten den Gläubigen im Sinne eines mittelalterlichen Reinigungs- und Erleuchtungsweges zum Allerheiligsten. Sieben Stufen trennen Langhaus und Chorraum, der in seinen unteren Nischen die Statuen der zwölf Apostel birgt, die den Hochaltar Wendel Dietrichs säumen. Der Altar zeigt im Zentrum das von Christoph Schwarz 1587/88 gefertigte Bild mit einer Darstellung von Michaels Sieg über Luzifer.

Unter dem Chorraum liegt die Fürstengruft. Hier wurden seit Wilhelm V. 40 weitere Mitglieder des Hauses Wittelsbach bestattet, darunter Ludwig II.

Nach Aufhebung der Gesellschaft Jesu 1773 erhielt St. Michael unter Max III. Joseph den Rang einer Hofkirche, 1825 auch den einer Garnisonskirche. In die Räume des gleichfalls unter Friedrich Sustris 1585–1597 errichteten Jesuitenkollegs zogen verschiedene Institutionen wie die Staatsbibliothek, die Akademien der Wissenschaften und die Akademie der Bildenden Künste.

KÖNIGREICH BAYERN

MÜNCHEN, ALLERHEILIGEN-HOFKIRCHE

Ein Jahr nach seinem Regierungsantritt ließ König Ludwig I. durch Leo von Klenze mit der Allerheiligenhofkirche einen Traum aus der Kronprinzenzeit verwirklichen, der gern als Gründungsmythos berichtet wird. Initialzündung dafür sei der Besuch der Christmette in der *Cappella Palatina* von Palermo gewesen, die Ludwig in der Christnacht 1823 besucht hatte. ‚Solch eine Schlosskapelle will ich haben', soll der Kronprinz damals ausgerufen haben. So errichtete Klenze zwischen 1824 und 1837 auf der Ostseite der Residenz den Bau in byzantinisierenden Formen mit romanisierender basilikaler Fassade. Heinrich Maria Heß

München, Basilika St. Bonifaz, Fassade

München, Basilika St. Bonifaz, Inneres um 1890

(1798–1863) malte zwischen 1830/31 und 1837 mit seinem Mitarbeiter Johann Schraudolph (1808–1879) sowie dem Maler Schwarzmann das Innere aus. Das sehr komplexe Bildprogramm umfasste Themen des Alten und Neuen Testaments bis hin zu Auferstehung und Himmelfahrt Christi. Der Lichtführung kam dabei entscheidende Bedeutung zu, denn sie erzeugte einen halbdunklen Raum, der durch die Farbigkeit der Malereien und Goldgründe harmonisierend wirkte. Der Bau blieb Klenzes einziger großer und repräsentativer Kirchenbau. Er schuf auch die gesamte Ausstattung. 1944 brannte das Innere aus, die Gewölbe stürzten ein. Eine fehlende Nutzung und der bauliche Zustand sollten in den 1960er Jahren zum Abriss führen, der jedoch verhindert werden konnte. Ein Notdach und die Sanierung des Untergrundes schlossen sich an. Die eigentliche Wiederherstellung erfolgte bis zum Jahr 2003.

MÜNCHEN, BASILIKA ST. BONIFAZ

Die Basilika St. Bonifaz entstand 1835–1850 als neuer geistlicher Mittelpunkt der westlichen Maxvorstadt. Am Tag seiner Silberhochzeit, dem 12. Oktober 1835, hatte König Ludwig I. als Stifter den Grundstein zu deren 76 Meter langem und 36 Meter breitem Bau gelegt, der von Georg Friedrich Ziebland (1800–1873) entworfen worden war und stilistisch an die fünfschiffigen italienischen Basiliken, vor allem S. Apollinare in Classe in Ravenna sowie St. Paul in Rom anzuknüpfen versuchte. Am 24. November 1850 wurde das neue neoromanische Gotteshaus geweiht, das nun auch Heimat für die von Ludwig I. nach München berufenen Benediktiner wurde, die fortan die Seelsorge an St. Bonifaz übernahmen. Mit Kirche und Kloster sowie dem nördlich angrenzenden Ausstellungsgebäude (heute Staatliche Antikensammlungen) verwirklichte Ludwig I. einen architektonischen Dreiklang aus Kirche, Kunst und Wissenschaft. Dieser Dreiklang entsprach seiner Vorstellung von Religion als Quelle aller Kunst. Daher ließ er sich und seine Frau Therese auch in St. Bonifaz bestatten.

In der Kapelle des rechten Seitenschiffes fand Ludwig am 9. März 1868 auch seine letzte Ruhe. Sein schlichter Marmorsarkophag ist normannischen Königsgräbern in Palermo bzw. Monreale bei Salerno nachempfunden. Sein Herz wurde wie das vieler anderer Wittelsbacher in der Gnadenkapelle von Altötting bestattet. Ludwigs Frau Therese ruht in der Krypta unterhalb. Ihr Sarg wurde am 19. März 1857 von der Theatinerkirche hierher überführt und beigesetzt. Nach schweren Kriegszerstörungen wurde der südliche Teil des Gotteshauses 1949–1951 unter Hans Döllgast instand gesetzt, 1968–1971 wurde zwischen Restkirche und Apsisruine ein modernes Gemeindezentrum eingefügt.

Simmern, Stephanskirche, Epitaphien in der Annakapelle (Foto: Stan Shebs)

PFALZ-SIMMERN

SIMMERN, STEPHANSKIRCHE

Die im Kern spätgotische dreischiffige Stephanskirche entstand zwischen 1486 und 1510. Pfalzgraf und Herzog Johann I. von

Simmern, Stephanskirche (Foto: Stan Shebs)

Pfalz-Simmern (1459–1509) legte 1486 den Grundstein. Auf der Südseite der Kirche befindet sich die einstige Annakapelle als Grabkapelle der Fürsten von Simmern. Die Grabdenkmäler darin gehören zu den bedeutendsten Werken der Bildhauerkunst des 16. Jahrhunderts zwischen Mainz und Trier. Sie entstammen den Werkstätten von Jacob Kerre (Kern), Johann von Trarbach und Hans Ruprecht Hoffmanns. Die Epitaphien beginnen 1522 mit dem Grabdenkmal für den Kirchengründer Herzog Johann I. und enden 1582/83 mit dem Monument für Herzog Richard bzw. Reichard von Johann von Trarbach.

Als Meisterwerke der Bildhauerkunst erinnern sie zugleich an die kurze kulturelle Blütezeit der simmernschen Residenz unter der Herrschaft der Älteren Linie der Pfalzgrafen und Herzöge von Pfalz-Simmern. Mit dem Ausbau Simmerns zur Residenzstadt hatte bereits Johanns I. Vater, Pfalzgraf und Herzog Friedrich I. von Pfalz-Simmern (1417–1480), genannt der Hunsrücker, begonnen. Anders als Johann I. wurden er und seine Frau im Augustiner-Chorherrenstift Ravengiersburg (so genannter Hunsrückdom) beigesetzt.

Johann stammte aus der Ehe Friedrichs, mit Margarethe (1436–1486), einer Tochter Arnolds von Egmont, des Herzogs von Geldern, und Katharinas von Kleve. 1480 übernahm er die Regierungsgeschäfte im Herzogtum Pfalz-Simmern und heiratete 1481 Johanna (1464–1521), eine Tochter Johanns II. von Nassau. Das Epitaph zu seinem Andenken entstand 1522 vermutlich bei Jacob Kerre (Kern).

„Das in die Wand eingelassene Epitaph Herzogs Johann I. von Pfalz-Simmern zeigt den Verstorbenen in Lebensgröße mit porträthaften Zügen. Dargestellt ist er als Ritter im Harnisch mit einem Schwert an seiner linken Seite. An seiner starkgliedrigen Halskette hängt ein Medaillon mit dem Bildnis des hl. Christophorus. Die Hände zum Gebet erhoben steht er auf einem unter seinen Füßen kauernden Löwen." (Kern 2008, S. 37)

Auch das über acht Meter hohe Epitaph für Herzog Reichard von Pfalz-Simmern und seiner ersten Frau Juliana von Wied wirkt beeindruckend. Es beherrscht nahezu die gesamte Nordwand der Annakapelle. Richard oder Reichard war das achte von zwölf Kindern des Herzogs Johannes II. von Pfalz-Simmern (1492–1557) und seiner ersten Ehefrau Beatrix von Baden (1491–1535).

Erwähnenswert ist noch die Orgel aus dem Jahre 1782. Sie entstammt der Orgelbauwerkstatt Stumm und ist die größte im Hunsrück.

PFALZ-NEUBURG

NEUBURG, HOFKIRCHE

Blickt man auf die Hofkirche Unsere liebe Frau in Neuburg an der Donau, so wird dem geübten Kunstkenner sofort die Ähnlichkeit zur Düsseldorfer Jesuitenkirche St. Andreas deutlich. Nicht zu Unrecht werden sie die ‚pfalzgräflichen Schwestern' genannt, denn beide verfügen über dasselbe Grund- und Aufrissschema. Dabei entstand die ältere Neuburger Hofkirche ab 1607 zunächst als protestantischer Kirchenbau unter Herzog Philipp Ludwig. Mehr noch: Der Neuburger Kirchenbau sollte der Münchner Jesuitenniederlassung von St. Michael einen Neuburger ‚Trutz-Michael' entgegensetzen. Dennoch wurde sie unter Philipp Ludwigs Sohn und Nachfolger Herzog Wolfgang Wilhelm am 21. Oktober 1618 als katholische Kirche geweiht. Ihre Raumlösung wurde zugleich Vorbild der Düsseldorfer ‚Schwester' von St. Andreas.

Heute gehört die Neuburger Hofkirche zu den bedeutendsten Kirchenbauten ihrer Zeit in Süddeutschland, errichtet an der Stelle der einstigen Pfalzkapelle St. Maria aus der Zeit vor 1000. Um das Jahr 1000 entstand unter Herzog Heinrich IV. von Bayern (um 973/78–1024), dem nachmaligen Kaiser Heinrich II. und eifrigen Förderer der kirchlichen Reformbewegung in Neuburg, ein Benediktinerinnenkloster.

Die Pfalzkapelle wurde zur Kloster- und Pfarrkirche.

Unter dem Pfalz-Neuburger Pfalzgrafen und pfälzischen Kurfürsten Ottheinrich stürzte 1585 der Turm des Gotteshauses ein, das zu diesem Zeitpunkt als evangelische Kirche genutzt wurde. 1542 hatte er im Neuburger Gebiet die evangelische Konfession eingeführt. Zwischen 1599 und 1602 entstand ein kompletter Kirchenneubau, dessen Turm jedoch 1602 noch vor Fertigstellung erneut einstürzte und dabei das Gewölbe der Kirche und das alte Rathaus derart beschädigte, dass sich Pfalzgraf Philipp Ludwig zu einem Neubau entschloss. Diesen Neubau schuf Hofbaumeister Sigmund Doctor als protestantische Hofkirche nach Plänen des kaiserlichen Hofmalers Joseph Heintz (1564–1609). Ausgeführt wurde er durch den Graubündner Gilg Vältin. Mit dem Kirchenbau verfolgte der Pfalzgraf auch eine Modernisierung des Stadtkerns, um dem Gotteshaus eine neue, repräsentativere Gestalt verleihen zu können. Doch Philipp Ludwig starb am 12. August 1614 vor Fertigstellung, und sein Sohn Wolfgang Wilhelm ließ das Gotteshaus mitsamt dem rekatholisierten Pfalz-Neuburger Gebiet als katholische Marienkirche durch die nach Neuburg berufenen Jesuiten vollenden.

Neuburg, Hofkirche, Blick zum Altar

1615 war der Rohbau fertiggestellt, während die Westfassade und der 57,4 Meter hohe, ins Kirchenschiff eingefügte Turm erst 1624 durch die Graubündner Baumeister Johann Alberthal (auch: Giovanni Albertalli; um 1575/80–1657) und Antonio Serro vollendet wurden. Alberthal war bischöflich-eichstättischer und Augsburger Baumeister. „Die Seitenschiffe sind von gleicher Höhe und halber Breite des Mittelschiffs (im Lichten 46,77 m lang, 18,35 m breit, 18,82 m hoch) [...] St. Andreas, die jüngere und kleinere Schwester [...] ist harmonischer, zugleich lebhafter; sie tendiert schon zum Barock hin.“ (Schulte 1983, S. 17) Der Neuburger Kirchenbau ist noch ganz vom Manierismus geprägt, der den Übergang von der Spätrenaissance zum Barock bildete. Den Raumeindruck prägen schlanke Viereckpfeiler, die die Halle in drei ungleich breite Schiffe gliedern.

Die Stuckaturen entstanden zwischen 1616 und 1619 durch die aus Rovereto stammenden Brüder Michele, Gian Antonio (um 1570 – um 1640) und Pietro Castelli (1574–1662). Die barocke Ausstattung des 18. Jahrhunderts mit dem Hochaltar und den Seitenaltären von Bildhauer Joseph Anton Breitenauer (1722–1785) und den Gemälden von Domenico Zanetti († nach 1712) fügt sich harmonisch in die Architektur des Gotteshauses.

Das ursprüngliche Hochaltarbild mit einer Darstellung des Großen Jüngsten Gerichtes wie auch die Gemälde der Nebenaltäre (Anbetung der Hirten; Ausgießung des heiligen Geistes) stammten ehedem von Peter Paul Rubens (1577–1640). 1691 bzw. 1703 überführte man sie in die Düsseldorfer Gemäldegalerie. Das Hauptaltargemälde, das größte des Künstlers, ist heute Teil der Sammlung der Münchner Alten Pinakothek, während die beiden Seitenaltargemälde über Düsseldorf, Mannheim und München wieder nach Neuburg als Teil der dort ausgestellten Staatsgemäldesammlungen gelangten.

Den Status als Hofkirche erhielt die am 21. Oktober 1618 geweihte Neuburger Marienkirche erst 1782. Sie war bereits zuvor die bevorzugte Kirche des Fürstenhauses und durch einen Gang mit dem Schloss verbunden. Der Patronin Maria ist neben den Altargemälden auch der stuckierte Bilderzyklus gewidmet. Er war vom Pfalzgrafen Wolfgang Wilhelm und Jesuitenpater Anton Welser als Huldigung an Maria konzipiert worden, bildet Maria doch nach katholischer Lehre als Himmelskönigin die Brücke zwischen Irdischem und Himmlischem. Die Neuburger Stuckierung gilt in Deutschland als einmalig. „Die ganz in Weiß und Gold gehaltene Dekoration schafft mit der barocken Einrichtung einen vornehmen, fast etwas hoheitsvoll-kühl anmutenden, festlichen Raum." (Lidel 1992, S. 21)

Lauingen, Stadtpfarrkirche St. Martin, Kenotaph der Pfalzgräfin Elisabeth (Foto: Reinhardhauke)

Wie in Düsseldorf verfügt auch die ‚ältere Schwester' in Neuburg über eine Fürstengruft, die sich hier unter dem Chorraum befindet. Unter anderem wurden hier Maria Magdalena, die erste Ehefrau des Pfalzgrafen Wolfgang Wilhelm († 1628), das Herz von Pfalzgraf Wolfgang Wilhelm († 1653), Kurfürst Philipp Wilhelm († 1709) und dessen zweite Ehefrau Elisabeth Amalia Magdalena († 1709) bestattet.

LAUINGEN, STADTPFARRKIRCHE ST. MARTIN

Die Lauinger Stadtpfarrkirche St. Martin gehört zu den letzten Sakralbauten der deutschen Spätgotik und zugleich zu den jüngsten gotischen Hallenkirchen des Landes. Der Bau wurde 1516 begonnen und 1521 vollendet. Zu diesem Zeitpunkt war Lauingen bereits Unterresidenz des Hauses Pfalz-Neuburg. Der geräumige stattliche Kirchenbau wurde „von einer außerordentlich subtil-kreativen Meisterhand" geschaffen, denn „hier wurden noch einmal die Bestandteile einer Hallenkirche so umdisponiert bzw. umgeformt, dass eine völlig neuartige Wirkung erzielt wird". (Riestra 2004, S. 82)

1542 hatte Lauingen auf Befehl des Pfalzgrafen Ottheinrich den evangelischen Glauben angenommen. Nach der Belagerung der Stadt durch Kaiser Karl V. 1546 wurde die Stadt katholisch und infolge des Passauer Vertrags 1552 abermals evangelisch. Für die Stadtpfarrkirche bedeutete das, dass in dieser Zeit die vorhandene Inneneinrichtung ausgeräumt und vernichtet wurde. Jüngeren Datums und heute bedeutendstes architektonisches Zeugnis im Innenraum ist ohne Zweifel die Grabtumba für Pfalzgräfin und Herzogin Elisabeth (1503–1563), die der Bildhauer Simon Winthier 1572 begann und die nach dessen Tod im gleichen Jahr von einem unbekannten Meister vollendet wurde. Seit 1880 hat die Tumba ihren Platz unter der Westempore, wo sie sich auf einem Sockel über einem

zweistufigen Unterbau aus rotem Marmor erhebt. Das Hochgrab selbst ist ebenfalls aus rotem Marmor und ruht auf vier an den Ecken in Gegenstellung liegenden Löwen und Eisenstäben. An den vorderen Ecken und in der Mitte der Langseiten befinden sich geflügelte Engelsköpfe. Elisabeth selbst ist als Liegefigur in weißem Marmor verewigt. Hinter ihrem Haupt halten zwei stehende Löwen eine ovale Inschriftenkartusche in Blattwerkrahmen, deren Inschrift wie folgt lautet: „ANNO DOMINI 1563 UF DINSTAG DEN 5. TAG DES MONATS JANUARY ZWISCHEN 3 UND 4 URN VORMITTAGS IST DIE DURCHLAUCHTIGE HOCHGEBORNE FUERSTIN UND FRAW ELISABETH PFALZGRAVIN BEI RHEIN HERTZOGIN IN BAIRN GEBORENE LANDGRAVIN ZU HESSEN SELIGLICH AUS DISEM JAMMERTHAL IN WARER ANRUFUNG UND BEKANTNUS UNSERS HEILANDS UND SELIGMACHERS JESU CHRISTI ALHIE IM SCHLOSS ZU LAUGINGEN ABGESCHIDEN IHRES ALTERS IM 61. JAR. DERN SELL GODT GNEDIG SEI“.

Ursprünglich befand sich die Tumba über der Gruft, in der heute 38 Mitglieder des Hauses Pfalz-Neuburg ruhen. Unklar ist, ob Pfalzgraf Wolfgang oder dessen Sohn Pfalzgraf und Herzog Philipp Ludwig (1547–1614) die Lauinger Fürstengruft errichten bzw. erweitern ließ. 1572/73 jedenfalls hatte sie bestanden, als der Kenotaph, die Grabtumba Elisabeths, darüber errichtet wurde. 1601 wurde sie durch Sigmund Doctor erweitert. In den Jahren 1781 und 1871 wurden aus der Gruft Särge, Gewänder und Schmuckstücke entnommen, die sich heute im örtlichen Heimatmuseum bzw. im Bayerischen Nationalmuseum in München befinden. Die Beisetzungen hatten bereits nach dem Tod des Pfalzgrafen Philipp Ludwig 1614 abgenommen. Dennoch wurden hier die Mitglieder der Nebenlinien von Pfalz-Sulzbach und Pfalz-Hilpoltstein (erloschen 1644) beigesetzt. Die letzte

Lauingen, Stadtpfarrkirche St. Martin (Foto: Dr. Eugen Lehle)

Bestattung fand 1703 statt. Alle folgten dem so genannten Wolfgangs-Testament von 1568, in dem der Pfalzgraf bestimmt und festgelegt hatte, dass sein Leichnam und der seiner „Söhne, Erben und Nachkommen, Inhaber unseres Fuerstenthums Neuburg maennlichs und weiblichs Geschlechts [...] in vorermeldter Pfarrkirchen zu Laugingen [sic!] ihr Erbbegraebniß und Sepultur kunftiglich haben und behalten, auch jederzeit der Abgestorbenen Gedenkzeichen, Epitaphia und Monumenta aufgerichtet werden." (Zit. nach: Ausst.-Kat. Neuburg 1980, S. 68)

OBERPFALZ UND KURPFALZ

AMBERG, FRAUENKIRCHE

An der Stelle der heutigen Frauenkirche befand sich bis ins 14. Jahrhundert hinein der Standort der Amberger Synagoge. Zwischen 1384 und 1391 wurde die jüdische Gemeinde vertrieben, und an Stelle der Synagoge wurde eine dreischiffige Hallenkirche errichtet. In ihrer Architektur orientierte sich der neue Kirchenbau an der 1421 begonnenen und 1478 unter Dach gebrachten Stadtpfarrkirche von St. Martin in Amberg. Sie gehört zu den frühesten Hallenkirchen der Oberpfalz. Infolge ihrer räumlichen Nähe zur pfalzgräflichen bzw. kurfürstlichen Residenz und der Kanzlei wünschten sowohl Pfalzgraf Wolfgang als auch Ottheinrich die Kirche als Amberger Schloss- und Residenzkirche. So erhielt die Kirche „Unserer lieben Frau" die Funktion und den Namen „Hofkapelle".
Ihre heutige Ausstattung erhielt das Gotteshaus im 17. Jahrhundert, nachdem Amberg 1629 erneut katholisch geworden war. Als die auf 800 Mitglieder angewachsene Kongregation „Maria unter dem Kreuz" einen neuen Hochaltar wünschte, reichten weder Strafgelder noch Beerdigungen, um diesen zu finanzieren. So behalf man sich damit, aus Teilen des Triumphbogens, der 1619 für Kurfürst Friedrich V. errichtet worden war, einen neuen Altar zu schaffen.

Amberg, Frauenkirche

NEUMARKT, HOFKIRCHE

Dem „Mathematicus" Otto II. zu Ehren entstand nach dessen Tod am 8. April 1499 das Grabmal aus rotem Marmor im südlichen Seitenschiff der Neumarkter Hofkirche. Darauf ist der Pfalzgraf als Krieger in einer Rüstung dargestellt, die lediglich Augenpartie und Nase frei lässt. Als Hinweis auf seine Herkunft steht er auf einem zu ihm aufblickenden Löwen und hält eine pfälzische Fahne in der Hand. Diese Grabtumba erinnert bis heute neben den beiden Wappenschilden am Triumphbogen an die vormalige Hof- und Residenzkirche unweit des pfalzgräflichen Schlosses und des Reitstadels im Residenzbezirk von Neumarkt. Die heutige Orgelempore war zunächst als Fürstenempore konzipiert und entsprechend tiefer angelegt worden. Um das Jahr 962 soll an der Stelle der heutigen Kirche eine kleine Marienkapelle entstanden sein, die um 1200 erneut erwähnt wurde. 1418 wurde dieser Bau im Stil der Spätgotik erweitert, nachdem Neumarkt 1410 Residenzstadt geworden war. Bauherr war Pfalzgraf Johann von Pfalz-Neumarkt. Als Otto II. 1499 verstarb, war das Kirchenschiff immer noch unvollendet.

Unter Pfalzgraf Friedrich II. konnte nach 1523 der Turm vollendet werden. Der geplante zweite gelangte über die Fundamente nicht hinaus. Einer Legende zufolge, die sich auch noch als falsch herausgestellt hat, sei dieser Turm einer angeblichen Entschädigung der Neumarkter zu verdanken, da Friedrichs Hochzeit nicht in Neumarkt, sondern in Heidelberg stattgefunden habe. Doch die Hochzeit fand erst 1532 statt. Nach der Erlangung der Kurwürde 1544 verlegte Friedrich II. die Residenz nach Heidelberg. Unter Friedrich II. wurde Neumarkt evangelisch, schließlich unter der Herrschaft der Bayern mit Kurfürst Maximilian im 17. Jahrhundert wieder katholisch.

1620 übernahmen die nach Neumarkt berufenen Kapuziner die Seelsorge und gründeten 1628 die heute noch bestehende Corpus-Christi-Bruderschaft, deren geistliche Leitung sie bis zur Säkularisation behielten. Unter den Kapuzinern wurde um 1700 das Chorhaus vergrößert und um acht Meter erhöht. Außerdem wurden die Seitenschiffe verändert, und das Hauptschiff wurde mit Oberlichtfenstern versehen. Die Fürstenempore erhielt 1723 einen barocken Orgelprospekt.

Am 1. Januar 1947 wurde aus der Hofkapelle die Pfarrkirche „Zu Unserer Lieben Frau".

NEUSTADT, STIFTSKIRCHE ST. ÄGIDIUS

Neustadt wurde zu Beginn des 13. Jahrhunderts von den Pfalzgrafen bei Rhein als Pendant zu Heidelberg gegründet. Die im Herzen der Stadt zentral am Schnittpunkt der beiden Hauptstraßen und zwischen den beiden Marktplätzen gelegene Stiftskirche gilt als das bedeutendste gotische Bauwerk der Vorderpfalz.

Neumarkt, Hofkirche und Reitstadel (rechts) am Residenzplatz (Foto: Lordmp)

Der 1368 unter Kurfürst Ruprecht I. (1309–1390) begonnene und gegen Ende des 14. Jahrhunderts geweihte Bau setzt sich aus einer Doppelturmfront im Westen und einem basilikalen, recht kurzen Langhaus zusammen. Eine Inschrift am südwestlichen Strebepfeiler des Stiftschores

Neumarkt, Hofkirche, Grabtumba Herzog Ottos II. (Foto: Lordmp)

erinnert an den Beginn des Neubaues, der einen älteren, erstmals 1235 genannten Bau (St. Ägidius) ersetzte. Von Beginn an war die Stiftskirche als Grablege der Pfalzgrafen bei Rhein gedacht. 30 Jahre vor Beginn des Neubaues hatte Kurfürst Ruprecht I. laut Urkunde vom 12. August 1356 die Gründung angeordnet und war damit einem Vermächtnis gefolgt, das im Testament seines Bruders und Vorgängers Pfalzgraf Rudolf II. enthalten war. Neben acht bereits bestehenden Pfründen wurden zwei weitere gestiftet. 1363 erhöhte Ruprecht I. die Zahl der Kanoniker auf zwölf, in seinem Testament auf vierzehn, wobei er sich die Verleihung der Kanonikate vorbehielt. Im Jahr 1400 verfügte Kurfürst Ruprecht III. (1352–1410) die Verlegung von vier Kanonikatspfründen an das Heidelberger Heiliggeist-Stift. Es löste Neustadt zugleich als Grablege der Pfalzgrafen bei Rhein ab.

Neustadt/Weinstraße, Blick aus dem Steinhäuser Hof auf die Türme der Stiftskirche

Nach der Reformation sollten Katholiken, Reformierte und Lutheraner nach dem Willen des nunmehr protestantischen Kurfürsten die Stiftskirche simultan nutzen. Infolge der Religionsdeklaration von 1705 erhielten die Protestanten das Langhaus und die Katholiken den Stiftschor zugesprochen. Beide Teile wurden 1707 durch eine Mauer getrennt, die man 1709 wieder herausriss, als man sich um ein Joch des Chores stritt. Nach einem Vergleich im Jahr 1714 wurde die Trennwand an der alten Stelle neu errichtet. In der Folge betreuten die Jesuiten den katholischen Teil und statteten ihn kostbar aus. Dazu gehört der 1732 von Schreinermeister Michael Math aus Kirrweiler geschaffene Hochaltar, der mit Figuren des Neustadter Bildhauers Georg Friedrich Schmidt geschmückt ist. Der Aufbau des Altars ist dreizonig gestaltet. Das Altarblatt zeigt eine Darstellung der Immaculata. Darüber ist das von einer Engelsglorіole umsäumte Auge Gottes dargestellt, während der Gute Hirte den Altar bekrönt. Die Figuren zu seinen Seiten stellen die Heiligen Joseph und Johann Nepomuk sowie Franz Xaver und Ignatius von Loyola dar. Die gleichfalls barocke Kanzel mit einem stilistisch angepassten neueren Schalldeckel kam erst 1919 aus Imsweiler in die Stiftskirche, der barocke Orgelprospekt von Franz Ignaz Seuffert 1968 aus der katholischen Pfarrkirche Rheinsheim/ Baden. Von hoher historischer Bedeutung und kunsthistorischem Wert sind dagegen die fünf Grabplatten der Pfälzer Kurfürsten und ihrer Gemahlinnen, zumal in der Heiliggeistkirche nach den Verheerungen insbesondere des Pfälzischen Erbfolgekrieges nur die Grabtumba König Ruprechts I. erhalten blieb. Bestattet wurden in Neustadt folgende Wittelsbacher:
Kurfürst Rudolf II. (8.8.1306–4.10.1353) sowie dessen zweite Gemahlin Margarethe, Tochter König Friedrichs II. von Sizilien aus dem Hause

Neustadt/Weinstraße, Chorraum im katholischen Teil der Stiftskirche mit barockem Hochaltar

Aragon (um 1331–1377), Kurfürst Ruprecht II. (9.6.1309–16.2.1390) sowie dessen zweite Gemahlin Beatrix (um 1360–16.5.1395) und Blanka, Gemahlin Kurfürst Ludwigs III. von der Pfalz und Tochter König Heinrichs IV. von England (um 1382–31.5.1409). Von den fünf heute jeweils senkrecht angebrachten Grabplatten hat sich die von Kurfürstin Margarethe mit nahezu vollplastischer Liegefigur am besten erhalten. An die Bedeutung der Stiftskirche als Memorialbau der Pfalzgrafen bei Rhein verweisen die pfalzgräfliche Helmzier bzw. das pfalzgräfliche Wappen an den beiden östlichen Schlusssteinen des Chores und der Figurennische am südlichen Oratorium. Die 1885 wiederentdeckten und 1908 restaurierten gotischen Gewölbemalereien zeigen neben der zentralen Darstellung von Christus als Weltenrichter, der von Maria und Johannes dem Täufer unter je einem Gerichtsengel umsäumt wird, über den Oratorien je ein kniendes und bittendes Pfalzgrafenpaar. Nördlich sind König Ruprecht I. und seine Frau Elisabeth von Hohenzollern, südlich deren Sohn Ludwig III. und dessen Frau Blanka dargestellt.

HEIDELBERG, HEILIGGEISTKIRCHE

„Unter eben gedachten Kirchen und Klöstern verdient den Vorzug die Pfarr- und Stiftskirche zum heiligen Geist", bemerkt Johann Goswin Widder im Ersten Theil seines „Versuch(s) einer vollständigen Geographisch-Historischen Beschreibung der Kurfürstl. Pfalz am Rheine" 1786. Die erste urkundliche Erwähnung des Gotteshauses findet sich in einer Urkunde des Klosters Schönau von 1239, wo es als Filialkirche von St. Peter genannt wird. Zwischen 1288 und 1300 wurde dieser romanische Bau durch einen größeren gotischen ersetzt, 1353 und 1358 sind Altarstiftungen für einen Nikolaus- bzw. Katharinenaltar erwähnt. All diese Angaben beziehen sich indes auf die beiden Vorgängerbauten, denn erst um 1398 legte Kurfürst Ruprecht III. (1400–1410 König Ruprecht I.) den Grundstein zu einer spätgotischen Hallenkirche. Ein konkretes Datum ist nicht bekannt. Doch zielte der neue Kurfürst auf die Nutzung des Gotteshauses als Grablege. 1400 wurde es von St. Peter gelöst und zur Kollegiatstiftskirche erhoben. Als Baumeister wirkten bis zum Jahr 1423 der einer angesehenen Heidelberger Familie entstammende Arnolt Rype sowie bis 1426 als dessen Nachfolger Steinmetz Hans Marx und Steinmetzmeister Jörg bis 1439 mit. 1400 war der Hallenchor, 1441 das Langhaus vollendet. Kriegerische Verwicklungen verzögerten die Vollendung des Turmes durch Lorenz Lechler (1465–1538) bis nach 1508. Dieser Teil erhielt jedoch erst zwischen 1698 und 1705 seinen barocken Schweifhelm samt Haube über der Laterne. Damals wurde auch das neue Kirchendach aufgebracht, und die Portale wurden barock überformt. Heute ist die Heiliggeistkirche der bedeutendste gotische Bau zwischen Oppenheim und Straßburg.

Heidelberg, Heiliggeistkirche

Die Heiliggeistkirche wurde als dreischiffige Hallenkirche angelegt. Im Inneren kontrastieren das dunkle Langhaus und der lichte, weite Chor. Die Besonderheit des Hallenumgangschores „liegt in der formalen Entsprechung von Polygon der äußeren Umgangsmauern und Figur des Binnenchores." (Dehio 1993, S. 297) Die im südwestdeutschen Raum ungewöhnliche Lösung schuf enorm lange Außenseiten und trug zu einer regelmäßigeren Gewölbebildung des Umganges bei. Der Chor nahm die Grablege der Kurfürsten von der Pfalz auf. Von den ehemals 54 hier aufgestellten Epitaphien blieb allein die Grabplatte des Kirchengründers nach den Zerstörungen von 1693 erhalten.

Beim Blick in den Innenraum überrascht der starke Kontrast von dunklem Schiff und hellem Chorraum. Durch die starke Abgrenzung des westlichen Turmjochs besitzen Chor und Langhaus annähernd dieselbe Länge. Die Gestalt des Langhauses ist durch die teilweise gleichzeitige Nutzung als Kirchenraum und Bibliothek eher ungewöhnlich. Bis zum 5. Februar 1623 war auf den Emporen die berühmte „Bibliotheca Palatina" (Pfälzische Bibliothek) – kostbarste Bibliothek des deutschen Mittelalters – aufgestellt, die als damals reichste Bibliothek Europas galt und als Kriegstrophäe Tillys zunächst an den Hof Maximilians I. von Bayern nach München gelangte, der sie Papst Gregor XV. in Rom zum Geschenk machte. „In dieser Kirchen oberstem umbgang ist durch Churfürst Ottheinrich die weitberümbte Bibliotheca Palatina angeordnet, welche durch seine Nachfahrn biss dahero also reichlich vermehrt worden, dass sie beydes an menge und köstlichkeit sowol uhralter geschriebener, als getruckter bücher allerhand Sprachen keiner Liberey in der gantzen Welt nach gibt", bemerkte der Merians berühmtem Heidelberger Panorama von 1620 beigefügte „kurtze Bericht über die fürnemste Gebäu dieser Statt" kurze Zeit vor der Verbringung der Bibliothek. Damals verschwanden nicht nur die Bestände der Palatina aus der Stadt, sondern auch die eigentliche Universitätsbibliothek (Heu-

gasse) und die kurfürstliche Bücherei des Schlosses. Allein die Schlossbibliothek verfügte seit 1584 infolge einer Schenkung Ulrich von Fuggers über mehr als 1 000 Handschriften. Über 8 000 Bücher, darunter zahlreiche Handschriften und Raritäten, wurden 1623 als „Beutekunst" per Maultier über die Alpen transportiert.

Den Grundstock zur späteren „Bibliotheca Palatina" hatte Ruprecht III. gelegt. 1421 vermachte dann Ludwig III. seine theologischen, juristischen und medizinischen und 1436 alle übrigen Bücher, die er auf der Burg „Gettenpuhel" (Jettenbühl) besaß, der Heiliggeistkirche. Friedrich I. stiftete 1474 zwei gedruckte Pergamentbände. Die bedeutendste Stiftung erfolgte dann unter Kurfürst Ottheinrich in Form arabischer, syrischer, hebräischer, griechischer und lateinischer Handschriften. Nach dem Urteil der Zeitgenossen sei die Palatina reichhaltiger als die Vaticana gewesen, auch habe sie trefflichere Werke enthalten und Tausende von Studenten nach Heidelberg gezogen. Nur rund ein Zehntel der nach Rom gelangten Bücher kehrte 1815/16 nach Heidelberg zurück.

Während des Pfälzischen Erbfolgekrieges ergriffen am 22. Mai 1693 die verheerenden Flammen auch die Heiliggeistkirche. Im Schiff hatte man die Heidelberger Bevölkerung gefangen gehalten, die sich infolge herabfallender brennender Teile in Todesangst befand und erst dank der Intervention des Pfarrers Schmidtmann befreit werden konnte. Das Gotteshaus brannte damals aus. Von der mittelalterlichen Ausstattung der Heiliggeistkirche blieb nahezu nichts erhalten. Chorgestühl, Lettner, Altäre, vor allem aber die kurfürstlichen Grabdenkmäler wurden ein Opfer

Heidelberg, Heiliggeistkirche

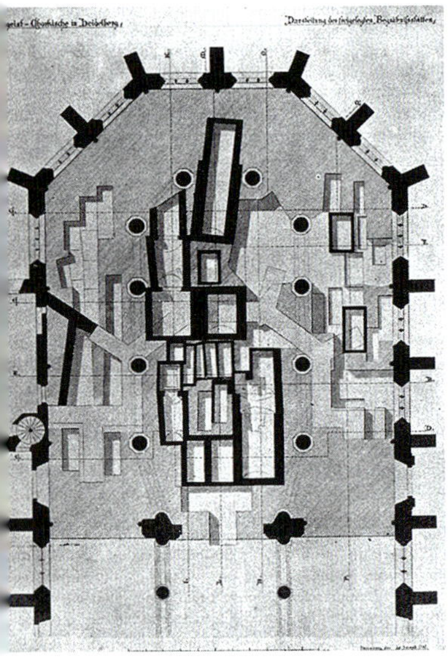

Heidelberg, Heiliggeistkirche, die Grüfte im Chorraum, Ansicht um 1900

der Verheerungen des Jahres 1693. Das Innere wurde geplündert, die Zinnsärge als Kriegsbeute weggeführt. Eine Ausnahme bildet die Platte der Grabtumba des Gründers der Heiliggeistkirche, König Ruprechts, und seiner Ehefrau Elisabeth von Hohenzollern aus der Zeit um 1410, die die Zerstörungen überstand. Heute ist die 2,25 Meter hohe und 1,25 Meter breite Platte am östlichen Ende des Nordseitenschiffes aufgestellt. Bis 1698 war das Dachwerk wiederhergestellt. Mit der Einführung des Simultaneums im gleichen Jahr ergaben sich jedoch auch neue Probleme, die im Heidelberger Kirchenstreit kulminieren sollten. Den Reformierten wurden Langhaus und Turm zugesprochen, den Katholiken der Chor, wobei Turm und Glocken zum beiderseitigen Gebrauch bestimmt, die Baulasten am Turm jedoch den Reformierten auferlegt wurden. Zwischen 1705 und 1936 trennte eine Scheidewand die simultan genutzte Kirche. Darin eingemauert überdauerte die Grabplatte König Ruprechts und seiner Frau die Zeiten.

Eine gewaltsame Zäsur erfuhr die simultane Nutzung des Gotteshauses durch Kurfürst Carl Philipp, als er anlässlich seiner Übersiedlung von Düsseldorf nach Heidelberg die gesamte Kirche als Hofkirche beanspruchte, das Langhaus gewaltsam besetzen und die Scheidemauer einreißen ließ. Nur das Eingreifen der protestantischen Reichsstände und ein kaiserlicher Schiedsspruch bewirkten die Beilegung des Streites. Dies nahm der Kurfürst zum Anlass die Residenz 1720 nach Mannheim zu verlegen. Die Scheidemauer wurde wiederaufgerichtet. Eine Ausnahme bot das Universitätsjubiläum von 1886, als man das Gotteshaus für kurze Zeit in seiner ganzen Länge bewundern konnte. Erst 1936 gelang nach langwierigen Verhandlungen die Zahlung einer Ablösesumme für den seit 1874 von den Altkatholiken genutzten Chor und die Vereinigung mit dem übrigen Kirchenschiff unter der Obhut der evangelischen Kirche. 1941 nahm Otto Bartning (1883–1959) Umgestaltungen im Altarbereich vor, die sich gemeinsam mit Hermann Hampe kriegsbedingt bis 1956 hinzogen. Zu den modernen Ergänzungen im Kirchenraum gehört unter anderem das von Johannes Schreiter (*1930) gestaltete „Physikfenster“ von 1984.

Mannheim, Schlosskirche, Fassade

MANNHEIM, SCHLOSSKIRCHE

Am 2. Juli 1720 legte Kurfürst Carl Philipp den Grundstein zum neuen Schloss in Mannheim und damit auch zur Schlosskirche. In der Grundsteinurkunde heißt es dazu: „zur Erbauung eines Schlosses des Kurfürstentums der Pfalz zur Weihe der Hofkapelle zur Verehrung der Seligsten Jungfrau Maria von der Heimsuchung Elisabeths“ (Wischniewski 2013, S. 55). Der siebenachsige Kirchenraum zwischen westlichem Ehrenhof- und westlichem Querflügel entstand zwischen 1720/25 und 1731 im Rahmen des ersten von drei Bauabschnitten nach Plänen von Guillaume d'Hauberat (1680–1749). Cosmas Damian Asam (1686–1739) schuf die Fresken, sein Bruder Egid Quirin (1692–1750) die Stuckaturen. Der Glockenturm ist auf dem Schlosskirchenpavillon hinter einer barocken sandsteinernen Balusterbrüstung gut getarnt. So erinnert allein das Giebelrelief mit Johann Paul Egells (1691–1752) Darstellung der heiligen

Mannheim, Schlosskirche, Deckengemälde – ursprünglich von Cosmas Damian Asam (1728), Rekonstruktion von Carolus Vocke (Foto: Hilberts 25.Problem)

Dreifaltigkeit an die Funktion des dahinter liegenden Raumes.

Vor Baubeginn 1720 hatte Kurfürst Carl Philipp nicht zuletzt aus Ärger über den reformierten Kirchenrat in Heidelberg und den Streit über die Nutzung der Heiliggeistkirche die Residenz von Heidelberg nach Mannheim verlegt. Es werden vermutlich weit mehr Gründe gewesen sein, doch wird die gern kolportierte Geschichte als diejenige angeführt, die das Fass zum Überlaufen brachte. Die feierliche Weihe der neuen Hofkapelle erfolgte am 6. Mai 1731.

Die Schlosskapelle bildete das religiöse Zentrum des Mannheimer Hofes. Der tägliche Besuch der Heiligen Messe in der Kapelle gehörte ebenso zum täglichen Zeremoniell für das Kurfürstenpaar, wie das private Gebet. Wie muss man sich die Feier der Gottesdienste in der kurfürstlichen Zeit vorstellen? „Denn ich wollte lieber ein Paar Finger als die Christmette in der Hofkirche zu Mannheim verlieren. Das ist für mich eine fête, die über alle fêten und Opern geht!“, schrieb der Dichter Christoph Martin Wieland (1733–1813) im Jahre 1777 an einen Freund. Sicher übertrieb Wieland in seiner dichterischen Freiheit, aber das kurze Zitat zeigt uns trotzdem, welche Prachtentfaltung im 18. Jahrhundert in der Mannheimer Hofkirche wohl üblich gewesen sein musste. Zahlreiche weitere Belege lassen sich dazu anführen. Die Gottesdienste an den höchsten Festen waren prachtvolle Inszenierungen des Heiligen: Kostbare Gewänder und liturgische Geräte, zur Verehrung ausgestellte Reliquien, Weihrauch, Kerzen, festliche Musik des Hoforchesters und Kanonendonner.

Mannheim, Schlosskirche, Altar (Foto: Beckstet)

Mannheim, Schlosskirche, Gruft – Eisengitter mit den Initialen Kurfürst Carl Philipps

Mannheim, Schlosskirche, Gruft – Sarg der Kurfürstin Violanta Theresia von Thurn und Taxis (Detail)

Die feierlichste Gottesdienstform war die Messfeier vor ausgesetztem Allerheiligsten (der Leib Christi in der Gestalt des Brotes) in der Monstranz. Davor zelebrierten der Klerus und die Ministranten einen fast höfischen Dienst. Die Kirche und die Gottesdienste waren [...] ein barockes Gesamtkunstwerk für alle Sinne, in dem alles zum Ausdruck des Glaubens Verwendung fand, was die Kunst hergab." (zit. nach Wischniewski 2013, S. 54)

Die Asamschen Fresken wurden mitsamt der Kirche im April 1943 zerstört, die wertvollen Stuckaturen erst 1951 mit Aufbringung eines Daches vor weiterer Zerstörung geschützt. Dennoch präsentiert sich der Kirchenraum heute völlig anders als vor seiner Zerstörung im Zweiten Weltkrieg. Bereits um 1780 war das Innere des Chorraumes klassizistisch überarbeitet worden, was zu einem Stilbruch des barocken Raumes führte. Von 1954 an gestaltete der Architekt Lothar Wolff den Raum neu. Ab Oktober 1954 erfolgte der Innenausbau. Da die Asamsche Scheinkuppel im Chor völlig zerstört war, gab es von Anfang an mehrere Varianten des Wiederaufbaues. Anstelle von Pierre Gaudréaus Altarbild „Maria Heimsuchung", der die Kirche 1731 geweiht worden war, entstand 1956 der jetzige, nach einem Riss von Paul Egell geschaffene Hochaltar als völlige Neuschöpfung mit einer Kopie von Giovanni Battista Tiepolos „Anbetung der Heiligen Drei Könige". Auf der Ostseite der Kirche entstand an Stelle der früheren kurfürstlichen Hofloge eine neue, tiefere Orgel- und Chorempore. Die Orgel der Firma Steinmeyer gestaltete Wolff so, dass die Fenster nicht verdeckt wurden. Den eigentlichen Höhepunkt der Kirche aber bildet das rekonstruierte 224 Quadratmeter große Asamsche Deckenfresko. Die Rekonstruktion erfolgte mit Temperafarben. Am 1. Juli 1956 weihte der Bischof der Altkatholiken in Deutschland, Johannes Josef Demmel, die Kirche der Allerheiligsten Dreifaltigkeit. Seit 1874 nutzen die Altkatholiken die Schlosskirche als Versammlungsraum. Unter dem Altarraum befindet sich die kurfürstliche Gruft, die den Zweiten Weltkrieg ohne Schäden überstand. Hier befinden sich die sterblichen Überreste des Schlossgründers Kurfürst Carl Philipp († 1743) und seiner dritten Frau Violanta Theresia von Thurn und Taxis (1683–1734). Die kurfürstliche Gruft besteht aus zwei Kammern, der nördlichen mit den sterblichen Überresten der letzten Ehefrau Kurfürst Carl Philipps und der südlichen mit dem prächtigen Sarkophag des Kurfürsten. Dieser ist mit Szenen aus dem Leben des Monarchen (aus den Türkenkriegen) und der Bibel (Simson mit dem Löwen), mit Emblemen und Inschriften verziert. Zwei Löwen trugen bis zum Zweiten Weltkrieg das Bildnismedaillon Carl Philipps. Es befindet sich heute in den Reiss-Engelhorn-Museen. Wesentlich schlichter ist der Sarg der Kurfürstin Violanta Theresia. Er wird von acht Sphingen getragen, die im Barock die Ewigkeit symbolisierten.

MANNHEIM, EHEMALIGE JESUITENKIRCHE ST. IGNATIUS UND FRANZ XAVER

Die ehemalige Jesuitenkirche St. Ignatius und Franz Xaver gehört zu den bedeutendsten Werken des Barock in Südwestdeutschland. Das größte, rund 3 000 Menschen fassende Mannheimer Gotteshaus verdankt seine Entstehung dem Kurfürsten Carl Philipp, mit dem die Jesuiten in Mannheim Einzug hielten. Als Vorbild des Mannheimer Gotteshauses wirkten die beiden römischen Jesuitenkirchen *Il Gesù* und *S. Ignazio*. Allerdings verfolgt die Mannheimer Jesuitenkirche durch die dominierende Wirkung von Kuppel und Vierung zentrale Tendenzen, während die Fassade am heutigen Asamplatz im Sinne des deutschen Barock völlig selbstständig erfolgte. Als Hofkirche des kurfürstlichen Hauses schloss der im Zusammenhang mit dem Jesuitenkollegium errichtete Bau nördlich an den Westflügel des Schlosses an. So konnte die Hofgesellschaft über die langen Korridore des Schlosses und des Jesuitenkollegs

trockenen Fußes das Gotteshaus erreichen, das neben der Schlosskapelle als Große Hof- und Residenzkirche diente.

Am 12. März 1733 legte Kurfürst Carl Philipp eigenhändig den Grundstein, nachdem Planung und Ausführung in die Hände des kurfürstlichen Oberbaudirektors Alessandro Galli da Bibiena gelegt worden waren. 1738, nach Vollendung des Kolleggebäudes, konnte endlich auch der Bau der Kirche beginnen, dessen Fertigstellung der greise Kurfürst nicht mehr erlebte. Er starb am Silvestertag 1742.

Nach seinem Tod kam der Bau zum Erliegen. Erst Ende 1743 und dank der finanziellen Unterstützung durch Kurfürst Carl Theodor konnten die Arbeiten wieder aufgenommen werden. Damit jedoch war die Auflage verbunden, das Geld nicht für überflüssigen Zierrat nach dem Geschmack des Architekten zu verwenden. 1745 brachte man den Chor unter Dach, 1746 konnten unter dem neuen Polier Franz Wilhelm Rabaliatti die Querhaustonnen geschlossen werden, 1747 wurde das Langhaus gewölbt. Im Folgejahr löste Rabaliatti den gesundheitlich angeschlagenen Oberbaudirektor Galli da Bibiena als Hofbaumeister ab. Bis 1749 konnte Rabaliatti die Rohbauarbeiten abschließen. Die Leitung des Innenausbaus lag nun beim neuen Oberbaudirektor Nicolas de Pigage. Die bedeutendsten künstlerischen Arbeiten gehen auf Hofbildhauer Paul Egell und nach dessen Tod auf dessen Nachfolger Peter Anton von Verschaffelt zurück. Egid Quirin Asam schuf Stuckaturen und die im Zweiten Weltkrieg zerstörten Deckenmalereien der Kuppel und des Langhauses. Rund zwölf Wochen benötigte der Künstler für seine Arbei-

Mannheim, ehem. Jesuitenkirche St. Ignatius und Franz Xaver, Innenraum mit rekonstruiertem Hochaltar Peter Anton von Verschaffelts und kurfürstlichen Logen

ten, er starb jedoch am 29. April 1750. Die noch unvollendeten Arbeiten wurden von Asams Mitarbeitern fertiggestellt. Nach nahezu 25-jähriger Bauzeit wurde das Gotteshaus 1756 vollendet und am 18. Mai 1760 durch den Fürstbischof von Augsburg, Joseph Landgraf von Hessen-Darmstadt als Delegierter des Erzbischofs von Mainz mit den Weihbischöfen aus Mainz und Speyer festlich geweiht. Die jesuitische Blütezeit Mannheims währte jedoch nur kurz. 1773 wurde der Jesuitenorden durch Papst Clemens XIV. aufgehoben, das Mannheimer Jesuitenkolleg wurde 1774/75 aufgelöst. In der Folge übernahmen französische Lazaristen 1781 Kirche und Kolleg, bis auch dieser Orden in der Französischen Revolution unterging. Eine neue Bedeutung erhielt das Gotteshaus 1805 als Pfarrkirche der ganzen Stadt bzw. ab 1843 als „Obere Pfarrei", während die Marktplatzkirche St. Sebastian als „Untere Pfarrei" diente.

Betritt man heute das Gotteshaus, so beeindruckt zunächst die mächtige Zweiturmfassade mit der vorgelagerten dreiachsigen Eingangshalle. Die Fassade mit ihren unverputzten Sandsteinquadern ist als barocke Schauseite aufwändig gestaltet. Monumentale Pilaster und Gesimse gliedern die Fassade vertikal und horizontal. Große, schwere barocke Gittertore des einheimischen Schlossermeisters Philipp Reinhard Sieber nach Entwürfen des Architekten Franz Wilhelm Rabaliatti von 1754/55 führen in die Vorhalle. Das mittlere Tor ist mit den Insignien des (letzten) Bauherrn Kurfürst Carl Theodor und dessen Frau Elisabeth Augusta sowie dem Kurhut geschmückt. Darüber befindet sich vor einem Fenster eine Volutenkonsole, auf der die von Verschaffelt stammende geflügelte Fama mit einem Putto das Monogramm Carl Theodors hält und der pfälzische Löwe vom Ruhm des Bauherrn kündet. Eingerahmt wird die Szenerie durch die Allegorien der Kardinaltugenden „Mäßigkeit" und „Tapferkeit" über den Seiteneingängen. Das Giebelrelief des beherrschenden Dreiecksgiebels zeigt das Christusmonogramm im Strahlenkranz, Leidenswerkzeuge sowie jubilierende und anbetende Engel – geschaffen von Paul Egell 1749/50.

Mannheim, ehem. Jesuitenkirche St. Ignatius und Franz Xaver

In der kreuzgewölbten Vorhalle fallen die beiden Sandsteinskulpturen der Kurfürsten Carl Philipp und Carl Theodor auf. Sie entstanden 1906 im Rahmen einer größeren Kirchenrestaurierung mit Blick auf das 300-jährige Stadtjubiläum. Der Bildhauer und Altarbauer Thomas Buscher hat sie geschaffen. Hinter dem dunklen Eingangsjoch der Orgelempore öffnet sich ein weiter, lichter Kirchenraum von rund 80 Metern Länge, dessen Grundriss ein lateinisches Kreuz bildet: Der Raum besteht aus einem zweijochigen Langhaus mit je zwei Kapellen an den Seiten, dem Querhaus mit Vierung sowie dem Chorjoch mit der Apsis. 14 Meter hohe, auf Marmorsockeln ruhende Pilaster tragen mit vergoldeten Kompositkapitellen das rund vier Meter hohe Gebälk, dessen 1,40 Meter hohes Kranzgesims die gesamte Kirche umzieht. Den Farbkanon bestimmen neben den grau-weißen Wänden die Stuckmarmorierungen der Gebälkstücke, Pilaster und Gurtbögen in hellgrünen sowie rosaachatfarbenen Tönen. Die einst stark farbigen Deckengemälde Asams zeigten Szenen aus der Geschichte des Jesuitenordens und aus dem Leben der beiden Kirchenpatrone St. Ignatius und Franz Xaver. Diese Szenen, die im Kuppelgewölbe gipfelten, sind Verluste des Zweiten Weltkriegs. Einzig die Zwickelmalereien von Hofmaler Philipp Hieronymus Brinckmann mit der Darstellung der vier Erdteile Europa (Zepter und Schimmel), Afrika (Pyramide und Kamel), Amerika (Bogen und Krokodil) und Asien (Sonnenschirm und Löwe) blieben erhalten. Rekonstruiert hingegen wurde das den Chor überstrahlende Auge Gottes mit dem Christusmonogramm IHS. Es hatte in der Auslegung „Jesum Habemus Socium" (Wir haben Jesus zum Verbündeten) besondere Bedeutung für die Jesuiten.

Höhepunkt und Ziel des Kirchenraumes ist der seit 1997 nach alten Vorbildern wiedererstandene Hochaltar mit den ihn säumenden 1992–1996 rekonstruierten beiden Egellschen Hoflogen. Sie entstanden als „schöpferische Kopie" (Hochaltar) sowie nach alten Fotografien (Logen). Der Hochaltar ist ein Werk Verschaffelts, bestehend aus sechs auf hohen Sockeln stehenden schlanken korinthischen Säulen von rötlichem Marmor. Darauf ruht ein Gesims aus farbigem Stuck. Im reich ornamentierten Fries erscheinen die Monogramme des Kurfürstenpaares. Die vier aufwärtsstrebenden Baldachinrippen tragen eine Weltkugel mit Kreuz. Die zentrale Figurengruppe konnte Verschaffelt nur in Gips ausführen. Sie stellt die Entsendung Franz Xavers durch Ignatius von Loyola dar. In einer Wolke über der Hauptgruppe erscheint der heilige Geist mit anbetenden und jubilierenden Engeln. 2006 wurde die seit 1958 als Michaelskapelle dienende, unter dem Hauptaltar gelegene Krypta neu gestaltet und geweiht. Hier fanden die Jesuitenpatres und der Stadtdekan Prälat Josef Bauer (1864–1951) ihre letzte Ruhestätte. Bauer war ein entschiedener und unerschrockener Gegner des NS-Systems, der für die Rechte und die Freiheit der Kirche eintrat.

DÜSSELDORF, EHEM. HOF- UND JESUITENKIRCHE ST. ANDREAS

Die heutige Dominikanerkirche St. Andreas in Düsseldorf wurde vom Neuburger Pfalzgrafen und Jülich-Bergischen Herzog Wolfgang Wilhelm 1621 als Jesuitenkirche geplant, ab 1622 errichtet und am 30. November 1629, dem Andreastag, geweiht. Als Wolfgang Wilhelm 1614 seine Herrschaft antrat, war Düsseldorf anders als Neuburg eine überwiegend katholische Stadt. 1616 verhandelte er mit den Jesuiten zwecks Übernahme des Düsseldorfer Gymnasiums. Am 19. März 1619 nahmen zwei Patres ihre Arbeit als Seelsorger an der Stiftskirche von St. Lambertus auf. Im Folgejahr zählte man 13 Mitglieder im Konvent und übernahm am 12. November 1620 die Leitung des Gymnasiums. Was fehlte, war ein eigenes Gotteshaus, für das 1621 die Pläne beim Ordensgeneral in Rom eingereicht wurden. Der Kölner Bischof Otto Gereon zelebrierte mit großer Prachtentfaltung am 5. Juli 1622 in Anwesenheit des Herzogs die Grundsteinlegung. Als Vorbild diente die Neuburger

Düsseldorf, St. Andreas, Fassade

Düsseldorf, St. Andreas

Hof- und Jesuitenkirche. Zwar wurde die Kirche 1629 geweiht, doch erfolgte die eigentliche Fertigstellung zwei Jahrzehnte später. Anders als beim Ursprungsbau beabsichtigt, erhielt die St. Andreaskirche 1637 ihre beiden charakteristischen Chorflankentürme. 1642 folgten Pläne für ein zusätzliches Mausoleum, das wohl um 1650 begonnen wurde. Dennoch blieb das Gewölbe des schlichten Zentralbaues hinter dem Chorraum noch 1819 unvollendet, nachdem Kirche und Mausoleum im Siebenjährigen Krieg 1758 starke Schäden davongetragen hatten. 1708 erhielt das Gotteshaus offiziell den Status als Hofkirche. Vermutlich brach man seinerzeit den alten Chor ab, um einen neuen, um ein Joch verlängerten Chorraum zu schaffen. Die Umbauten lagen in den Händen des Bauhandwerkers Simon Sarto. Diese Umbauten basieren letzthin auf dem Testament Wolfgang Wilhelms vom 31. Dezember 1642, in dem dieser seinen Sohn und Nachfolger Philipp Wilhelm beauftragte, die Kirche zu verlängern und seine Grabstätte nach dem Plan des Landesbaumeisters Giovanni (Johannes) Lollio genannt Sadeler zu überwölben. Dass es sich dabei um das heutige Mausoleum handelte, wird von der Forschung bezweifelt (Wolf 2008, S. 66). Tatsächlich war bereits 1651 eine erste Beisetzung erfolgt, vermutlich auch provisorisch in einem Gruftgewölbe, als man hier Anna Catharina Constancia (1619–1651), die erste Frau Philipp Wilhelms, bestattete.

Die Düsseldorfer Stuckaturen stammen großenteils von Johannes Kuhn, den Herzog Wolfgang Wilhelm 1632 für Düsseldorf verpflichtete. Am 19. April 1632 reiste er nach Neuburg, um die dortigen Stuckdekorationen zu studieren. Im August 1632 folgte der Vertrag, wobei Kuhn die begonnenen Dekorationen seines unbekannt gebliebenen Vorgängers ergänzen musste. „Kuhn übernahm aus Neuburg das geometrische Grundschema, die Anordnung der figürlichen, zum Schlussstein hin orientierten Darstellungen; aber seine Arbeit unterscheidet sich deutlich von der Stuckdekoration der Brüder Castelli. [...] Auffällig ist die Bewegtheit der Bilder. Alle Heiligen erscheinen, mit ihren Attributen geschmückt, in kleinen szenischen Ausschnitten berichten sie gleichsam ihre Legende." (Schulte 1983, S. 46)

Das eigentliche Mausoleum entstand wohl zwischen 1716/17 und 1719. „Nachrichten über die Umsetzung der bisherigen Grablege oder der Särge sind bisher nicht bekannt. Die Jülich-Bergische Hofkammer berichtet aber am 20. Juli 1719 an den Kurfürsten ‚wegen der in dasiger PP. Societatis Jesu Kirchen-Extension undt new erbawten herrschafftlichen Begräbniß – Gruften erforderlicher Stuccador-Arbeit'". (Wolf 2008, S. 70)

Entstanden war ein äußerlich zwölfseitiger, innen sechsseitiger, dem Chor nachgelagerter Zentralbau mit Kuppel, geschweiftem Dach und Laterne. Das Innere bestimmen bis heute fünf Nischen für die Mitglieder des Hauses Pfalz-Neuburg, von denen acht hier ruhen, darunter Wolfgang Wilhelm (1578–1653) als Bauherr der Kirche, Johann Wilhelm (1658–1716), dessen Bruder Friedrich Wilhelm (1665–1689), die Schwestern Maria Adelheid Anna († 1656), Maria Sophia Elisabeth (1657–1658) sowie Leopoldina Eleonore Josepha (1679–1693), die bereits erwähnte erste Frau Philipp Wilhelms und eine namentlich unbekannte polnische Prinzessin. Im Zentrum des Mausoleums, dem Eingang gegenüber, befindet sich der Sarkophag Kurfürst Johann Wilhelms aus Blei und Bronze. Er ist im Gegensatz zu dem Sarkophag seines Großvaters Wolfgang Wilhelm sehr prächtig gestaltet und

Düsseldorf, St. Andreas, Prunksarkophag Kurfürst Johann Wilhelms im Mausoleum

Düsseldorf, St. Andreas, Innenraum mit dem ehemaligen Rubensaltarbild (Foto: Alexostrov)

mit einem Kruzifix geschmückt, das Gabriel de Grupello zugeschrieben wird. Die Vorderseite ziert ein stilisierter Hermelinmantel als Hinweis auf die Kurwürde. Die Medaillons zeigen den Verstorbenen (vergoldetes Bronzerelief) im Zentrum, links ein Medaillon mit dem großen kurfürstlichen Wappen, rechts eines mit zwei Schiffen, die in den Hafen einfahren – ein Bildnis mit doppelter Symbolik für den Wohlstand der Hafenstadt Düsseldorf und ein zu Ende gegangenes Leben.

Das Düsseldorfer Mausoleum „steht isoliert in der Memorialarchitektur der Kurfürsten von der Pfalz wie der bayerischen Wittelsbacher. Vorfahren und Nachfolger hatten ihre Grablegen in Gruftanlagen innerhalb von Kirchen. Nach der Beisetzung Johann Wilhelms gab es dort keinen ‚Zuwachs' mehr, und Karl Philipp ließ in der Mannheimer Schlosskirche eine neue Gruft anlegen." (Wolf 2008, S. 72) Wolf vermutet wie Schürmann (Ausst.-Kat. Düsseldorf 1988, S. 96) nicht zu Unrecht das Düsseldorfer Vorbild in Florenz mit der Medici-Grablege von San Lorenzo. Der Düsseldorfer Bau steht typologisch in der Tradition der dortigen Chorscheitelrotunde der *Capella dei Principi* von 1604. Vermutlich war es also Johann Wilhelms Witwe Anna Maria Luisa, die San Lorenzo vor Augen hatte, als sie den Düsseldorfer Bau initiierte. Wirklich vollendet wurde er erst unter Kurfürst Carl Philipp von der Pfalz.

PFALZ-ZWEIBRÜCKEN

MEISENHEIM, SCHLOSSKIRCHE

Rund 30 Kilometer südwestlich von Bad Kreuznach findet man im Glantal das 1154 erstmals erwähnte Meisenheim. Durch Erbschaft gelangte es 1444 an das Herzogtum Pfalz-Zweibrücken. Meisenheim wurde dadurch zweite Residenz neben Zweibrücken und zeitweilig eine ernste Konkurrenz. In seinen Mauern entstand 1479 an Stelle der bereits 1279 erwähnten Kirche der Johanniterkomturei die heutige Schlosskirche als dreischiffige spätgotische Hallenkirche. Bauherr war Herzog Ludwig, genannt ‚der Schwarze', Pfalzgraf bei Rhein, Herzog in Bayern und Graf zu Veldenz. „Nur im Zusammenhang mit Leben und Charakter dieses Bauherrn sind Geschichte und Gestalt des Bauwerks zu verstehen. Als Erbe eines wertvollen, aber verstreuten Territoriums zwischen Wasgau und Hunsrück trieb Ludwig eine unruhige und maßlose Politik in ständiger eifersüchtiger Rivalität zu seinem Heidelberger Vetter, Kurfürst Friedrich dem Siegreichen. [...] Kaiser Friedrich III. gab ihm wohl häufig Gelegenheit, sein ausgeprägtes Repräsentationsbedürfnis zu befriedigen." (Drescher; Lenhoff 2002, S. 5) Bei seinen Ansprüchen gegen den Heidelberger Vetter aber zog er stets den Kürzeren, etwa bei einer Belagerung Meisenheims durch Friedrich den Siegreichen, in dessen Folge auch die Kirche ‚derart in Mitleidenschaft' gezogen wurde, dass ein Neubau errichtet werden musste. Dafür konnte Herzog Ludwig den Baumeister Philipp von Gmünd verpflichten. 1482 ist Gmünd in Meisenheim nachweisbar. Bis 1504 konnte er die neue Hallenkirche fertigstellen. Laut einer alten Urkunde hatte die Grundsteinlegung am 5. November 1479 stattgefunden. Der Bauherr erlebte die Fertigstellung nicht mehr und wurde 1489 in der Gruft der Kirche beigesetzt. Von seiner Konzeption her diente das Gotteshaus von Beginn an als Hof-, Grab, Pfarr- und Ordenskirche der hier seit 1321 ansässigen Johanniter. Mit der Einführung der Reformation 1523 verschwanden nach und nach die dem katholischen Kultus zugeordneten Einbauten wie Ostergrab und Lettner sowie einige Seitenaltäre. Unter Landesbaudirektor Philipp Heinrich Hellermann wurde der zeitweilig als Orgelempore genutzte Lettner vollends beseitigt. Da jedoch Hellermann „den Umbau ohne landesherrliche Genehmigung unternommen hatte (der Herzog war damals katholisch), verurteilte ihn Christian IV. zur Zahlung aller Kosten, verzichtete jedoch auf die Forderung, als er durch vorgelegte Gutachten von der Notwendigkeit der Renovierung [...] überzeugt wurde." (Drescher; Lenhoff 2002, S. 7) Hellermann hatte beim Umbau zwischen 1766 und 1170 auch die barocken Elemente der Orgelempore, der Orgel und Kanzel eingefügt. Die Grabkapelle der herzoglichen Familie von Pfalz-Zweibrücken blieb unangetastet. Die meisterhafte spätgotische Gewölbekonstruktion birgt unter dem oberen tragenden Rippensystem aus einem Sechseck mit vier Fischblasen ein zweites, frei schwebendes sternenartiges Gewölbe sowie Schlusssteine mit biblischen und heraldischen Motiven. An der Nordwand findet man das Grabmal Herzog Wolfgangs von Pfalz-Zweibrücken (1544–1569) und seiner Gemahlin Anna von Hessen, ausgeführt als Renaissanceepitaph aus Tuffstein von Bildhauer Johann von

Meisenheim, Schlosskirche (Foto: Mosbach&frey)

Trarbach. An der Südwand ist das Grabmal des Herzogs Karl von Birkenfeld, des jüngsten Sohnes Herzog Wolfgangs, Begründers der Birkenfelder Linie, angebracht. Der Schöpfer des Epitaphs war Michel Henckhell aus Bergzabern.

ZWEIBRÜCKEN, ALEXANDERSKIRCHE

Die Alexanderskirche in Zweibrücken gehörte bis zu ihrer Zerstörung im Zweiten Weltkrieg zu den bedeutendsten spätgotischen Hallenkirchen der Pfalz. Sie wurde 1489 von Herzog Alexander von Pfalz-Zweibrücken (1462–1514) bei seiner Rückkehr von einer Pilgerreise ins Heilige Land aus Dankbarkeit für deren erfolgreichen Verlauf gestiftet und ab 1493 als erste Hof- und Stadtkirche der herzoglichen Residenzstadt wohl durch den Meister Philipp von Gmünd errichtet. Als Baumeister wird Philipp Steinmetz genannt. Impulse erhielt der Zweibrücker Bau von der Frankfurter Domschule, etwa bei der Vorhalle des Nordportals, während der Chorschluss an das Vorbild der Frankfurter Leonhardskirche erinnert. Von Beginn an diente das Gotteshaus auch als Begräbniskirche. So fanden 31 Mitglieder des Hauses Wittelsbach in der Gruft ihre letzte Ruhe. Zuletzt ließ sich der 11-fache Urenkel des Erbauers und Namensgebers Prinz Alexander von Wittelsbach (1923–2001) im Mai 2001 hier bestatten.

Das äußere Erscheinungsbild der Kirche ist durch seine wiederholten Zerstörungen geprägt. So sprengten die Franzosen 1677 den Westturm der Kirche, was dazu führte, dass weite Teile des Langhauses zerstört wurden. 1755/56 errichtete der Pfalz-Zweibrückische Baudirektor Christian Ludwig Hautt (1726–1806) den barocken Kirchturm. Zu Beginn des 20. Jahrhunderts (1904–1911) fand eine grundlegende Sanierung und Restaurierung der Kirche unter der Leitung von Karl Doflein (1852–1944) statt, bei der die Kirche ein neues Fundament in Gestalt einer stark armierten Spezialbetonplatte erhielt, die fortan die Außenwände trug. Am 14. März 1945 fiel das Gotteshaus mit der Zweibrücker Altstadt in Schutt und Asche und konnte nurmehr vereinfacht bis 1955 wiedererrichtet werden. Im Inneren wurde die historische Gliederung einer dreischiffigen Kirche zu sechs Jochen gewahrt, wobei an die Stelle des alten Gewölbes eine flache Decke trat. Die Fürstengruft wurde bei der Bombardierung völlig zerstört und nicht wiederhergestellt.

Die geborgenen sterblichen Überreste der Wittelsbacher Herzöge ruhen seit 1955 in der von Kronprinz Rupprecht von Bayern gestifteten Gedenkstätte im nördlichen Seitenschiff.

Zweibrücken, Alexanderskirche

WEITERFÜHRENDE LITERATUR

Albrecht, Dieter: „Luitpold“, in: Neue Deutsche Biographie 15 (1987), S. 505f.

Albrecht, Günter: Seine Majestät der König. Aus dem Leben Ludwigs II. von Bayern, München 1995.

Ausst.-Kat. München 1976 – Kurfürst Max Emanuel. Bayern und Europa um 1700, 2 Bde., hg. v. Hubert Glaser, München 1976.

Ausst.-Kat. Düsseldorf/Heidelberg 1979 – Carl Theodor und Elisabeth Auguste. Höfische Kunst und Kultur in der Kurpfalz, Heidelberg 1979.

Ausst.-Kat. Neuburg 1980 – 475 Jahre Fürstentum Pfalz-Neuburg, München 1980.

Ausst.-Kat. Düsseldorf 1988 – Anna Maria Luisa Medici – Kurfürstin von der Pfalz, hg. v. Stadtmuseum Düsseldorf, Düsseldorf 1988.

Ausst.-Kat. Heidelberg 1996 – Liselotte von der Pfalz. Madame am Hofer des Sonnenkönigs, hg. v. Sigrun Paas, Heidelberg 196.

Ausst.-Kat. Düsseldorf 1996 – Nicolas de Pigage 1723–1796. Architekt des Kurfürsten Carl Theodor. Zum 200. Todestag, hg. v. Stadtmuseum Düsseldorf, Düsseldorf 1996.

Ausst.-Kat. Mannheim 1999 – Lebenslust und Frömmigkeit. Kurfürst Carl Theodor (1724–1799) zwischen Barock und Aufklärung, 2 Bde., hg. v. Alfried Wieczorek, Hansjörg Probst u. Wieland König, Regensburg 1999.

Ausst.-Kat. Neuburg 2005 – Von Kaisers Gnaden. 500 Jahre Pfalz-Neuburg. Katalog zur Bayerischen Landesausstellung 2005, hg. v. Susanne Bäumler, Evamaria Brockhoff u. Michael Henker, Augsburg 2005.

Ausst.-Kat. Düsseldorf 2006 – 1716–1795 planspiele – Stadtleben und Stadtentwicklung im 18. Jahrhundert, Stadtmuseum Düsseldorf, hg. v. Anke Hufschmidt, Düsseldorf 2006.

Ausst.-Kat. Heidelberg 2009 – Heidelberg im Barock. Der Wiederaufbau der Stadt nach den Zerstörungen von 1689 und 1693. Begleitband zur Ausstellung im Kurpfälzischen Museum der Stadt Heidelberg, hg. v. Frieder Hepp u. Hans-Martin Mumm, Heidelberg 2009.

Ausst.-Kat. München 2009 – Kurfürst Johann Wilhelms Bilder, 2 Bde., hg. v. Reinhold Baumstark, Alte Pinakothek, München 2009.

Ausst.-Kat. Zweibrücken 2010 – Die Wiege der Könige. 600 Jahre Herzogtum Pfalz-Zweibrücken, hg. v. Charlotte Glück-Christmann, Zweibrücken 2010.

Ausst.-Kat. Schloss Herrenchiemsee 2011 – Götterdämmerung. König Ludwig II. und seine Zeit, Bayerische Landesausstellung, 2 Bde., hg. v. Bayerisches Staatsministerium für Wisssenschaft, Forschung und Kunst; Haus der Bayerischen Geschichte, Augsburg 2001.

Ausst.-Kat. Mannheim 2013 – Die Wittelsbacher am Rhein – Die Kurpfalz und Europa, 2 Bde., hg. v. Reiss-Engelhorn-Museen Mannheim; Staatliche Schlösser und Gärten Baden-Württemberg, Regensburg 2013.

Bartelsheim, Ursula: Versailles auf Rädern. Ludwig II. und sein Hofzug, Nürnberg 2009 (Objektgeschichten aus dem DB-Museum, Bd. 1)

Baumgartner, Georg: Königliche Träume. Ludwig II. und seine Bauten, München 1981.

Bayerische Staatsgemäldesammlungen (Hg.): La Galerie Électorale de Dusseldorf. Die Gemäldegalerie des Kurfürsten Johann Wilhelm von der Pfalz in Düsseldorf, Nachdruck der Ausgabe Basel 1778, München 2009.

Bayern, Adalbert Prinz von: Als die Residenz noch Residenz war, 2., durchges. Aufl., München 1969.

Bayern, Adalbert Prinz von: Die Wittelsbacher. Geschichte unserer Familie, München u.a. 2005.

Braubach, Max: „Johann Wilhelm“, in: Neue Deutsche Biographie 10 (1974), S. 516–518.

Braunfels, Wolfgang: Die Kunst im Heiligen Römischen Reich Deutscher Nation. Bd. 1: Die weltlichen Fürstentümer, München 1979.

Brenner-Wilczek, Sabine: Die „öffentliche Bibliothèque“ in Düsseldorf und ihre Beiträger. Denkmodelle zwischen Ancien Régime und Aufklärung, in: Ausst.-Kat. Düsseldorf 2006, S. 47–58.

Breitenbach, Josef: „Wolfgang Wilhelm“, in: Allgemeine Deutsche Biographie 44 (1898), S. 87–117.

Brunner, Herbert: Die Trausnitzkapelle ob Landshut, München, Zürich 1968.

Brunner, Herbert; Schmid, Elmar D.; Langer, Brigitte: Burg Trausnitz Landshut, Amtlicher Führer, 9., überarb. Aufl., München 2003.

Büche, Meinrad (Bearb.): Schlossgarten Schwetzingen hg. v. Staatliche Schlösser und Gärten Baden-Württemberg, 1. Aufl., Heidelberg 2000.

Châtelet-Lange, Liliane: Die Catharinenburg. Residenz des Pfalzgrafen Johann Casimir von Zweibrücken. Ein Bau der Zeitenwende 1619–1622, Stuttgart 2000.

Cser, Andreas: Kleine Geschichte der Stadt und Universität Heidelberg, 1. Aufl., Leinfelden-Echterdingen 2007.

Dehio, Georg: Handbuch der deutschen Kunstdenkmäler. Baden-Württemberg I. Die Regierungsbezirke Stuttgart und Karlsruhe, bearb. v. Dagmar Zimdars u. a., München, Berlin 1993.

Dominikanerkloster Düsseldorf (Hg.): St. Andreas in Düsseldorf. Die Hofkirche und ihre Schätze. Zum 350. Geburtstag des Kurfürsten Johann Wilhelm von der Pfalz, 1. Aufl., Düsseldorf 2008.

Drescher, Karl-Heinz; Lenhoff, Günther: Die Schlosskirche zu Meisenheim, 1. Aufl., Köln 2002.

Ebert, Werner: Das Rohrbacher Schlösschen, Heidelberg 2007.

Edel, Andreas: „Ottheinrich“, in: Neue Deutsche Biographie 19 (1998), S. 655f.

Ellrich, Hartmut: Die Staufer. Herrscherdynastie im Hohen Mittelalter, Petersberg 2011.

Ders.: Die kurfürstlichen Residenzen in der Epoche der Neuzeit, in: Aust.-Kat. Mannheim 2013, Bd. 2: Neuzeit, S. 256–265.

Ellrich, Hartmut; Wischniewski, Alexander: Barockschloss Mannheim. Geschichte und Geschichten, Karlsruhe 2013.

Erichsen, Johannes: Ludovicus Conservator, in: Ausst.-Kat. Schloss Herrenchiemsee 2011, Aufsätze, S. 155–162.

Faltlhauser, Kurt (Hg.): Die Münchner Residenz. Geschichte – Zerstörung – Wiederaufbau. Ostfildern 2006.

Fimpeler-Philippen, Annette; Schürmann, Sonja: Das Schloß in Düsseldorf, Düsseldorf 1999.

Fimpeler, Annette: Der Düsseldorfer Schlossturm, Düsseldorf 2009.

Flum, Thomas und Carmen: Der Wiederaufbau Heidelbergs nach der Zerstörung im Pfälzischen Erbfolgekrieg, in: Heidelberg im Barock. Der Wiederaufbau der Stadt nach den Zerstörungen von 1689 und 1693. Begleitband zur Ausstellung im Kurpfälzischen Museum der Stadt Heidelberg, hg. v. Frieder Hepp u. Hans-Martin Mumm, Heidelberg 2009, S. 85–163.

Frese, Annette; Hepp, Frieder; Ludwig, Renate (Hg.): Der Winterkönig. Heidelberg zwischen höfischer Pracht und Dreißigjährigem Krieg. Begleitbuch zur gleichnamigen Ausstellung, Remshalden 2004.

Fuchs, Carl Ludwig; Reisinger, Claus: Schloss und Garten zu Schwetzingen, Worms 2001.

Fuchs, Peter: „Friedrich II. der Weise", in: Neue Deutsche Biographie 5 (1961), S. 528–530.
Ders.: „Friedrich IV. der Aufrichtige", in: Neue Deutsche Biographie 5 (1961), S. 532–535.

Ders.: „Philipp der Aufrichtige", in: Neue Deutsche Biographie 20 (2001), S. 382f.

Glaser, Hubert (Hg.): Wittelsbach und Bayern. Bd. I/1: Die Zeit der frühen Herzöge. Von Otto I. zu Ludwig dem Bayern. Beiträge zur bayerischen Geschichte und Kunst 1180–1350, München, Zürich 1980.

Glaser, Hubert (Hg.): Wittelsbach und Bayern. Bd. II/1: Um Glauben und Reich. Kurfürst Maximilian I. Beiträge zur bayerischen Geschichte und Kunst 1573–1657, München, Zürich 1980.

Glaser, Hubert (Hg.): Wittelsbach und Bayern. Bd. III/1: Krone und Verfassung. König Max I. Joseph und der neue Staat. Beiträge zur bayerischen Geschichte und Kunst 1799–1825, München, Zürich 1980.

Glück-Christmann, Charlotte: Der Exilaufenthalt von König Stanislaus I. Leszczynski von Polen (1714–1719), in: Ausst.-Kat. Zweibrücken 2010, S. 151–153.

Götz, Ernst; Langer, Brigitte: Schlossanlage Schleißheim. Amtlicher Führer, 2. Aufl. der Neufassung, München 2009.

Goetz, Walter: „Albrecht V. Herzog von Bayern", in: Neue Deutsche Biographie 1 (1953), S. 158–160.

Goetze, Jochen: Traumpaar der Reformierten: Friedrich V. und Elisabeth Stuart, in: Ausst.-Kat. Heidelberg 1996, S. 1–5.

Grimm, Johann Friedrich Carl: Bemerkungen eines Reisenden durch Deutschland, Frankreich, England und Holland in Briefen an seine Freunde, 3 Bde., Bd. 1, Altenburg 1775.

Grüneisen, Henny: „Friedrich I. der Siegreiche", in: Neue Deutsche Biographie 5 (1961), S. 526–528.

Haas, Rudolf: Die Pfalz am Rhein. 2000 Jahre Landes-, Kultur- und Wirtschaftsgeschichte, 2. Aufl., Mannheim 1968.

Hansmann, Wilfried: Gartenkunst der Renaissance und des Barock, Köln 1983.

Heckner, Ulrike: Im Dienst von Fürsten und Reformation. Fassadenmalerei an den Schlössern in Dresden und Neuburg an der Donau im 16. Jahrhundert, München, Berlin 1995.

Heinsius, Maria: Frauen der Reformationszeit am Oberrhein, Karlsruhe 1964.

Herborn, Friedhelm: Schlosskirche Mannheim, 1. Aufl., München, Zürich 1981.

Hess, Christel: Mannheimer Alltagsleben im 18. Jahrhundert: Impressionen jenseits höfischer Kultur, in: 176 Tage W. A. Mozart in Mannheim, hg. v. Karin v. Welck u. Liselotte Homering, Heidelberg 1992, S. 100–111.

Hoppe, Stefan: Antike als Maßstab. Ottheinrich als Bauherr in Neuburg und Heidelberg, in: Ausst.-Kat. Neuburg 2005, S. 211–213.

Hüttl, Ludwig: „Maximilian II. Emanuel", in: Neue Deutsche Biographie 16 (1990), S. 480–485.

Jöckle, Clemens: Oggersheim, 1. Aufl., München, Zürich 1988.

Kaeß, Friedrich; Stierhof, Horst: Die Schlosskapelle in Neuburg an der Donau, Weißenhorn 1977.

Kaiser, Jürgen: Klöster in Bayern. 1200 Jahre Kunst, Kultur und Alltagsleben, Stuttgart 2005.

Kern, Susanne (Bearb.): Die Inschriften der evangelischen Stephanskirche in Simmern, hg. v. Akademie der Wissenschaften und der Literatur Mainz u. Institut für Geschichtliche Landeskunde an der Universität Mainz e.V., Mainz 2008.

Körner, Hans-Michael: Die Wittelsbacher. Vom Mittelalter bis zur Gegenwart, München 2009.

Kohnle, Armin: Kurfürst Ottheinrich (1502–1559), in: Ausst.-Kat Mannheim 2013, Bd. II, S. 75.

Kramer, Ferdinand: Fürstentum und Residenzstadt Neuburg (1505–1618), in: Ausst.-Kat. Neuburg 2005, S. 119–125.

Kraus, Andreas: „Ludwig I.", in: Neue Deutsche Biographie 15 (1987), S. 367–374.

Ders.: „Maximilian II.", in: Neue Deutsche Biographie 16 (1990), S. 490–495.

Krebel, Gottlob Friedrich: Die vornehmsten Europäischen Reisen, wie solche durch Deutschland, die Schweitz, die Niederlande, England, Portugall, Spanien, Frankreich, Italien, Dänemark, Schweden, Ungarn, Polen, Preussen und Russland, auf eine nützliche und bequeme Weise anzustellen sind, Erster Teil, welcher die Reisen durch Polen, Ungarn, einen Theil Deutschlands und der Schweitz enthält, 2. Aufl., Hamburg 1783.

Lange, Claus: Der Hofgarten in Düsseldorf, 1. Aufl., Köln 2006.

Langer, Brigitte: Schloss Neuburg an der Donau, Amtlicher Führer, 1. Aufl. der Neufassung, München 2007.

Langer, Brigitte; Hojer, Gerhard: Nymphenburg – Schloss, Park und Burgen. Amtlicher Führer, 1. Aufl. der Neufassung, München 2011.

Lidel, Albert: Hofkirche Neuburg/Donau, 5., überarb. Aufl., München, Zürich 1992.

Lochner, Karl: Schloss und Garten Oggersheim, Speyer 1980 (Veröffentlichungen der Pfälzischen Gesellschaft zur Förderung der Wissenschaften; Bd. 41).

Looz-Corswarem, Clemens von: Kurfürst Johann Wilhelm II. von der Pfalz und seine Residenzstadt Düsseldorf, in: St. Andreas in Düsseldorf. Die Hofkirche und ihre Schätze. Zum 350. Geburtstag des Kurfürsten Johann Wilhelm von der Pfalz, hg. v. Dominikanerkloster Düsseldorf, 1. Aufl., Düsseldorf 2008, S. 25–53.

Lückerath, Carl August: „Ludwig IV.", in: Neue Deutsche Biographie 15 (1987), S. 411 f.

Luttenberger, Albrecht: „Ludwig V. der Friedfertige", in: Neue Deutsche Biographie 15 (1987), S. 412 f.

Mauer, Benedikt: Der Fürst und seine Stadt. Bauten aus der Jan-Wellem-Zeit, Düsseldorf 2008 (Veröffentlichungen des Stadtarchivs Düsseldorf; Bd. 18).

Markowitz, Irene: Kurfürst Carl Theodor und Düsseldorf, in: Ausst.-Kat. Düsseldorf/Heidelberg 1979, S. 39–44.

Mayer, Peter: Die Pfalz. Streifzüge durch den ‚Garten Deutschlands' – Weinstraße – Pfälzer Wald, 8., überarb. Aufl., Köln 1992.

Mörz, Stefan: Die letzte Kurfürstin. Elisabeth Augusta von der Pfalz, die Gemahlin Karl Theodors, Stuttgart, Berlin, Köln 1997.

Ders.: Haupt- und Residenzstadt. Carl Theodor, sein Hof und Mannheim, 1. Aufl., Mannheim 1998.

Müller, Klaus: Jan Wellem – ein Barockfürst in Düsseldorf, Düsseldorf 2008.

Nöhbauer, Hans F.: Die Wittelsbacher. Eine deutsche Chronik – eine europäische Dynastie. 1. Aufl., Bern, München 1979.

Oechelhäuser, Adolf von: Das Heidelberger Schloß, bearb. v. Joachim Göricke, 8. Aufl., Heidelberg 1987.

Paas, Sigrun: Das „bärenkatzenaffengesicht" der Liselotte von der Pfalz in ihren Bildnissen, in: Ausst.-Kat. Heidelberg 1996, S. 65–93.

Petzet, Michael; Neumeister, Werner: Ludwig II. und seine Schlösser, München u.a. 2005.

Precht-von Taboritzki, Barbara: Das neue Schloß Bensberg in Bergisch-Gladbach, 1. Aufl., Köln 1996.

Rall, Hans und Marga: Die Wittelsbacher in Lebensbildern, Kreuzlingen 2000.

Rall, Hans: Wittelsbacher Lebensbilder von Kaiser Ludwig bis zur Gegenwart. Führer durch die Münchner Fürstengrüfte, München o.J.

Rall, Hans: Kurfürst Karl Theodor. Regierender Herr in sieben Ländern, Mannheim u. a. 1993.

Rall, Hans; Hojer, Gerhard: Kurfürst Max Emanuel – Der „Blaue König", München, Zürich 1979.

Rauch, Alexander: Der Symbolismus Ludwigs II. – Ein Schlüssel zur Lösung des „Ewigen Rätsels"?, in: Ausst.-Kat. Schloss Herrenchiemsee 2011, Aufsätze, S. 171–178.

Ruf, Peter: Der Frankenthaler Kanal, Ludwigshafen 1991.

Reiser, Rudolf: Karl VII. 1697–1745. Pracht und Ohnmacht des bayerischen Kurfürsten, deutschen Königs und römischen Kaisers, München 2002.

Riestra, Pablo de la: Kunstdenkmäler in Bayern. München, Ober- und Niederbayern, Schwaben, Darmstadt 2004.

Rödel, Volker: „Ruprecht I., der Ältere", in: Neue Deutsche Biographie 22 (2005), S. 288f.

Schad, Martha: Bayerns Königinnen, 3., durchges. Aufl., Regensburg 1995.

Schatz, Uwe Gerd; Ulrichs, Friederike: Schloss Neuschwanstein, Amtlicher Führer, 1. Aufl. d. Neufassung, München 2009.

Schedler, Uta: Roman Anton Boos. Bildhauer zwischen Rokoko und Klassizismus, München, Zürich 1985.

Scherer, Herbert: „Ferdinand Maria", in: Neue Deutsche Biographie 5 (1961), S. 86f.

Schmid, Elmar D.: Schloss Dachau, Amtlicher Führer, 1. Aufl., München 1992.

Schmid, Elmar D.; Knirr, Kerstin: Herrenchiemsee. Amtlicher Führer, 1. Aufl. d. Neufassung, München 2005.

Schmid, Elmar D.; Hojer, Gerhard: Schloss Linderhof. Amtlicher Führer, 1. Aufl. d. Neufassung, München 2006.

Schneider, Reinhard: WaldPark Schloss Karlsberg bei Homburg/Saar, in: Barocke Gartenlust. Auf Spurensuche entlang der BarockStraße SaarPfalz hg. v. Stella Junker-Mielke, 1. Aufl., Regensburg 2008, S. 125–136.

Schulte, Ria: Die Pfalzgräflichen Schwestern Unsere Liebe Frau zu Neuburg an der Donau und St. Andreas zu Düsseldorf, 2. Aufl., München 1983.

Schürmann, Sonja: Düsseldorf – Eine moderne Landeshauptstadt mit 700jähriger Geschichte und Kultur, Köln 1988.

Schürmann, Sonja: Architektur und bildende Kunst in Düsseldorf im Umkreis des kurfürstlichen Hofes, in: Ausst.-Kat. Düsseldorf 1988 – Anna Maria Luisa Medici – Kurfürstin von der Pfalz, hg. v. Stadtmuseum Düsseldorf, Düsseldorf 1988, S. 93–103.

Schwan, Jutta; Ulrich, Stefan: Schlossruine und Waldpark Karlsberg Homburg, 1. Aufl., Regensburg 2009.

Schwarz, Jörg: König Ruprecht von der Pfalz (1400–1410) und Königin Elisabeth, in: Ausst.-Kat. Mannheim 2013, Bd. 1: Mittelalter, S. 261–271.

Seehase, Hagen; Ollesch, Detlef: Kurfürst Friedrich der Siegreiche von der Pfalz 1425–1476, Petersberg 2013.

Spangenberg, Marcus: Der Thronsaal von Schloss Neuschwanstein. König Ludwig II. und sein Verständnis vom Gottesgnadentum, 1. Aufl., Regensburg 1999.

Spohr, Edmund: Die Haupt- und Residenzstadt Düsseldorf, in: Ausst.-Kat. Mannheim 1999, Bd. 1.1, S. 85–102.

Staatliche Schlösser und Gärten Baden-Württemberg (Hg.): Barockschloss Mannheim. Geschichte und Ausstattung, Petersberg 2007.

Stephan, Manfred: Hofgarten Dachau. Kurzführer mit Gartenplan, 1. Aufl., München 2001.

Stierhof, Horst H.: Das Haus Pfalz-Neuburg und die bildende Kunst, in: Ausst.-Kat. Neuburg 1980, S. 90–100.

Stierhof, Horst H.; Beckenbauer, Alfons: Stadtresidenz Landshut. Amtlicher Führer, München 1996.

Stiftung Schloss und Park Benrath (Hg.): Schloss Benrath. Eine Vision wird Wirklichkeit, Worms 2006.

Störmer, Wilhelm: „Ludwig I. der Kelheimer Herzog von Bayern", in: Neue Deutsche Biographie 15 (1987), S. 355–357.

Ders.: „Otto II. der Erlauchte Herzog von Bayern", in: Neue Deutsche Biographie 19 (1998), S. 673f.

Stursberg, Ulrike: Rheinfähren bei Düsseldorf. Führungshefte des Schiffahrt-Museums Düsseldorf – IV, Düsseldorf o.J.

Tausche, Gerhard: Die Residenzstadt Landshut, in: Niederbayerns Reiche Herzöge. Hefte zur bayerischen Landesgeschichte 38 (2009), S. 33–44.

Vehse, Carl Eduard: Die Höfe zu Bayern, Von Herzog Albrecht IV., dem Weisen, bis Kurfürst Maximilian III. Joseph 1503 bis 1777, bearb. v. Wolfgang Schneider, Leipzig 1994.

Volz, Günther: Kleine Geschichte der Stadt Bergzabern, 1. Aufl., Leinfelden-Echterdingen 2009.

Voss, Jürgen: Mannheim. Residenz der Kurfürsten von der Pfalz, in: Residenzen. Aspekte hauptstädtischer Zentralität von der frühen Neuzeit bis zum Ende der Monarchie, Sigmaringen 1992, S. 323–336.

Wagner, Fritz: „Karl VII., Kaiser, Kurfürst von Bayern", in: Neue Deutsche Biographie 11 (1977), S. 218f.

Wagner, Ralf: Die Sommerresidenz des Kurfürsten Carl Theodor, in: Schloss Schwetzingen, hg. v. Staatliche Schlösser und Gärten Baden-Württemberg, Berlin, München 2009, S. 20–48.

Weber, Wilhelm: Schloss Karlsberg. Die vergessene Residenz des Herzogs Karl II. August, München 1984.

Ders.: Vom Herzoglichen Residenzschloss zum Justizpalast, in: 175 Jahre pfälzisches Oberlandesgericht – Festschrift, hg. v. Sven Paulsen, Zweibrücken 1990, S. 75–99.

Werner, Ferdinand: Die kurfürstliche Residenz zu Mannheim, Worms 2006.

Weiß, Dieter J.: „Rupprecht", in: Neue Deutsche Biographie 22 (2005), S. 285f.

Westenrieder, Lorenz: Beschreibung der Haupt= und Residenzstadt München (im gegenwärtigen Zustande), München 1782. – Faksimile-Nachdruck (Reprint), München 1984.

Widder, Johann Goswin: Versuch einer vollständigen Geographisch-Historischen Beschreibung der Kurfürstl. Pfalz am Rheine, 4 Bde., Frankfurt, Leipzig 1786–1788.

Wiese, Wolfgang: Das Heidelberger Schloss. Führer durch die Schlossanlage, hg. v. d. Staatlichen Schlössern & Gärten Baden-Württemberg; Oberfinanzdirektion Karlsruhe, Heidelberg 1998.

Wischniewski, Alexander: Ort des Gebets – Ort der Bestattung: Die Schlosskirche, in: Ellrich, Hartmut; Wischniewski, Alexander: Barockschloss Mannheim. Geschichte und Geschichten, Karlsruhe 2013, S. 54–59.

Wolf, Jürgen Rainer: Das Mausoleum Kurfürst Johann Wilhelms von der Pfalz an St. Andreas zu Düsseldorf – ein unbekanntes Werk von Simon Sarto 1716–1717, in: Dominikanerkloster Düsseldorf (Hg.): St. Andreas in Düsseldorf. Die Hofkirche und ihre Schätze. Zum 350. Geburtstag des Kurfürsten Johann Wilhelm von der Pfalz, 1. Aufl., Düsseldorf 2008, S. 65–83.

BILDNACHWEIS

Soweit nicht anders angegeben: Michael Imhof und Archiv des Michael Imhof Verlags, Petersberg, mit Ausnahme von:

bpk / Bayerische Staatsgemäldesammlungen: 20, 24

Hartmut Ellrich: 38, 79, 109, 113, 116, 117, 118 unten, 120 unten, 123, 124, 125, 143 oben, 154, 155 unten rechts, 162, 164, 166, 169, 171 unten, 173, 174, 177, 179, 180, 192, 193, 224 oben, 224 unten, 225, 228 unten

Staatliche Schlösser & Gärten Baden-Württemberg (Betriebsdirektion Bruchsal): 8, 60, 115, 163 oben, 171 oben

Richard W. Gassen: 62

Thorax-Klinik Heidelberg: 189

Vermögen & Bau Baden-Württemberg (Amt Mannheim): 172

Wikimedia Commons: 10, 14/15, 18, 19, 21–23, 28 oben, 29 unten, 33, 35, 36, 40, 43, 46, 49, 53 oben, 58, 64 unten, 71, 73, 77, 80, 87, 90, 94, 96/97, 102, 105 unten, 107, 108, 111, 126, 127, 129–131, 133 unten, 135, 137, 139 unten, 140–142, 144 oben, 145, 147, 152, 153, 155 oben und links, 156–161, 184, 185, 186 oben, 192 oben, 194, 195, 196 unten, 198, 199 links, 200, 201, 203, 204, 206, 207, 209, 211, 214, 215, 217, 223, 229, 230

Nicht in allen Fällen war es möglich, die Rechteinhaber der Abbildungen ausfindig zu machen. Ansprüche werden selbstverständlich im Rahmen der üblichen Vereinbarungen abgegolten.

Otto I.

1149 Pfalzgraf in Bayern
1180–1183 Herzog v. Bayern

Ludwig I. der Kelheimer
1183–1231 Herzog v. Bayern
1214 Pfalzgraf bei Rhein

Otto II. der Erlauchte
1214 (reg. 1228) Pfalzgraf bei Rhein, 1231–1253 Herzog v. Bayern
∞ Agnes To. des Pfalzgr. Heinrich (des älteren, Schönen, Langen) bei Rhein und Herzogs v. Sachsen

Ludwig II. der Strenge, Pfalzgr. bei Rhein u. Hz. v. Bayern
gemeinsam mit seinem Bruder Heinrich I. 1253–1255,
seit der Landesteilung 1255 reg. Pfalzgr. bei Rhein u. Hz. v. Oberbayern † 1294
∞ 1) Maria, To. des Hz. Heinrichs II. v. Brabant † 1256
∞ 2) Anna, To. des Hz. Konrad v. Schlesien-Glogau † 1271
∞ 3) Mechtilde, To. des Königs Rudolf (v. Habsburg) † 1304

Heinrich Pfalzgr. bei Rhein u. Hz. v. Bayern
gemeinsam mit seinem Bruder Ludwig II. 1253–1255,
seit der Landesteilung 1255 reg. Hz. v. Niederbayern † 1290

1340 Linie erloschen, Niederbayern fällt an Kaiser Ludwig den Bayern

Rudolf Pfalzgr. bei Rhein u. Hz. v. Bayern 1294–1317 † 1319
Stammvater der heute noch blühenden Pfälzer Wittelsbacher
∞ Mechtilde, To. des Königs Adolf (v. Nassau) † 1323

Ludwig der Bayer, 1294–1317
gemeinsam mit seinem Bruder Rudolf 1314 König,
1317 reg. Pfalzgr. bei Rhein u. Hz. v. Oberbayern,
1328 Kaiser
1329 Hausvertrag v. Pavia mit Rudolfs Nachkommen
1340 Hz. auch v. Niederbayern

Adolf † 1327
∞ Irmengard, To. des Gr. Ludwig VII. v. Oettingen

Rudolf 1329
Kurfürst
† 1353

Ruprecht I.
1353–1390

Ruprecht II., 1353 Mitregent
1390 Kurfürst v. d. Pfalz † 1398
∞ Beatrix, To. des Königs Peter II. v. Sizilien (Aragon)

Linie erloschen 1777

Ruprecht III. 1398 Kurfürst v. d. Pfalz
1400 König † 1410
∞ Elisabeth, To. des Burggr. Friedrich V. v. Nürnberg † 1411

Ludwig III.
1410 Kurfürst
† 1436

1556 Linie erloschen

Johann v. Neumarkt
† 1443

1447 Linie erloschen

Otto v. Mosbach
† 1461

1499 Linie erloschen

Stephan († 1459) v. Simmem
(Linie erloschen 1685)
u. Zweibrücken

Wittelsbacher bis heute

Maximilian I.

der erste Kürfürst von Bayern † 1651
∞ 1. Elisabeth Renata; To. Hz. Karls II. v. Lothringen † 1635
∞ 2. Maria Anna ; To. Kaiser Ferdinands II. † 1665

Ferdinand Maria † 1679
∞ Henriette Adelheid; To. Hz. Viktor Amadeus I.(v. Savoyen † 1676

Maximilian II. Emanuel † 1726
∞ 1) Maria Antonia; To. Kaiser Leopolds I.; † 1692
beigesetzt in der kaiserlichen Gruft bei den Kapuzinern zu Wien
∞ 2) Therese Kunigunde † 1730

Joseph Klemens † 1723
Kurfürst v. Köln

2) Karl Albrecht r. d. Kaiser Karl VII. † 1745
∞ Amalie Maria † 1756 To. Kaiser Josephs I.

Maximilian III.
Joseph der Vielgeliebte
Kurfürst 1745
† 1777
∞ Maria Anna Sophie † 1797
To. Kg. Friedr. Aug II.v. Polen und Kurfürsten v. Sachsen

Josepha Walburga Maria
† 1767
∞ Kaiser Joseph II. als seine 2. Gemahlin

Mit Kurfürst Max III. Joseph († 30. Dezember 1777) stirbt die Linie Kaiser Ludwigs des Bayern aus; Thronerbe ist Kurfürst Carl Theodor von Pfalz-Sulzbach; unter ihm werden Bayern und die Pfalz wieder vereinigt.

Stephan (Zweibrücken)

Sohn K. Ruprechts III. † 1459

Ludwig I. (Zweibrücken-Veldenz) der Schwarze † 1489

Alexander † 1514

Ludwig II. (Zweibrücken) † 1532

Wolfgang (1557 Neuburg,1566 Sponheim) † 1569

Philipp Ludwig (Neuburg)
† 1614
∞ Anna, To. Hz. Wilhelm IV. von Jülich,
Kleve und Berg; † 1632

Johann
(jüngere Linie Zweibrücken) † 1604
Linie mit Johanns Enkel Friedrich
erloschen 1661

Otto Heinrich
(Sulzbach, Hilpoltstein, Allersberg)
† 1604

Friedrich
(Parkstein, Weiden, Floss) † 1597

Carl (Birkenfeld)
† 1600

August (Sulzbach) † 1632

Christian August † 1708

Theodor Eustach † 1732

Wolfgang Wilhelm (Neuburg) † 1653

Krfst. Philipp Wilhelm † 1690

Krfst, Carl III. Philipp † 1742

Elisabeth Auguste Sophie † 1728
∞ Erbprinz Jos. Karl Emanuel † 1728

Josef Karl Emanuel † 1729
∞ Elisabeth Auguste Sophie
To. d. Krfst. Carl III. Philipp † 1728

Johann Christian † 1735

Krfst. Carl Theodor † 1799
∞ 1. Elisabeth Auguste
To. d. Erbpr. Jos. Karl Emanuel v. Sulzbach † 1794
∞ 2. Maria Leopoldine v. Österreich-Este † 1848

Carl Philipp † 1724

Elisabeth Maria Augusta
† 1794
1. Gem. Carl Theodors

Maria Anna
† 1790
∞ Hz. Clemens Franz v. Paula

Maria Franziska † 1794
∞ Friedrich Michael
v. Zweibrücken

Carl Philipp
† 1727

König Max I. Joseph

1806–1825
Krfst. als Max IV. Joseph 1799–1806
† 1825
∞ 1. Augusta Wilhelmine † 1796
∞ 2. Karoline Friedenke † 1841

a) Kinder erster Ehe
Kg. Ludwig I. 1825–1848
† 1868
∞ Therese † 1854
To. Hz. Friedrichs v. Sachsen-
Hildburghausen

Augusta Amalia
† 1851
∞ Hz. Eugen Beauharnais
von Leuchtenberg
† 1824

Carolina Clotilde † 1816

Charlotte † 1873 (Karoline)
∞ 1. Kg. Wilhelm
v. Württemberg
∞ 2. Kaiser Franz I.
v. Österreich

Karl † 1875

b) Kinder zweiter Ehe
totgeb. Prinz † 1799

Maximilian Joseph
Karl Friedrich
† 1803

Maximiliana
Josephe Karoline
† 1821

Fünf Töchter ∞
Kg. Friedr. Wilh. IV.
v. Preußen
Kg. Joh. v. Sachsen
Kg. Friedr. Aug. v. Sachsen
Erzhz. Franz Karl
(Vater Ks. Franz Josephs)
Hz. Max i. Bayern

Maximilian II.
König 1848 † 1864
∞ Marie † 1889
To. d. Pr. Wilhelm v. Preußen

Otto
König von Griechenland † 1867
∞ Amalia † 1875
To. d. Großherzogs Paul Friedrich August v. Oldenburg

Luitpold
Prinzregent † 1912
∞ Auguste Ferdinande v. Toskana † 1864

Kg. Ludwig II. 1864–1886
† 1886

Kg. Otto I. 1886–1916
† 1916

Kg. Ludwig III. 1921
∞ Marie Therese 1919
To. Erzherzogs Ferdinand v. Österreich-Este
kgl. Prinzessin v. Ungarn und Böhmen

Leopold † 1930
∞ Gisela † 1932
To. Kaiser Franz Josephs v. Österreich

Konrad † 1969
∞ Bona † 1971
Prinzessin v. Savoyen-Genua

Eugen geb. 1925

Kronprinz Rupprecht
geb. 1869 † 1955
∞ 1) Marie Gabriele † 1912
∞ 2) Antonia geb. 1899 † 1954
Prinzessin v. Luxemburg u. Nassau

1) Luitpold † 1914

1) Irmingard † 1903

1) Albrecht
Herzog v. Bayern seit 1955 † 1996

∞ 1. Maria (Marita)
Gfn. Draskovich v. Trakostjan
(1904–1969)
2. Marie Jenke (Eugenie)
Gfn. Keglevich v. Buzin, geb. 1921

Franz geb. 1933

Max
seit 1965 auch Herzog in Bayern
geb. 1937

Elizabeth Gfn. Douglas
(fünf Töchter)